KB220319

명대 민간종교 연구

명대 민간종교 연구

이영선 著

KSI 한국학술정보[주]

책머리에

중국 역사의 흐름에서 明 중기이후에서 淸代에 걸쳐 나타난 민간종교와 비밀결사의 성행은 하나의 특색이라고 할 수 있다. 청나라가 이민족 정권이기에 비밀조직의 필요성이 상존했다고는 하지만, 그 진정한 이유는 종교에 대한 중국민족의 성향에서 찾아볼 수 있을 것이다.

사실 보통의 일반 중국인들에게 神이란 존재는 어려울 때 도와주는 신이 최고이지, 그 신이 도교의 신인지 불교의 신인지는 전혀 상관없었다. 그저 사악한 귀신을 몰아내고 병을 치유해 주는 등 영험만 보여준다면 그 신이 보살이든 眞人이든 原始天尊이든 阿彌陀佛이든 관계가 없었던 것이다. 특히 일반 민중에게 이러한 현상은 더욱 두드러져서 유교, 도교, 불교의 3교의 구별이 전혀 문제되지 않았고, 심지어는 그런 의식조차 없었다고 할 수 있다. 이러한 현상은 명대에 들어와 더욱 가속화되어 하층문화에 있어서는 불교와 도교의 구별이 무의미할 정도였다. 그래서 민간신앙에서는 신앙대상이나 의식방법 등에 있어서 3교의 온갖 형태가 혼융되어 사용되어졌다.

이러한 중국인의 종교관에서, 대상이 무엇이 되었든 간에 나에게 복을 줄 수만 있다면 서슴없이 받아들이는 중국인의 실용성을 살펴볼 수 있다. 중국이 개방 이후의 짧은 기간에 급속한 경제 성장을 이룰 수 있었던 것도 그들의 이러한 실용정신에서 기인한 것이라 할 수 있다.

역사는 지나간 사실을 추적하여 근원을 찾는데 관심이 있다는 점에서 종교와 상통하는 면이 있다. 중국종교사에서 나타나고 있는 유도불 三教合一思想은 중국인의 포용적인 종교관을 극명하게 보여주고 있다. 정통종교의 쇠퇴에 대응하여 민중의 필요성에 부응하는 새로운 민간종교의 발흥은 명 중기이후 새로운 사회현상의 하나라고 할 수 있다. 명대에 성립된 三一教는 비록 민간종교이지만 그 교리에 있어서 "진리는 하나"라는 고등종교의 수준을 보여주고 있다. 또한 羅教는 그 시대성격을 반영하면서도 민중이 쉽게 접근할 수 있도록 "眞空家鄕, 無生老母"라는 眞言을 이용하여 祈願을 할 수 있도록 실용화하였다. 이런 점에서 두 민간종교를 선택하여 명대의 시대상과 종교관 등을 살펴보고자 하였다.

오늘날 국가나 문화권 사이에서 이념과 종교의 갈등이 큰 이슈가 되고 있는 이때, 종교의 역사에서 서로 간의 포용성을 보여주는 중국의 사례는 더욱 연구해 볼 가치가 있다고 하겠다.

이 책이 나오기까지 수고해 주신 모든 분들께 감사드립니다.

2008년 9월

저자 이영선

目 次

目次

目 次

緖 論

明代(1368-1644) 中期인 16C는 중국 역사상 사회구조적으로 커다란 변화가 일어난 때이다. 이 시기의 변화 내용은 정치, 경제, 사회, 문화 등 각 분야에서 많은 연구가 진행되어 왔으나, 이 기간의 전반적인 성격 규명에 대해서는 아직도 다양한 주장이 제기되고 있는 실정이다.[1)] 이 같은 이유는 個別 硏究가 한 側面에서만 이루어짐으로서 그 시기에 대한 전체적인 眺望이 어렵기 때문이라고 할 수 있다. 한 사회를 올바로 파악하기 위해서는 정치 경제 등 외적인 요인 외에도 사상이나 종교와 같은 의식적 측면에서 접근하는 것도 한 방법이라 할 수 있을 것이다.

本稿는 이 점에 착안하여 이 시기가 中國宗教史에 있어서도 매우 중대한 변화가 야기된 시기라는 점에 초점을 맞추어, 당시의 民間宗教에 대해서 살펴보고자 한다. 특히 이 시기는 중국 역사상 오랜 기간 동안 正統宗教로서의 역할을 해 오던 儒教와 道教 그리고 佛教가 제 기능을 발휘하지 못하면서, 대신에 民間宗教와 秘密結社가 폭발적으로 등장하는 때이다. 그러나 기존의 민간종교와 비밀결사에 관한 연구는 대부분이 清代를 중심으로 이루어졌으며, 그 淵源이 된 明代의 실상에 대해서는 단편적인 연구들만이 진행된 실정이다. 80년대에 들어 明清

---

1) 明末清初를 變革期로 보는 시각은 일본학계에서 寺田隆信「商品生産と地主制をめぐる研究」『東洋史研究』19-4 (1961), 森正夫「日本の明清時代史研究における郷紳論について」(1·2·3)『歷史評論』308·312·314 (1975 1976)를 비롯한 많은 학자들에 의해 그 硏究가 활발하게 진행된 이래, 중국에서는 資本主義萌芽論을 중심으로 경제적 측면에서 이에 대한 규명의 시도가 吳承明 主編『中國資本主義的萌芽』(北京 新華書店 1985), 南京大學歷史係明清史研究室編『明清資本主義萌芽研究論文集』(上海 人民出版社 1981) 等에 의해 이루어졌다. 국내에서는 吳金成·曹永祿 等『明末·清初社會의 照明』(서울 한울아카데미 1990)에서 이 시기에 대한 각 분야의 연구를 정리하고 있고, 宋正洙『中國近世鄕村社會史研究』(서울 혜안 1997)는 이 시기의 사회변화에 대응하여 鄕約과 保甲制가 형성되는 과정을 향촌사회의 지배구조를 중심으로 규명하고 있다.

시대 민간비밀종교에 대한 연구는 社會史의 연구와 더불어 宗教史에 대한 관심이 고조되면서 兩岸학자 사이에 폭발적으로 진행되어[2] 깊이 있는 연구가 진행될 수 있는 기반 여건이 마련되어 있는 상태라 할 수 있다.

중국에서 民間宗教結社의 역사는 학자에 따라 3-4時期로 구분하고 있는데,[3] 모두 明 中期가 民間宗教史上 중대한 변화가 일어난 시기라는 데에 의견이 일치하고 있다. 바로 이러한 점에서도 明代 중기를 한정해서 민간종교의 실상을 파악해 볼 필요성이 더욱 요청된다고 하겠다.

民間宗教와 正統宗教를 가르는 기준은, 教理나 儀式이라기보다는 政權으로부터 인정을 받았느냐 못 받았느냐로 결정된다고 할 수 있다.[4] 정통종교로 인정된 유교, 도교, 불교는 변천 과정에서 지배자들의 호응을 얻어내어 國教의 위치까지 승격된 데 비하여, 민간종교는 民間이라는 표현이 의미하는 바와 같이 최고통치자의 공인을 받지 못하고 민간에서 민중을 상대로 전파되며 「邪教」로 지목된 종교를 말한다.

그러나 민간종교와 정통종교는 엄밀히 兩分되는 것은 아니고, 민간종교로 시작하여 정통종교로 격상되는 경우가 있는가 하면 정통종교를

---

2) 邱麗娟「近二十年海峽兩岸明清民間秘密宗教研究之回顧與展望(1979-1999)」『史耘』 第6期 (대북 2000.9)에 비밀종교에 관한 다양한 연구 성과를 집약해 놓았다.

3) 鄭志明은 세 시기로 나누고 있는데, 첫 번째 시기는 後漢(25-219) 末 五斗米道와 太平道에서 시작되었으며, 두 번째 시기는 南北朝의 梁 武帝(502-549)時에 傅大士가 창립한 彌勒教에서 시작하였고, 세 번째 시기는 明 중기 「無生老母」를 숭배하는 羅教에서 시작하였다고 하였다. 韓秉方은 네 시기로 나누었는데, 첫째 시기는 東漢 末에서 南北朝時代까지로 五斗米道와 太平道가 民間道教로 발전해 가는 단계이며, 둘째 시기는 南北朝時代에서 北宋까지로 彌勒教나 大乘教와 같은 佛教의 異端이 발생되고 摩尼教가 도입되어 민간교파에 영향을 준 시기로 보고 있으며, 셋째 시기는 南宋에서 明 中期까지로 白蓮教가 가장 활발하게 활동한 시기이고, 넷째 시기는 明 武宗 正德年間(1506-1521)부터 清末까지로 羅教의 창립 이후 民間宗教가 가장 활약했던 시기로 구분하고 있다. 鄭志明 「民間宗教結社流變簡述」『臺灣民間宗教結社』(臺北 南華管理學院 1998) pp.6-9. 韓秉方 「中國的民間宗教」『中國宗教』(北京 北京大學出版社 1992) pp.163-172.

4) 馬西沙·韓秉方『中國民間宗教史』(上海 上海人民出版社 1992) p.3.

기원으로 하면서도 민간종교화한 경우도 있다. 따라서 민간종교와 정통종교는 상호 간에 밀접한 관련성이 있어 그 教義나 組織, 儀式, 教規, 戒律, 修持 등의 내용에 있어서도 뚜렷한 차이를 보이고 있지는 않다.

明 중기는 三教合一説이 절정에 달하여, 학술사상계뿐만 아니라 문학과 예술 방면은 물론 민간종교에도 이 풍조가 파급되어, 三教合一이 하나의 時代思潮가 되었다.[5] 정통종교라 할 수 있는 儒道佛 三教는 明代에 들어와 쇠퇴의 길로 접어들기 시작하여, 明 중엽에 오면 사회적인 변화와 함께 점차 世俗化하고 民間化하게 된다. 이러한 현상은 도교와 불교에서 두드러져서, 도교는 齋醮祈禳과 法術만을 중요시하게 되며, 불교도 法事儀式을 위주로 하는 瑜伽教僧이 주류를 이루게 되었다. 明末에 4대고승[6]이 출현하여 불교의 약세를 회복하려 하였으나 이미 형성된 대세를 돌릴 수는 없었다. 유교에서도 正統을 자처하던 宋明理學이 쇠퇴하고 心學을 위주로 하는 陽明學이 성행하였다. 특히 明代는 三教合一의 풍조가 최고조에 달하여 이제 민중들에게 儒道佛 三教의 구별은 별 의미가 없을 정도가 되었고, 정통종교와 민간종교의 구별조차 희미해졌다. 이미 민간에서도 三教信仰이 일반화되어 佛寺와 道觀에서는 釋迦, 孔子, 老子의 三聖圖와 三教圖, 그리고 三教像을 모셨고, 三教堂이라는 廟堂을 설치하는 것이 유행하였다. 삼교합일정신의 보급에 따라서 善書와 功過格도 널리 성행하였다.[7]

---

5) 曺永祿「陽明學과 明末의 佛教:三教合一説을 중심으로」『東洋史學硏究』44, (1993) p.123.

6) 明末에 등장한 雲棲袾宏(1535-1615), 紫栢達觀(1543-1603), 憨山德淸(1546-1623), 藕益智旭(1599-1655)의 4인이다.

7) 善書와 功過格에 관한 연구서로는 酒井忠夫『中國善書の硏究』(東京 國書刊行會 1972), 鄭志明『中國善書與宗教』(臺北 學生書局 1988), 陳霞『道教勸善書硏究』－儒道釋博士論文叢書－(成都 巴蜀書社 1999), 包筠雅 著 杜正貞 張林 譯『功過格』－明淸社會的道德秩序－(杭州 浙江人民出版社 1999), Brokaw C. J., The Ledgers of Merit and Demerit: Social Change and Moral Order in Late Imperial China (Princeton University Press 1999) 등이 있다.

이러한 시대적 배경으로 明代 이후에 등장한 민간종교의 대표적인 공통점은 첫째로 儒道佛의 사상을 포괄하는 三教合一思想을 기반으로 하는 것이고, 둘째는 無生老母信仰을 중심 사상으로 하는 것이다.[8)]

明 중기 福建地方에서 발생한 三一教와 山東地方에서 발생한 羅教는 바로 이러한 시대적 변화를 대변하는 민간종교였다. 林兆恩(1517-1598)에 의해서 창시된 三一教는 한 풍조에 불과하던 三教合一思想을 종교로 승화시킨 것으로, 隋唐 이래 계속되어 온 三教合一思想을 귀결시킨 결과라고 할 수 있다. 羅祖(1442-1527)에 의해서 창시된 羅教는 「眞空家鄕, 無生老母」의 8字眞言으로 대표되는 無生老母信仰을 성립시켰다. 이 신앙은 이후 등장하는 대부분의 민간종교에 영향을 주었다. 특히 羅祖가 지은 『五部六冊』[9)]은 최초의 宗教寶卷으로, 나교의 教義를 체계적으로 싣고 있어서 나교를 비롯한 민간종교에 사상적으로 큰 영향을 끼치게 된다. 明清時에 민간종교가 발전할 수 있었던 이유 가운데 하나는 서민문화가 발전하면서 이러한 寶卷의 형태로나마 자신들의 教義를 쉽게 보급할 수 있었고, 또 정통종교가 쇠퇴하여 그 공백을 이용할 수 있었기 때문에 가능하였다고 볼 수 있다.

이상과 같이 明代 중기가 中國民間宗教史에서 중요한 시점이라는 시각을 가지고, 明代 중기 민간종교의 실상에 대해서 三一教와 羅教를 중심으로 고찰하고자 한다.

本稿에서 수많은 민간종교 중에서 이 三一教와 羅教를 대상으로 하여 연구해 보고자 하는 이유로, 그 첫째는 이 두 민간종교가 明代 중

---

8) 邵雍은 民間宗教와 秘密結社의 특색으로 이 두 가지 외에도 三期末劫說을 신봉하는 것, 封建家族을 기초로 하는 教權世襲制를 유지하는 것, 練功練武를 일상적으로 수행하는 것 등을 들었다. 『中國會道門』(上海 上海人民出版社 1997) pp.2-3.

9) 『五部六冊』은 第1部 『苦功悟道卷』, 第2部 『歎世無爲卷』, 第3部 『破邪顯証鑰匙卷』 2冊(簡稱 『破邪顯證卷』), 第4部 『正信除疑無修證自在寶卷』(簡稱 『正信除疑卷』), 第5部 『巍巍不動太山深根結果寶卷』(簡稱 『深根結果卷』) 등인데, 『破邪顯証鑰匙卷』이 2冊이므로 보통 『五部六冊』이라 칭한다. 『五部六冊』에 관해서는 本稿 第二編 第二章에서 그 성립 과정과 내용, 형식 등에 관해서 자세히 다루었다.

기 이후에 발생하는 모든 민간종교의 특색인 三教合一思想과 無生老母信仰을 가장 잘 대변하고 있기 때문이다. 三教合一的 관점에서 보더라도 三一教는 유교를 중심으로 한 三教合一的 특색을 보여 주고 있으며, 나교는 불교 선종을 중심으로 하는 三教合一을 주장하고 있기 때문에 민간종교의 삼교합일의 성격이 다름을 파악해 볼 수 있을 것으로 기대된다. 둘째는 三一教를 창시한 林兆恩은 名門家 출신의 지식인이기 때문에 상층계급문화의식의 특색을 띠고 있는 반면에, 나교를 창시한 羅祖는 전형적인 하층계급출신으로서 불우한 환경에서 성장하였기 때문에 하층문화의식을 대변하고 있다. 당시의 思潮를 올바르게 이해하기 위해서는 上層文化와 下層文化의 상황을 모두 조화해서 이해해야 한다는 시각에서도 三一教와 羅教는 그 필요성에 서로 부합되고 있다. 셋째는 三一教가 福建지역을 중심으로 南方에서 발생하였고, 羅教는 山東이라는 北方을 중심으로 일어났기 때문에 이 두 종교의 연구를 통해서 이들 지역의 종교의식을 비교해 볼 수 있으리라 기대해 본다. 그리고 넷째로 三一教는 위로 천여 년이 넘는 宗教史의 흐름을 귀결짓는 작용을 하고 있고, 羅教는 아래로 현재까지 500년이 넘는 새로운 종교 현상을 출현시키는 기점 역할을 하고 있다는 점에서도 兩者가 지닌 변혁기의 歷史性을 간과할 수 없을 것이다.

林兆恩과 三一教에 관한 연구는 일찍이 容肇祖가 林兆恩을 三教合一의 제창자로 부각시키며 관심을 표명한 이래, 柳存仁 역시 三教合一思想에 입각하여 林兆恩의 사상을 분석하였다. 일본학계에서는 間野潛龍이 林의 연구에 가장 큰 관심을 기울였다. 그도 처음에는 明代 三教思想을 살피는 가운데 林의 사상을 중심으로 하였는데, 이후 좀더 본격적인 연구에 나서서 林의 著述이나 生涯 등을 정리하였다. 荒木見悟 역시 明代 三教一致論者의 한 명으로 林을 管東溟과 사상적으로 비교하고 있다. 臺灣에서는 鄭志明이 林을 三一教의 教主라는 종교적 관점에서 접근을 시도하였으나, 역시 사상적인 분석에 그쳤다. 그 후 그는 臺灣夏教의 사례를 분석하여 그 교단에 대한 연구를 추가하였으며, 독일학자인 Wolfgang은 Malaysia와 Singapore에 전파된 三一敎를 조사하는 등 教團의 실사를 통한 실체적인 연구를 진행하였다. 최근 대륙에서도 이에 관한 연구가 많이 진행되었는데, 주로 三一敎敎團의 형성과 그 敎主인 林에 대해서 서술하고 있다.[10] 국내에서는 아직 三一敎에 대한 직접적인 연구는 없고 다만 曺永祿이 陽明學과 明末 佛敎의 관계를 통해서 明代의 三敎合一說을 규명하였다.[11] 이상의 조사를 통해서, 이들의 연구가 초기에는 三敎合一論者로서 林兆恩의 사상을 규명하는 데 초점이 맞추어졌다가, 차츰 三一敎라는 민간종교의 敎主로써의 모습과 그 敎團에 대한 연구로 방향이 바뀌었다는 것을 알 수 있다.

다음으로 羅祖와 羅敎에 관한 연구는 일찍이 1940-50年代에 日本에서 시작되어 羅敎에 관한 기초적인 연구가 이루어졌으나, 그 후 더 심

---

10) ① 容肇祖「提倡三敎合一的林兆恩」『國立北京大學五十週年記念論文集』(1948)
② Liu Tsun-yan, Lin Chao-en, the Master of the Three Teachings (T′oung Pao, Vol.LⅢ, 1967)
③ 間野潛龍「明代におげゐ三教思想－特に林兆恩を中心として」『東洋史研究』第12卷 第1號 (1957)
④ 間野潛龍「林兆恩とその著作について」『淸水泰次博士追悼明代史論叢』(1962)
⑤ 間野潛龍「林兆恩續考」『東方宗敎』第56號 (1980)
⑥ 荒木見悟「明代におげる二人の三敎一致論者－管東溟與林兆恩」『東洋學術硏究』第17卷 第5號 (1978)
⑦ 鄭志明『明代三一教主硏究』(臺灣 學生書局 1988)
⑧ 鄭志明「夏敎的宗敎體系及其善書思想」『中國善書與宗敎』(臺北 學生書局 1988 初版 1993 2版)
⑨ Wolfgang Franke, Some Remarks on the Three-in-one Doctrine and its Manifestations in Singapore and Malaysia (Oriens Extremus, Jahrgang 19, 1972)
⑩ 馬西沙·韓秉方「林兆恩與三一敎」『中國民間宗敎史』(上海 上海人民出版社 1992 1版 1998 2版)
⑪ 林國平『林兆恩與三一敎』(福州 福建人民出版社 1992), 陳支平 主編「三一敎的形成 與演變」『福建宗敎史』(福州 福建敎育出版社 1996)

11) 曺永祿「陽明學과 明末의 佛敎:三敎合一說을 중심으로」『東洋史學硏究』44, (1993)

도 있는 연구가 진행되지 못하였다[12)] 최근『五部六冊』의 각종 판본이 출현하면서 대만과 중국에서 연구가 활발해지고 있는데, 宋光宇와 鄭志明은 無生老母信仰의 사상적 연원의 탐구에 중점을 두어 연구하였다. 韓秉方은『中國民間宗教史』에서 나교에 관한 전반적인 내용을 정리하고 있으며, 신예학자인 徐小躍은 학위논문에서 羅祖의 사상이 선종의 영향을 받았다는 입장을 중심으로 정리하고 있다.[13)] 국내에서는 나교에 대한 직접적인 연구가 미미한 실정으로, 崔甲洵이 白蓮教를 중심으로 중국의 근세 민간종교를 정리하는 과정에서 무생노모신앙에 대해 언급하고 있을 뿐이다.[14)]

三一教와 羅教에 대한 개별적인 연구 성과는 어느 정도 축적되어 있으나, 이들 종교가 전체적인 중국민간종교사에서 차지하는 비중에 대한 규명은 소홀한 실정이다. 따라서 本稿는 이 두 민간종교의 教主와

---

12) ① 鈴木中正「羅教について－清代支那宗教結社の一例」『東洋文化研究所紀要』第1號 (1943)
② 塚本善隆「羅教の成立と流傳について」『東方學報』京都版 第17號 (1949)
③ 吉岡義豊「羅祖の宗教」『大正大學學報』第37號 (1950)
④ 澤田瑞穗「羅祖の無爲教」『東方宗教』第1, 2號 (1951)
⑤ 酒井忠夫「明末の無爲教について」『東洋史學論集』第3號 (1954)
⑥ 相田 洋「羅教の成立とその展開」『續中國民衆叛亂の世界』(東京 汲古書院 1983)
⑦ 淺井 紀「羅教の成立」「羅教の教義の千年王國的展開」『明清時代民間宗教結社の研究』(동경 研文出版 1990)

13) ① 宋光宇「試論無生老母宗教信仰的一些特質」『中央研究院歷史語言研究所集刊』第52本 第 3分 1981
② 鄭志明『無生老母信仰溯源』(臺北 文史哲出版社 1985)
③ 馬西沙·韓秉方 著「羅祖與五部六冊」『中國民間宗教史』(上海 上海人民出版社 1992)
④ 喻松青「明清時期的民間秘密宗教－羅教」『民間秘密宗教經卷研究』(臺北, 聯經出版社, 1994)
⑤ 徐小躍『羅教·佛教·禪學』－羅教與『五部六冊』揭秘－(南京 江蘇人民出版社 1999)
⑥ 秦宝琦「羅教的流傳」『中國地下社會』(北京 學苑出版社 2004)

14) 崔甲洵「中國 近世 民間宗教 研究－ '白蓮教 傳統'의 구성－」東國大大學院 博士學位論文 (1994).

敎義, 그리고 敎團에 대한 연구뿐만 아니라, 더 나아가서 이들 종교가 明 중기라는 급변하는 시대상황 속에서 출현하게 된 요인이 무엇인가를 함께 탐색해 봄으로써 당시 時代思潮의 특성을 규명하고 아울러 中國思想史에서 차지하는 위치를 밝혀 보고자 한다.

한 종교를 제대로 이해하기 위해서는 그 종교를 개창한 敎主에 대한 연구가 필수적이며, 그 다음으로 敎義에 대한 분석, 그리고 그 敎團의 발전과정과 영향 등을 파악하는 것이 순서라고 할 수 있다. 민간종교의 경우에는 모든 入敎儀式이나 敎團의 구성 등이 비밀에 부쳐지는 경우가 많아서 그들의 실상을 밝히기가 곤란한 점이 있으나, 다행히 三一敎와 羅敎의 경우에는 그들의 경전이라 할 수 있는 『林子三敎正宗統論』과 『五部六冊』이 남아 있기 때문에 이들 자료를 중심으로 敎義의 연구를 수행할 수 있었다.

1編은 林兆恩과 三一敎에 관한 것으로, 첫째로 林兆恩의 일대기를 기록한 『林子本行實錄』의 자료를 중심으로 그가 수행의 길에 나서게 된 과정과 일생을 재구성해 보고자 한다. 그는 단순한 종교가이기 이전에 사상가이며 또한 자선가로서의 면모를 보이고 있고, 많은 저술을 남긴 지식인이기도 하다. 두 번째로는 그의 저술인 『林子三敎正宗統論』을 중심으로 三一敎의 중심 敎義인 三敎合一思想의 내용을 밝혀 보도록 하겠다. 이를 위해 儒道佛 三敎에 대한 林兆恩의 견해를 먼저 살펴보고, 그가 三敎合一思想을 하나의 종교로 체계화시킬 수 있었던 요인이 무엇이었나를 파악해 보고자 한다. 그 순서는 道一敎三論, 三敎合一論, 歸儒宗孔論을 중심으로 하여, 그가 「中一道統論」의 독특한 道統論을 중심으로 三敎合一思想을 종교화하는 과정을 살펴보고자 한다. 또한 三一敎의 특유한 수련법인 九序心法 중 艮背法의 효능에 대해서도 간과할 수 없다. 마지막 章에서는 三一敎가 종교교단으로서 발전해 나가는 과정과 그 儀式 등의 내용을 정리해 보도록 하겠다.

그리고 2編은 羅祖와 羅敎에 관한 것으로, 첫째로 『五部六冊』의 첫권인 『苦功悟道卷』이 羅祖의 13年에 걸친 悟道過程을 담고 있기 때문에, 이 卷을 자료로 羅祖의 생애와 오도과정을 살펴서 그가 나교를 창립한 배경을 알아보도록 하겠다. 둘째로는 羅祖가 저술한 것으로 알려진 『五部六冊』에 관해서, 그 성립 과정과 내용, 체재 등을 살펴서 羅祖의 사상 근거를 파악해 보도록 하겠다. 셋째로는 나교의 핵심 教義인 무생노모신앙이 성립되는 과정을 『五部六冊』을 근거로 살펴보도록 하겠다. 그 방법으로 우선 그 사상의 기본이 된 虛空의 개념이 무엇인지 밝히고, 무생노모신앙의 연원을 그 용어의 변천을 통해서 고찰해 보겠다. 즉 『五部六冊』 안에 「眞空家鄕, 無生老母」라는 용어가 직접 보이지는 않았지만, 그 근원이 되는 개념을 담고 있으며, 특히 無生老母라는 말이 無極聖祖→無極聖母→無生聖母→無生老母의 변천을 통해서 성립해 가는 과정을 사료를 통해서 추적해 보고자 한다. 또 羅祖가 당시의 민간종교인 玄鼓教와 彌勒教 그리고 白蓮教 등을 비판하는 입장이 어떠한지 살피고, 백련교의 위상도 고찰해 보기로 한다. 마지막 章에서는 나교교단의 發展과 分化의 과정을 조사해 봄으로써, 나교가 어떻게 青幇組織과 연결되며, 강남으로 전파되어 老官齋教로 발전할 수 있었는지도 살펴보도록 하겠다.

明代 중기 이후에 출현한 민간종교의 종류에 대해서 清初의 寶卷인 『古佛天眞考證龍華寶經』 第23品「天眞收圓品」에는 老君教, 達摩教, 宏陽教, 淨空教, 無爲教, 西大乘教, 黃天教, 龍天教, 南無教, 南陽教, 悟明教, 金山教, 頓悟教, 金禪教, 還源教, 大乘教, 圓頓教, 收源教 등 18개 教門이 보이고 있다.[15] 이 중 老君教는 도교를 의미하고 達摩教는 선종을 뜻한다. 당시의 寶卷에서는 이들도 민간종교로 분류하고 있

15) 그 외 道光 원년(1821)에 지어진 長生教의 보권인 『衆喜寶卷』에는 70여 개의 민간종교가 소개되어 있고(喩松青 『民間秘密宗教經卷研究』臺北, 聯經出版社, 1994 pp.315-321), 유자양은 당안사료를 이용하여 107종의 민간종교를 구체적으로 들고 있다.(劉子揚 「清代秘密宗教檔案史料概述」 『明清史』중국인민대학서보자료중심 북경 1986 p.47)

음을 알 수 있다. 이들 민간종교는 정도의 차이는 있으나, 대부분 三教合一을 기본으로 하고 있고, 『五部六冊』과 無生老母信仰의 영향을 받은 것으로 보인다.

本稿는 이러한 점들에 착안하여, 明 중기의 민간신앙은 三教合一思想과 無生老母信仰을 공통적인 특색으로 하고 있으며, 그것은 새로운 시대의 성격을 반영한 결과라는 사실을 밝힐 수 있기를 기대해 본다. 또한 本稿는 明代 중기 민간종교의 실태를 파악함으로써 당시의 변화하는 시대상을 살펴보는 것을 주안점으로 하였으며, 이 시기에 성립된 민간종교가 과연 백련교와는 어떻게 相異한지도 관심을 기울였다. 따라서 이 시기의 민간종교는 백련교와는 다른 새로운 신앙체계를 가지고 있었다는 사실도 입증할 수 있을 것으로 생각한다. 그러나 그러한 사실을 입증하기 위해서는 더욱 많은 민간종교에 대해서 조사하고 그 계통을 체계적으로 정리하는 작업이 선행되어야 하지만, 우선 三一教와 羅教를 중심으로 조사하는 데 그쳤다.

第一編

林兆恩과 三一教

第一章 林兆恩의 行蹟

隋唐 이래 계속된 三敎合一의 풍조는 明代에 들어와 그 절정에 달하였다. 明 중기 16C를 전후하여 三敎合一思想은 이제 하나의 時代思潮가 되어, 학술사상계를 비롯한 각종 문학과 예술 방면은 물론 민간종교에까지 이 풍조가 파급되었다. 이 같은 三敎合一의 풍조를 종교로까지 체계화시킨 최초의 인물이 林兆恩이다.

그의 저술은 상당히 방대하며 死後에도 계속 제자들에 의해 간행되었다. 그중 오늘날 三一敎의 法定經典의 역할을 하고 있는 『林子三敎正宗統論』36冊(毅宗 崇禎 17年 1644)과 林兆恩의 일대기라고 할 수 있는 『林子本行實錄』(淸 世祖 順治 12年 1655)을 기본 史料[1])로 하여, 三一敎의 실상을 밝혀 보고자 한다.

---

1) 『林子三敎正宗統論』의 다른 판본으로는 林兆珂가 편찬한 萬曆 34年(1606)本 『林子全集』40冊(일본의 學習院, 尊經閣, 內閣文庫 등 소장), 涂文輔가 편찬한 崇禎 4年(1631)本 『林子全集』40冊(北京 圖書館과 浙江 圖書館 소장, 『四庫全書提要』卷125 「雜家」에 수록.)이 있고, 林兆恩의 일대기로는 萬曆 27年(1599) 張洪都가 편찬한 『林子行實』, 萬曆 38年(1610) 林兆珂가 편찬한 『林子年譜』가 있다.

第一節 家門과 修行

1. 家門背景

林兆恩은 明 武宗 正德 12年(1517)에 福建省 興化府 莆田縣에서 태어나서 明 神宗 萬曆 26年(1598) 82세로 사망하였다. 字는 懋勛, 別號는 龍江, 道號는 子谷子이며, 晚年에는 混虛氏 혹은 無始氏라 불렸다. 후일 敎徒들은 「三教先生」 혹은 「三一教主」라고 하였으며, 그의 原名稱은 「夏午尼氏道統中一三教度世大宗師」이다.

林의 가문은 西晉(265-316) 이래 福建 8族의 하나로, 明代까지 1200여 년간 계속해서 급제자를 낸 閩中 제일의 '望族'이었다. 林은 唐代 端州刺史를 지낸 林葦의 직계 후예이다. 林葦는 형제 9人이 모두 刺史와 司馬의 관직을 지내어 '九牧'이라 불렸으며,[2] 그 후 천여 년간 閩中 독서인 사이에서 그 이름이 칭송되어 왔다.

林葦의 19代孫인 林洪은 明初 惠帝 建文 3年(1401) 進士 출신으로 辰溪知縣 등을 역임하였으며, 『福建通志』卷208 「人物志」 明良吏傳에 수록되어 있다. 『莆田縣志』에는 林洪이 莆田縣令의 임기를 마치고 떠날 때 백성들이 길을 막고 울며 「나를 낳아 준 이는 부모요, 나를 살리고 나를 가르친 이는 林牧이다.」[3]라고 할 만큼 善政을 폈다.

林洪 이하 7代孫인 林兆恩代까지 그의 가문에서 12명의 進士가 배출되었으며, 地方志의 人物志에 그 후손이 다수 등재되어 있어 가문의 융성함을 짐작할 수 있다.

---

2) 鄭王臣 『莆風淸籟集』卷1: 葦 藻 著 荐 蔚 溫 蒙 邁 莁, 皆官刺史司馬, 號九牧. 林家瓜瓞之盛, 甲于閩中.

3) 『莆田縣志』(臺北 成文出版社影印 1973) 卷13: 生我者父母, 活我訓我者林牧也.

조부 林富와 숙부 林萬潮는 林에게 사상적으로 직접적인 영향을 준 인물들이다. 林富는 孝宗 弘治 17년(1504) 進士로, 大理評事의 職을 받아 司法을 관장하는 관직을 맡았다. 그는 廣西에서 王陽明과 함께 少數民族起義를 진압하는 과정에서 서로 교류하게 되었다. 林富가 劉瑾을 비난한 일로 下獄되었을 때 왕양명도 같은 이유로 감옥에 갇혔는데, 林富는 당시 옥중에 있는 왕양명을 위하여 「獄中與王陽明講易」이라는 시를 지어 「환난 중의 벗(儔侶)」이라고 할 만큼 흠모하고 있었다. 明代 心學의 기풍을 진작시킨 왕양명과의 교류는 林富의 사상에도 적지 않은 영향을 끼쳤으며, 조부가 돌아가셨을 때 21세의 청년이었던 林 역시 그러한 사상의 영향을 받았을 가능성이 크다. 林富에 대해서는 『廣西志』『廣東志』『總府題名記』『蒼梧軍門志』 등에 기록이 실려 있다.

그의 둘째 숙부인 林萬潮는 嘉靖 17年(1538) 進士 출신으로 寧波와 贛州의 推官을 지냈다. 林萬潮는 詩文이 탁월하여 『贛州詩』라는 저술이 있으며, 王學을 숭상하였고 王陽明의 私淑弟子인 羅洪先(念菴 1504-1564)과도 교분이 있었다. 林萬潮의 死後, 나홍선이 그의 墓地銘을 지어 주었는데 이것은 숙부의 시신을 모시러 갔던 林兆恩의 요청에 의한 것으로, 당시 30세였던 林이 나홍선과도 교류하고 있었음을 알 수 있다. 나홍선은 翰林院修撰을 지낸 인물로, 양명학뿐만 아니라 天文地理와 陰陽算術에도 밝아 동양의 별자리점이라는 紫微斗數를 창안하였으며, 그에 대해 黃宗羲도 『明儒學案』에서 그의 心學修行의 要旨를 피력하고 있다.[4] 후일 林을 수행의 길로 이끈 스승이 바로 나홍선이라는 설도 있다.[5]

4) 『明儒學案』卷18: 始致力於踐履, 中歸於寂靜, 晚徹悟於仁體.
5) 馬西沙 「林兆恩與三一教」 『中國民間宗教史』(上海 上海人民出版社 1992 1版 1998 2版) p.734.

2. 修行過程

林이 탄생한 복건지방은 明代에 들어와 士風이 더욱 진작되었는데, 이러한 사실을 莆田縣의 風俗志에서 보면, 「(士의) 대부분이 학문을 쫓아 강송을 좋아하고 글을 잘 지으니, 과거에 급제한 자가 특히 많았다.」[6]고 하였다. 또 『嘉靖重修一統志』에도 「科名이 閩省에서 으뜸이다.」[7]라고 하였으며, 林의 가문도 12명의 進士가 배출된 외에 다른 방법으로 仕途의 길에 들어간 자가 백 명이 넘었다.

이러한 家風 속에서 林 역시 당연히 과거급제를 목표로 학업에 전념하였다. 林은 6세에 독서를 시작한 이래, 집안의 가풍을 이어서인지 16세에는 「글을 짓는 데 신기함이 있다. -下筆有神-」고 하는 칭송을 들었으며, 18세에 莆田縣의 庠生이 되어 당시 督學 田汝成에게 문장력이 있다고 칭찬을 받기도 하였다. 그러나 18세(嘉靖 13年 1534)부터 30세(嘉靖 25年 1546)까지 3차례의 鄕試에서 연속 탈락하는 쓰라린 경험을 겪고 의연히 擧子業을 포기하였다. 원래 중국의 지식인은 「영달하면 천하를 두루 다스리고, 뜻을 얻지 못하면 혼자서 자기자신에 최선을 다한다. -達則兼濟天下, 不達則獨善其身. -」는 것을 인생철학으로 해 오고 있었다. 林 역시 이미 30세의 나이에 이르러 더이상 실망과 울분의 나날만을 보낼 수는 없었다. 결국 이번의 결정은 林의 일생에서 중대한 전환점이 되었다. 이후 林은 心身性命之學에 뜻을 두고 본격적인 수행의 길로 들어서게 되는데, 그 시작 과정과 태도를 보면

> 教主는 마침내 불현듯이 擧子業을 포기하고서, 心身性命之學에 기꺼이 뜻을 두고, 3門(儒·佛·道)을 두루 두드림이 여기에서 시작되었다. 몇 해 동안은 바

---

6) 『重纂福建通志』(臺北 華文書局影印 1969) 卷55: 多嚮學, 喜講誦, 好爲文辭, 登科第者尤多.
7) 『嘉靖重修一統志』(臺北 臺灣商務印書館影印 1966) 卷427: 科名之盛, 甲於閩省.

> 보스럽기도 하고, 정신없이 넘어질듯 미친 것 같기도 하였다. 道가 있는 듯한 자들을 만나면 곧 찾아가 방문하고 후히 幣物을 올렸으며, 혹시 儒者나 玄者의 복장을 한 사람을 만나면 비록 매우 평범한 부류일지라도 역시 무릎을 꿇고 배우기를 청하므로, 莆田縣 사람들이 모두 敎主를 미쳤다고 하였다.[8)]

라고 하여, 그가 과거를 포기한 후 본격적으로 佛·道에도 정진하게 되었음을 알 수 있다. 그는 南山寺에 머물며 날마다 불경을 암송하고 明心見性의 깊은 뜻을 탐구하는 생활을 하였다. 당시 복건은 명대 불교의 중요 전파 지역으로 선종인 曹洞宗의 중심 사원이 있었기 때문에 그는 불교를 이해하기에 좋은 여건에 있었다. 南山寺는 廣化寺 등 십여 개의 예하 사찰을 포함하고 있는 大本寺였다. 그중 廣化寺는 육조시대에 지어진 사찰로 규모도 큰데다 복건의 5大 佛敎聖地 가운데 하나였다. 역시 복건 출신인 李卓吾(1527-1602)도 이 절들을 출입하며 승려들과 토론하는 등 불교와 접촉한 것으로 알려지고 있다.

林은 도교에도 심취하여 「玄門之師」를 찾아 각종 法術을 배우기도 하였다. 그는 34세에 泉州에 있던 盧仙에게 辟穀의 術法을 공부하였으나 수개 월 만에 몸이 쇠약해지자 盧仙에게 「이것은 신체를 단련하여 (氣를) 맑게 하는 것에 불과할 뿐이다. 만약 大道라면 원래 이러한 것에 있지 않으니, 나는 이제 辟穀을 하지 않겠다.」[9)]고 하여, 본인의 체험에 의해 辟穀을 그만두는 결정을 내림으로써 이성적 태도를 보여주었다. 이러한 사실에서 林이 무조건 法術에 빠진 것이 아니라 道를 추구하는 합리적 자세를 매우 중시했음을 알 수 있다.

林의 수행에 영향을 준 인물로는 卓晩春과 張三峰을 들 수 있다. 林은 과거를 포기한 직후인 30세 무렵 卓을 만나 비로소 종교적인 세

---

8) 『林子本行實錄』30歲條: 敎主遂飜然棄擧子業, 而銳志於心身性命之學, 徧叩三門自玆始也. 數年間如痴如醉, 如顚如狂, 凡略有道者輒拜訪之, 厚幣之, 或邂逅儒服玄裝雖甚庸流, 亦長跪請敎, 故莆人咸以敎主爲顚.
9) 『上揭書』34세 條: 是不過鍊形使淸耳. 若大道則原不在是, 吾今不爲之也.

계에 인연을 맺게 되었다. 卓은 당시 異蹟을 행하는 道士로 널리 알려졌으며, 小仙이라고 불렸다. 그에 관한 기록은 『福建通志』卷263 「明方外傳」, 『古今圖書集成』「神異典」第258卷 「神仙部」列傳 35, 明 萬曆刊 『興化府志』卷26 등에 실려 있다. 『福建通志』의 卓에 관한 기록을 살펴보면

> 吉凶事에 관한 일을 언급하면 모두 기이하게도 적중하였다. 처음에는 글자를 몰랐으나, 14세가 되어서는 詩를 지을 수 있었고 16세에는 草書도 잘 쓰니 唐順之가 그를 위하여 「小仙草書歌」를 지어 주었다. (그는) 항상 흐트러진 머리에 맨발로, 겨울에도 서리를 밟고 검은 삼베옷을 입었다. 서리가 내리는 밤일지라도 반드시 돌 위에서 露宿하였다.[10)]

고 하여, 그의 기이한 행적이 어떠하였는가 하는 일면을 엿볼 수 있다. 卓에 대해서 『興化府志』卷26에는 「僞仙」으로 기록하였고 당시 권력층은 「邪人」으로 지목하였으나, 하층민들에게는 신기한 능력을 지닌 이 같은 인물들이 대중적인 인기를 얻고 있었다. 더구나 당시의 사회 상황에서 하층민들은 정통종교보다는 이들을 의지하는 대상으로 삼았다.

이 같은 사례는 같은 시기 『萬曆野獲篇』에 「王錫爵(1534-1610)의 딸 王貞燾(曇陽子 1558-1580)가 得道하고 죽으니, 일시에 名士 수백 인이 모두 이마를 땅에 대고 절을 하며 제자를 칭하였는데, 미리 이미 죽을 날짜를 예시하였다.」[11)]고 하는 기록에서도 살펴볼 수 있다. 이와 같은 靈異史蹟에 관한 기록은 地方志의 神異篇 등에 수록되어 있으며, 明代의 황제들도 개인적으로는 長生術을 비롯한 方術을 좋아하고, 佛道를

10) 『福建通志』卷263 「明方外傳」: 言休咎事皆奇中. 初不識字, 年十四能詩, 十六善草書, 唐順之爲作小仙草書歌. 常蓬跣, 冬月履霜, 著黑麻衣, 雖霜夜必露宿石上.

11) 沈德符 『萬曆野獲篇』卷23: 其中女曇陽子者得道化去, 一時名士如弇州兄弟, 沈太史懋學, 屠青浦隆, 馮太史夢楨, 瞿胄君汝稷輩, 無慮數百人, 皆頂禮稱弟子, 先已豫示化期.

가까이 한 사람이 대부분이었다. 태조 朱元璋이 승려 출신의 백련교도라는 說이 유력하며, 성조 永樂帝도 승려인 道衍(姚廣孝 1335-1418)을 즉위공신으로 중용하고 「黑衣宰相」[12)]이라 칭하였다. 明 중엽인 16C에 들어서는 武宗(正德 1506-1521)이 궁중에 豹房新寺라는 라마교 사원을 짓고 스스로 「大慶法王」이라 칭하며 라마교의 옷을 입고 불법을 행하는 등 奇行을 일삼았다. 이때가 바로 劉瑾 등 8虎라고 하는 환관들이 전횡을 하던 시기이다. 이 뒤를 이은 世宗(嘉靖 1522-1566)은 도교에 심취하여 道士 邵元節과 陶仲文을 궁중에 불러들이고, 嚴崇 등 靑詞를 잘하는 재상을 중용하여 「靑詞宰相」[13)]이라 불렀다. 이러한 기풍은 결국 민간에도 파급되어 일반 백성들은 齋醮와 祈禳 등을 일상으로 행하는 등 민간종교가 성행할 수 있는 빌미가 마련되고 있었다. 이와 같이 당시는 표면적으로는 理學이 正統의 지위에 있었지만, 이면으로는 각종 종교가 민간에 파고들고 있었다.

林은 과거등제를 포기한 후 실의에 빠져 있다가, 卓을 만나서 「두 사람은 서로 좋은 친구가 되어 술 먹고 노래하며 돌아다니니, 사람들이 마침내 卓晩春은 미치고 林兆恩은 돌았다.」[14)]고 할 만큼 사람들의 눈에 「卓狂林顚」하게 비칠 정도로 기행을 자행하였다. 이 둘은 의기투합하여 2년 정도 산천을 유랑하며 天命之道를 논하고 서로에 대한 이해를 깊이 하였다. 小仙이 하는 말의 眞意를 제대로 이해하는 자는 오직 林뿐이라고 할 정도로 둘의 관계는 좋은 친구이면서 스승과 제자의 관계라고 할 수 있었다. 이러한 관계를 통해서 林은 卓에게 도교의 內丹術을 전수받았고, 卓도 林의 미래를 예견하기를

12) 江燦騰 「明初道衍的反排佛論及其淨土思想」 『明淸民國佛教思想史論』(北京 中國社會科學出版社 1996) p.5. 黑衣란 黑色의 승려복으로, 승려의 신분을 지닌 채 관직에 있음을 의미한다. (『明史』卷145 列傳 33「姚廣孝」참조.)

13) 姜生·郭武 『明淸道教倫理及其歷史流變』(成都 四川人民出版社 1999) p.146.

14) 『林子本行實錄』32세 條: 自此兩人遂相友善, 縱飮行歌, 人遂稱爲卓狂林顚云.

> 先人이 대대로 좋은 일을 하여 이러한 陰功이 쌓임으로서, 한 자손이 道를 이룰 수 있는 것이다. 그대의 집안은 先代이래로 善을 행한 지 7世이다. 그대가 다시 명예를 버리고 道를 배워 널리 陰騭을 행하니 어찌 道를 얻지 못하겠는가?[15)]

라고 하여, 林이 장차 得道할 가능성을 내다보면서, 林이 先代의 積德으로 道를 이루어 종교가로서 大成할 것을 점치고 있었다. 그 후 卓은 世宗 嘉靖 33年(1554) 莆田을 떠나, 杭州의 淨慈寺에서 사망하였다. 林은 卓과의 인연으로 종교의 신비한 세계에 관심을 두게 되고 더욱 수행에 정진하게 되었다. 그는 수행 가운데에서 心性修練을 중요시하였으며, 그 수행방식은 도교의 內丹修煉과 유사하였다.

그리고 그의 수행방식에 영향을 준 또 한 사람은 바로 도교의 전설적 인물인 張三峰이다. 여기서의 張三峰은 元末明初의 張君寶를 말하는데, 그는 明初 太祖 朱元璋의 존숭을 받았던 인물이기도 하다. 그에 관한 行蹟은 『明史』卷299 「列傳」第187 張三峰과 『江寧府志』 그리고 『陝西通志』 등 다수의 地方志에 수록되어 있다. 張은 內丹修煉 이외에, 「항상 사람들과 3敎 등의 책을 논의하였으며」, 「오로지 忠孝仁義를 세상에 전도하였다.」[16)]고 하니, 도교의 인물이면서도 3교에 두루 통하고 유교적 덕목을 중시하여 사상적으로 林에게 영향을 주었을 것이다. 이러한 이유로 마침내 卓과 張 兩人은 三一敎에서 숭앙하는 인물이 되었다. 후일 수백 개의 三一敎堂에 그들의 像이 林의 좌우에 배치되어 지금까지도 숭상되고 있다.

『林子本行實錄』과 『林子三敎正宗統論』에 의하면, 林은 30세 무렵부터 內丹修煉을 시작하여, 嘉靖 43年(1564)인 48세 때부터는 상당한 경지에 이르러 奇異한 신통력을 발휘하였다고 한다. 67세 이후에 그의

---

15) 『上揭書』32세 條: 須先人世世爲善, 累積陰功, 故能一子成道耳. 君家自先代以來, 行善七世矣. 君復棄名學道, 廣行陰騭, 豈有不得道者乎?

16) 『林子三敎正宗統論』 第35冊: 嘗與人論議三敎等書, ……, 專以忠孝仁義勸世.

수련은 최고 경지에 이르러 각종 신비체험을 하게 되며, 81세에는 燃神還虛의 경지에 도달하게 된다. 燃丹에는 3關이라고 하여 精, 氣, 神을 수련하는 「燃精化氣」와 「燃氣化神」 그리고「燃神還虛」의 3단계가 있는데, 林은 50년간의 수련을 통하여 燃丹의 최고 경지에 들어간 것이다.

林의 修煉方式은 道教의 內丹修煉方法을 따랐으나, 그렇다고 그가 도교에 대해 강한 소속감이 있었다기보다는, 다만 그 신비한 靈異체험을 통해서 스스로 인식의 폭을 넓히는 기회로 삼았다고 볼 수 있다. 그리고 도교의 符籙咒文에는 신비한 영험력이 있어 병을 고치거나 재앙을 막는 효험이 있는 것으로 알려졌는데, 林도 이와 유사한 神符의 書法字를 이용하여 鎭邪避災의 효력을 발휘하는 능력이 있었다. 그의 능력은 바로 「正氣」의 사용인데, 그 내용을 살펴보면

> 이제 病에 전염된 자는 모두 교주에게 救援을 청하니, 교주는 다만 글을 써서 「道가 높으니 용과 호랑이가 엎드리고, 德이 중후하니 鬼神이 흠모한다.」라고 하였다. 病者들이 모두 약을 쓰지 않아도 일어나니, 教主가 正氣라고 적은 것이 이로부터 시작하였다.17)

고 하니, 그가 病者들을 구하는 신통력의 관건은 다름 아닌 書符文字의 신비한 힘을 이용한 巫術의 일종이라고 볼 수 있다. 일반 민중은 영험한 현상을 통해서 정신적인 위로를 받고 災難을 피하며 福을 구하려는 경향이 농후하였다. 따라서 중국의 전통사회에서는 유가 윤리에 위해만 없다면, 유교와 巫術의 兩者는 서로 보완하는 작용을 하여 민간신앙을 형성시켰고, 따라서 유교의 人文精神이 종교적 도덕규범을 통하여 서로 소통될 수 있었다. 이러한 융통성과 타협성이 중국사회에

---

17) 『林子本行實錄』46歲條: 自是染病者咸求救於教主, 教主但書曰: 「道高龍虎伏, 德重鬼神欽.」病者咸不藥而起, 教主之寫正氣自此始.

서 三教合一思想이 꽃피울 수 있는 기반이 되었다고 할 것이다.

그러나 林은 전통사회의 巫術信仰에 대해서 자신의 주관에 따른 견해를 가지고 있었다. 그러므로 그는 신비한 힘을 발휘하는 靈力의 근원에 대해서 正과 邪의 개념으로 구별하였다. 그는 지식계층 출신임으로 유가의 人文사상의 교화를 깊이 받고 있었으므로, 개인의 종교체험으로는 神靈의 존재를 확신하고 있었으나, 민간의 巫術활동에 대해서는 회의적인 면도 지니고 있었다. 그가 추구하고자 하는 것은 宗教와 人文을 결합하여 道德과 宗教가 하나로 관통한 「正」의 종교였다. 그러기 때문에 그는 종교만을 말하고 인문을 무시하며, 특히 신비한 능력만을 추구하는 자를 「邪」로 단정하였다.

宗教文化에 있어서 知識階層은 여러 종교 요인 가운데서 哲理를 중시하고 영험성이 있는 종교활동은 부수적인 것으로 보는 반면, 서민대중은 天神人鬼의 神靈崇拜를 중시하고 도덕적인 윤리는 부수적인 것으로 받아들이는 경향이 있다. 바로 이러한 두 계층의 입장 차이를 잘 드러낸 자료가 明代에 간행된 謝肇淛의 『五雜俎』, 朱國楨의 『涌幢小品』, 沈德符의 『萬曆野獲篇』 等이며, 이 중 五雜俎는 지식계층의 편향된 시각을 두드러지게 보여 주고 있다. 林은 士人을 위주로 전도하였으나, 그렇다고 서민대중의 文化를 무시하지도 않았다. 다만 그에게 「正」과 「邪」의 개념은 하나의 가치판단을 위한 기준이었다. 林은 민간의 巫術활동에 대해서 전적으로 부정한 것이 아니라, 巫術활동을 「正」과 「邪」의 두 가지로 나누어 「正」의 巫術은 인정하였다. 이러한 林의 태도는 謝肇淛가 무조건 人文主義의 입장에서 민간종교의 효능을 부정한 것과는 큰 차이가 있다고 할 수 있다.[18]

林의 신앙세계에는 30년간 익힌 유교사상 외에도 불교나 도교 계통

18) 鄭志明 『明代三一教主研究』(臺灣 學生書局 1988) pp.109-112. 雅文化와 俗文化에 대해서는 鄭志明 『中國民間宗教論集』 「生死問題雅俗兩層探論－兼論雅俗文化」 (臺灣 學生書局 1984)참조.

은 물론 전통적인 민간종교의 要因이 스며들어 있다. 이 같은 면은 그의 탄생에 관한 기록을 보면 그가 전통 민간신앙의 영향을 받고 있음을 알 수 있는데

> 明 武宗 正德 12년(1517) 丁丑에 古讖傳에: 「丁丑年에 彌勒이 下生한다.」고 하였으며, 7月 16日 寅時에 사람들이 司馬의 집에 李氏가 거처하고 있는 방을 보니 상서로운 광채가 하늘을 비추며 특이한 향기가 사람들에게 엄습하였고, 三一教主夏午尼氏林子가 탄생하였다.[19)]

고 하여, 신비로운 인물의 탄생에 흔히 보이는 「祥光異香」의 표현이 보이고 있으며, 위의 사료에서 특히 「丁丑之世, 彌勒下生.」의 표현은 미륵신앙도 가세되었음을 알 수 있다. 물론 『林子本行實錄』이 林의 사후에 제자들에 의해 편찬되어 신비스러운 요소가 첨가되었다고는 하지만, 당시 종교에 관심이 있는 사람들에게 이러한 요소는 보편적인 현상이라고 할 수 있었다. 다만 林은 이러한 체험들을 불교와 도교의 정신을 빌어 설명하고, 유교적인 관념과 용어를 사용하여 서로 화합시키고자 하였다. 이같이 하여 그는 儒道佛 3교와 심지어는 민간신앙까지도 그들 간의 구별과 차이를 없애고 융화로 歸一시켜 종교의 기능을 다할 수 있도록 하였다.

彌勒下生信仰은 南北朝時代 이래 민간에서 널리 신봉된 대표적인 민간신앙으로, 彌勒佛이 인간 세상에 강림하여 혼란에 빠진 세상을 구제한다는 것이 이 사상의 요체이다. 이 彌勒信仰은 西晉(265-316) 시대에 竺法護가 『彌勒下生經』을 번역해 내면서 소개되기 시작하여, 後代로 내려오면서 도교의 사상과 기타 요소가 가미되어 世俗化되고 民間化되었다. 특히 「彌勒下生, 明王出世.」의 교리는 혼란한 현세를 부

---

19) 『林子本行實錄』初誕: 明正德十二年丁丑, 古讖傳云: 「丁丑之歲, 彌勒下生.」 七月 十六日寅時, 人見司馬第李氏所居之房, 祥光燭天, 異香襲人, 而三一教主夏午尼氏林子誕.

정하고 내세를 염원하는 성향이 짙기 때문에 현실생활에 불만을 품은 사람들에게 호소력을 지니고 있었다. 여기에 龍華三會思想이 결부되어 三佛應劫救世信仰體系를 이루었다. 3佛이란 燃燈佛, 釋迦佛, 彌勒佛로 이들은 각기 과거, 현재, 미래를 주재하는 부처이다.[20)]

이렇게 세속화한 미륵신앙은 일반 민중들에게 쉽게 받아들여질 수 있었고, 훗날 대부분의 민간종교 창시자들은 자신을 미륵의 화신으로 가탁하게 되었다. 따라서 彌勒下生信仰은 통치계급과 대립관계를 형성하게 되었고, 北魏시대 일어난 大乘敎의 난(515)[21)] 이래, 隋·唐·宋에서 元·明에 이르기까지 「新佛出世, 除去舊魔.」의 구호를 내세운 반란이 끊이지 않은 것도 바로 이러한 미륵신앙의 배경에서 기인한 것이었다. 明 太祖(1368-1398) 朱元璋 역시 이러한 民間信仰基盤을 이용하여 元을 무너뜨리고 정권을 차지한 實例이다. 그러나 주원장은 미륵신앙을 비롯한 민간신앙이 민중을 결집하는 작용이 있어 통치권에 위협을 주는 존재라는 사실을 익히 알고 있었기 때문에, 즉위 후에는 이들 민간신앙에 대해서 詔勅과 법률로 그 전파를 막고자 하였다. 太祖 洪武 3年(1370)에 조칙으로 「白蓮社, 明尊宗, 白雲宗, 巫覡扶鸞, 禱聖書符, 咒水 등과 같은 여러 術法은 함께 禁止한다. 左道가 거의 일어나지 않으니 백성은 미혹함이 없도록 하라.」[22)]고 하였고, 『明律』에도 左道에 물든 자들에 「首領은 교수형에 처하고, 追從者는 杖 일백 대에 삼천리 밖으로 유배를 보낸다.」[23)]고 엄격하게 금지하였다. 이러한 금지 조치로 해서 미륵신앙은 민간으로 잠입하여 비밀결사의 형태를 띠게 되었고, 明 중기

20) 馬西沙 「彌勒救世思想的歷史淵流」 『中國民間宗教史』(上海 上海人民出版社 1992) p.45.

21) 三石善吉은 大乘敎의 난의 성격에 대해 불교적 千年王國을 추구하는 반란으로 규정하였다. 黃巾의 난(184)은 도교적 천년왕국, 太平天國의 난(1850-1864)은 기독교적 천년왕국, 義和團의 난(1900)은 유불도적 천년왕국을 추구한 반란으로 파악하고 있다. 三石善吉 지음 최진규 옮김 『中國의 千年王國』 (서울 고려원 1993) p.98.

22) 『明實錄』洪武三年(1370)六月甲子條: 白蓮社, 明尊宗, 白雲宗, 巫覡扶鸞, 禱聖書符, 咒水諸術, 並加禁止. 庶幾左道不興, 民無惑志.

23) 『明律』禮1: 爲首者絞, 爲從者各杖一百, 流三千里.

이후 정통종교가 쇠퇴하고 민간종교교단이 발흥할 수 있는 하나의 기반이 되었다. 林 역시 三敎合一思想에다 彌勒信仰을 받아들여 자신이 미륵의 化身임을 은연중 드러내었다. 그러나 그의 저작에서는 彌勒下生에 대한 기록이 많지 않은데, 이것은 「歸儒宗孔」이라는 三一敎의 기본 입장 이외에도, 정부의 탄압을 피하려는 목적에서 의도적으로 그러한 내용의 기술을 기피한 것으로 이해된다.

第二節 社會理想의 實踐

1. 隱逸歷程

林兆恩의 인생에서 가장 중요한 轉換期는 역시 과거등제를 그만 둔 30세 이후부터이다. 그러나 그가 곧바로 종교가의 길로 들어선 것은 아니고 처음에는 어디까지나 학술단체로서의 三敎堂을 건립하여 활동하였다. 林은 과거에 뜻을 거두고 나서, 生員으로서의 신분마저 벗어나고자 하였는데

> (世宗) 嘉靖 31年(1552) 壬子에 교주가 庠士의 名簿을 사퇴하고자 청하였으나, 督學 朱衡이 교주의 재주를 아껴서 허락하지 않았다. 교주는 마침내 督學의 문 앞에서 절을 하며 사양하되, 衣巾을 불태우고 野服을 하고서 돌아왔다. 朱公이 크게 노하여 그를 체포하려 하니, 郡守 董士衡이 그를 대신하여 이르기를: 「이 사람은 진실로 道를 위하고 名譽를 위하지 않는다.」고 하니, 朱公이 조금 있다가 풀어주었다.[24]

고 한 사료에서, 督學을 찾아가 「焚衣巾」할 만큼 그는 과거 포기의 강한 의지를 드러내고 있다. 그다음 해(1553)에도 督學이 作文을 구실로 그를 불렀으나 「作文을 잘하는 것은 하나의 작은 기술일 뿐이다.」라고 잘라 거절하였고, 다시 朱公이 講學으로 불렀으나 林은 「전에는 學校에 있었으니 부를 수 있었으나, 지금은 山林에 처하고 있으니 부를 수 없읍니다.」[25]라고 스스로 隱士임을 자처하였다. 明代에는 世宗 嘉靖(1522-1566)이후 山人이라는 명칭이 유행하였으며,[26] 林도 『山人』一卷을 저술하였다. 林이 말하는 山人이란 「山에 있다고 해서 山人이 아니고, ……, 마음의 山에 있는 것이 山人이다.」라고 山人의 정의를 풀고 있다. 또 그는 「山人이라는 것은 山에 피하는 것이 아니고, 천하 만세의 山을 山으로 삼는 자이다.」[27]라고 하여, 山人의 호탕함과 浩然之氣를 중시하는 心學의 단서를 비쳐 보이고 있다.

그러나 중국의 隱士文化는 세속적인 문화의 특성을 지니고 있으며, 隱士가 추구했던 최고의 이상은 역시 사회와 인간에 근거하는 世俗精神이었다. 그러므로 그들이 이루고자 하는 「道」는 언제나 사회도덕을 기초로 하여 설정한 목표라고 할 수 있다.[28] 明代에도 도처에 隱士가 산재하였는데, 李卓吾는 이들을 가리켜 「이름은 山人이나 마음은 장사치와 같고, 입으로는 도덕을 말하나 뜻은 좀도둑질에 두고 있다.」[29]고

24) 『林子本行實錄』36歲條: 嘉靖三十一年壬子, 教主請辭庠士名籍, 督學朱公衡愛教主之才不許. 教主遂於督學門首拜謝, 焚衣巾, 野服而歸. 朱公大怒, 慾執之, 郡守董公士衡爲言: 「此人眞爲道, 不爲名也.」 朱公少釋.

25) 『林子本行實錄』37歲條: 卽能文, 不過一小技耳. ……. 昔在學校卽可得而召之, 今在山林則不可得而召之.

26) 山人이란 반드시 山中에 있는 隱士가 아니라 功名을 버리고 隱逸 自任하는 사람을 가리키며, 그래서 城市에서 은거하는 사람을 市隱, 관리가 되어 自居하는 사람을 吏隱이라고 하였다. 鈴木中正 「明代山人考」 『清水博士追悼記念明代史論叢』 大安 (1962).

27) 『林子三教正宗統論』 第14冊 「山人」: 非以其山而山人, ……. 以其心之山而山人. ……, 故山人也者, 不以其山而僻之, 而以天下萬世之山以爲山者.

28) 姜炅範·千賢耕 譯 『중국 은사 문화』(서울 東文選 1997) p.62.

29) 『焚書』卷二: 名爲山人, 而心同商賈, 口談道德, 而志在穿窬.

혹평하였다.

明代에 와서 隱逸의 풍조가 변모하여 「狂」[30]의 기풍이 만연하였는데, 이는 개성의 표현이라고 할 수 있다.[31] 이러한 사례를 보면, 王陽明을 비롯한 泰州學派와 그의 계통을 이은 李卓吾와 何心隱 등을 들 수 있는데, 이들은 狂 의식을 스스로 드러낸 대표적인 인물들로 狂禪派로 분류되었다.[32] 何心隱(梁汝元)은 嘉靖 41年(1562)에서 43年(1564)까지 복건에 와서 林을 방문하고 「54日간 林兆恩의 집에 머물며 서로 講學을 하였다.」[33]고 하니, 林과 의기투합한 사이였고, 또 이르기를 「儒·道·釋의 3大 教門은 孔子·老子·釋迦가 이미 이루었다. 이제 三教合一만이 있으니, 第一等 事業이며 第一大 教門이다.」[34]라고 토로하여 삼교합일을 하나의 大事로 보고, 그 임무를 수행해 낸 林의 업적을 높이 평가하였다.

林도 실은 狂 의식을 지닌 개혁자이긴 하였으나, 李卓吾나 何心隱보다는 박해를 받지 않았다. 그 이유는 그가 비교적 타협성이 두드러졌기 때문이라고 할 수 있는데, 儒道佛 3교를 모두 조화하고자 한 그의 정신에서도 어느 한 종교에만 집착하지 않는 포용력을 지닌 자질이 잘

---

30) 孔子는 인간의 유형을 中行, 狂, 狷, 鄕愿의 네 가지로 나누었다. 「狂」이란 두 번째 등급의 인간을 말한다. 「中行」은 「중용을 행할 수 있는 사람」으로, 최상의 유형이지만 얻기가 어렵다. 「狂」은 「나아가서 취하는 사람」으로, 선택한 일을 과감히 열정적으로 수행하지만 때로 언행불일치에 이를 수 있다. 「狷」은 「하지 않는 것이 있는 사람」으로, 옳지 않은 일은 단념할 줄 안다. 「鄕愿」은 가장 하급의 유형으로 「자신의 뜻을 숨기고 세상에 아첨하는 자」이며 德에 대한 도적으로 보고 있다. (『論語』第13 「子路」: 「子曰, 不得中行而與之, 必也狂狷乎. 狂者進取, 狷者有所不爲也.」)

31) 島田虔次 지음 김석근·이근우 옮김 『朱子學과 陽明學』 (서울 까치 1986) pp.167-169.

32) 稽文甫는 顔山農, 何心隱, 李卓吾 등을 狂禪派로 분류하고 그들의 특색을 功利主義, 극단적 자유주의, 극단적 개성주의로 보았으며, 당시 사회에 儒佛의 구별이 흐트러지면서 王學左派는 祖師禪을 지향하였다고 하였다. 稽文甫 「所謂狂禪派」 『晩明思想史論』(北京 東方出版社 1996) pp.50-72.

33) 何心隱 『上祁門姚大書』:而相與講學於林宅五十四日. (容肇祖 「何心隱及其思想」 『輔仁學志』6卷 1, 2合期.)

34) 『林子本行實錄』43歲條: 儒道釋三大教門, 孔子老子釋迦已做了, 今只有三教合一, 乃第一等事業, 第一大教門也.

드러나고 있으며, 이러한 또 한 예로 그가 과거를 포기한 것을 후회하면서 제자들에게 이른 말 가운데서

> 내가 젊을 때 지식이 부족하여, 함부로 道術과 學業이 둘이 서로 방해가 된다고 여겨, 결국 擧子業을 포기하고 修道에 종사하였다. 특히 御製明經之科를 알지 못하였는데, 明經이란 道를 밝히는 것이다. 어려서 배우고 장년이 되어서는 道를 실행하므로 道術과 學業이 어찌 둘이 있으랴![35]

고 하여, 후일의 입장에서는 道術과 學業은 서로 떨어져 있는 것이 아니므로 꼭 과거를 포기할 필요는 없다고 하여 제자들에게는 擧子業을 학습하기를 희망하였다.

林의 활동 중 박해를 당한 사례가 두 차례 보이고 있는데, 모두 誣告에 의한 고소 사건이기 때문에 곧 풀려났다. 첫 번째는 71세 때인 神宗 萬曆 15年(1587)에 「庠士 林番이 狂氣를 앓고 있었는데, 毒虫을 기르고 있다고 승려 慧性 및 교주를 誣告하여 고발케 하였다. 이때에 大尹 孫繼有는 初任이어서 교주를 믿지 못하고 표를 붙여서 구속하였다.」[36]고 한 것이고, 그 두 번째는 74세인 萬曆 18年(1590)에 「교주의 門徒가 날로 번성하므로, 莆人들이 그를 투기하는 자도 많았다. 그들은 교주가 亂을 일으킬 것이라고 그를 비방하였다. 때마침 산적 曾廷邦과 何南泉이 난리를 일으키니, 그들의 徒黨 陳文章이 거짓으로 三教弟子라 칭하였다.[37] 大尹 孫公이 鞠問을 하여 그 實情을 알았다.」[38] 고 한

35) 『林子三教正宗統論』 第二冊 「宗孔堂」: 余少時寡識, 漫以道術學業, 兩相妨礙, 遂棄去擧子業, 以從事於道, 殊不知御製明經之科, 明經者, 明道也. 幼而學之, 壯以行之, 道術學業, 豈有二耶!

36) 『林子本行實錄』71歲條: 有庠士林蕃病狂, 以畜蠱毒, 命誣訟僧慧性及教主, 時大尹孫公繼有, 初任未諒教主, 附票拘之.

37) 李載貞은 16-17C 복건지방의 변란을 海寇, 倭寇, 山寇 등으로 나누어 당시 이러한 寇變이 일상적으로 발생하였음을 정리하였다. 그는 萬曆末 閩北 일대에서 발생한 吳建의 난의 경우, 羅教를 기반으로 한 종교반란이며, 山寇의 亂이라 하여 당시 민간종교가 이러한 寇變과 관련이 있다고 하였다. 李載貞「16-17世紀 福建의 寇變에 관

것이다. 이와 같이 그는 두 차례 誣告를 당하였으나 그 지방에서 名望이 높을 뿐만 아니라 관리들과도 두루 교유를 하였기 때문에 종교성 박해를 피할 수 있었다. 이와 같이 林이 어려움을 모면한 사건은, 거의 비슷한 시기인 萬曆 30年(1602)에 李卓吾(1527-1602)가 「異端, 左道惑衆, 妖言, 狂禪.」 등으로 지목되어 비판과 박해를 당하고 옥중에서 자살함으로써 파란만장한 생애를 마감한 사례[39]와는 대조를 이루고 있다.

2. 救濟事業

林은 종교가로서뿐만 아니라 당시 사대부로서의 역할에도 충실하였다. 林氏 가문은 대대로 「孝友」를 가훈으로 하고 「仁義」를 중시하는 가풍이 전승되어서, 그의 가문에는 孝友와 仁義로 인해 『福建通志』와 『莆田縣志』 등에 수록된 인물이 상당히 많았다. 또 詩文에 능하여 文集을 편찬한 이가 많았고, 사촌 林兆誥는 부인 陳蕙卿과 함께 詩社를 결성하여 활발히 활동하기도 하였다. 林도 이러한 家風의 영향과 더불어 자신의 의식으로 해서 사회구제활동에 적극적으로 참여하였다.

林이 활동하던 당시(嘉靖年間 1522-1566)는 고향인 복건을 중심으로 동남연해에 왜구의 피해가 극심하였다. 복건의 莆田, 仙游, 福淸 일대는 특히 그 피해가 심하여 시체가 즐비할 정도였다. 이렇게 어려운 때를 당하여 그는 지방 향신으로서의 역할을 다하였다. 嘉靖 34年(1555)에 왜구가 본격적으로 쳐들어오자 그는 앞장서서 백성들의 구제에 참

한 硏究－地域支配構造와 關聯하여」 高麗大學校大學院 博士學位論文 (1996) pp.116-119.

38) 『林子本行實錄』74歲條: 教主門徒日盛, 莆人多妬之, 而以倡亂謗之. 時山寇曾廷邦, 何南泉難作, 其黨陳文章詐稱三教弟子. 大尹孫公鞫得其情.

39) 黃仁宇 「李贄－自相衝突的哲學家」 『萬曆十五年』 (臺北 食貨出版社 1985) p.217, 荒木 見悟 「異端のかたち－李卓吾をめぐつて」 『陽明學と佛教』(東京 第三文明社 1978).

여하였는데, 그 사실을 살펴보면

> 12月에 왜구가 城에 바짝 다가오자 막아서 지키기에 매우 위급하였다. 때는 嚴冬인데다 또 비가 억수같이 내리니, 수비하는 자들이 감당하질 못하였다. 교주는 사람들이 술과 죽과 돈과 쌀을 가지고서 공급해 주도록 하고, 유지들도 앞장서도록 하였다.[40)]

고 한 내용을 보면, 林 자신이 적극적으로 나서서 왜구를 막는 사람들에게 물자를 공급하는 한편 그 지역 유지들의 호응까지 끌어내었다. 嘉靖 37년(1558)에 또 왜구 千여 명이 몰려오자, 林은 여러 縉紳을 동원하여 때마침 莆田을 지나던 湖廣兵과 계약을 맺어 왜구를 물리쳐 주면 金 二千兩을 주기로 하였다. 그러나 왜구가 물러가자 진신들이 二千兩이 너무 많다고 계약을 지키지 않았다. 이에 화가 난 湖廣兵이 兵亂을 일으켜 林을 잡아서 때리고 약속을 어긴 진신을 잡으려 하였다. 그러나 林은 의연히 대처하여 오히려 湖廣兵을 꾸짖자, 마침내 진신들이 金 대신 銀 二千兩을 주고 林을 구하였다. 이 일로 당시 모든 莆田人들이 감탄을 하였으며, 이 사실은 『重纂福建通志』에도 실려 있다. 이와 같이 그는 위급한 때에는 관청을 대신해서 自衛力을 동원하여 백성을 지키는 향신으로서의 역할을 충실히 하였는데, 이 같은 그의 행위는 실천을 중시하는 유가사상을 그가 몸소 실행한 것이라고 할 수 있겠다.

한편 林이 구제를 행한 태도를 살펴보면, 그는 자신의 재산을 팔아서까지 전란으로 곤란을 겪고 있는 饑民의 구제에 나섰으니

> 嘉靖 35年(1556) 丙辰에 때는 전염병의 기세가 성행하여 사람들이 많이 병을 앓고 죽었다. 교주는 처음으로 밭을 팔아서 棺을 만들어 나누어 주니, 이해

---

40) 『林子本行實錄』39歲條: 十二月倭寇迫城, 防守甚急, 時値嚴冬, 又多野雨, 守者不堪, 敎主恒令人携酒粥錢米以給之, 以爲有力者倡.

> 부터 해마다 늘쌍 하는 일이 되었다.[41]

고 하니, 그가 희생적으로 자선활동에 나섰을 뿐만 아니라 屍身을 돌보는 데에도 배려하였음을 알 수 있다. 嘉靖 39年(1560)에도 왜구가 창궐하여 수많은 난민들이 성 밖의 寺刹이나 道觀에 흩어져 있는데 그 수를 헤아릴 수 없었으며, 대개는 땅에 쭈그려서 잠을 잤고 굶주림까지 더하였다. 이때에도 林은 매번 돈과 쌀 그리고 짚방석을 제공하니, 가난하고 병든 자들이 모두 그의 은덕을 입었다.[42]

林의 구제행적 가운데 사람들로부터 특히 인정을 받은 점은 戰亂과 疫病으로 희생된 무수한 시체를 수습하여 장례를 치러 준 儀式이다. 바로 이런 점에서 그의 종교가로서의 면모가 한층 돋보이게 되는 것이다. 嘉靖 40年(1561)부터 嘉靖 43年(1564)까지 4년간 계속해서 수만 명의 시체를 묻거나 화장을 해 주곤 하였는데, 이러한 사실을 사료로 정리해 보면

1) 嘉靖 40年(1561), 겨울에 왜구가 城에 바짝 다가오고 전염병이 동시에 이르니, 죽은 자가 서로 베고 누울 정도여서 棺을 펴 놓기도 어렵게 되었다. ……, 黃仕欽, 林兆居, 吳三樂 등 70여인에게 使役을 당번으로 맞아 城 안팎에서 시체를 마주 들고 옮겨, 남녀를 구분하여 태평산에 禮를 갖추어 장사지낸 시신이 2천 20이었다.[43]
2) 嘉靖 41年(1562), 北京僧 無聞, 漳州僧 靜圜, 平海僧 淨圓 등 십여 인을 幣帛으로 초청하여, 莆城 안팎에서 시체를 거두어서, 화장하고 축문을 지어서 제사를 지내주었는데, 대략 5천의 시신이었다. 또 승려 雲章 등에게 대략

41) 『上揭書』40歲條: 嘉靖三十五年丙辰, 時疫氣盛行, 人多病歿. 教主始鬻田, 造棺以施之, 自是歲以爲常.

42) 『上揭書』44歲條: 時倭寇猖獗, 城外避寇者, 散處城中及寺觀, 不知其數, 率距地而寢, 又加饑餓. 教主每具錢米及草薦以施之, 貧病咸德焉.

43) 『上揭書』45歲條:(嘉靖 四十年)冬倭夷迫城, 疫癘並臻, 死者相枕, 棺難徧施矣. ……, 命黃仕欽, 林兆居, 吳三樂等七十餘人直日傭工, 於城之內外舁屍, 别男女而禮瘞於太平山者, 二千二十有奇身. (張洪都의 『林子行實』에는 五千又五十四身이다.)

만여 시신을 거두게 하였다.[44]

3) 嘉靖 42년(1563), 莆城 안팎에서 시체를 거두어, 땔감을 쌓아서 불태우고 남북 쪽에 있는 河와 尾 두 山에 장사지내니, 대략 4천여 屍身이었다. ……, 3월에 교주는 다시 전답을 매각한 돈으로 朱禹雍, 文命 등 9인에게 崎頭에 가서 시체를 거두어서 땔감을 쌓아서 불태우고 축문을 짓고 제를 지내게 했는데, 성 밖의 산에 묻은 자가 대략 8백여 屍身이었다.[45]

4) 嘉靖 43年(1564), 許夢筆, 吳夢龍, 僧 明珪 등 십인에게 仙遊邑에 가서 시체를 거두게 하니, 대략 8백여 屍身이었다.[46]

위의 여러 사례의 내용만 보아도 단순히 시체를 묻어 주었을 뿐만 아니라 남녀를 구별하여 묻고 「禮以葬之, 文以奠之.」라 하여, 혼란한 상황인데도 예의를 갖추는 등 유교의 정신을 발휘하고 있음을 알 수 있다. 그의 이러한 행위는 지역 백성뿐만 아니라 지방 관리들의 존경을 받게 되었는데, 督學 耿定向(1524-1596) 등은 이러한 그의 행적을 기려 嘉靖 43년(1564)에 그를 山林隱逸로 조정에 천거하였지만, 明代에는 隱逸科가 없어져서 허락받지 못하였다. 그가 종교가의 길에 들어서면서도 異端으로 몰리지 않고, 오히려 관리들의 존경을 끌어낸 것은 이와 같이 그가 유교의 도덕 윤리를 중시하며, 백성을 구제하는 의로운 일에 앞장서서 행동하였기 때문이라고 할 수 있다.

그리고 林은 장례 절차를 진행시킴에도 승려와 道士를 초빙하고, 「寇退告神文」, 「寇退遙告崎頭城諸神文」, 「告仙遊縣諸亡魂文」, 「寇退先期啓請爲近諸亡魂文」 등의 祭文을 지어 亡魂을 위로하는 데 진력하

44) 『上揭書』46歲條: 嘉靖四十一年, 幣請北京僧無聞, 漳州僧靜圜, 平海僧淨圓等十餘人, 在莆城內外收屍, 火而瘞之, 文而奠之, 約有五千餘身. 又命僧雲章等, 約收萬有餘身.

45) 『上揭書』47歲條: (嘉靖四十二年)在莆城內外收屍, 積薪火化, 瘞於南北河尾二山, 約有四千餘身. ……, 三月教主復以鬻田之金, 命朱禹雍, 文命等九人, 往崎頭收屍, 積薪火化, 文以奠之, 凡瘞於城外之山者, 八百餘身.

46) 『上揭書』48歲條: 嘉靖四十三年, 命許夢筆, 吳夢龍, 僧明珪等十人往仙遊邑收尸, 約有八百餘身.

였다. 그가 시체를 거두는 데 특별히 배려한 이유를 「寇退告神文」에서 알 수 있는데, 「죽은 자를 위해서는 그 魂을 불러서 위로하고, 산 자를 위해서는 길을 닦아서 깨끗이 한다.」[47]고 하니, 死者의 영혼을 위로하는 종교적인 의도 외에도 생존해 있는 사람들이 疫病에 걸리지 않도록 위생에 신경쓰는 현실적인 배려도 동시에 고려하고 있었다. 이러한 경우는 그가 시체를 화장케 한 이유에서도 찾아볼 수 있다. 당시의 전통 풍속에 화장은 일반화되어 있지 않았으나, 전란과 같은 불가피한 상황에서는 전염병의 피해를 막기 위해서 어쩔 수 없는 방법이며, 死者에게도 합리적인 선택이니 「이미 해골과 살이 썩는 것을 면했으니, 화장해서 장사지내주는 것만이 모든 영혼을 기쁘게 하는 것이다.」[48]고 인식하였다.

이상과 같이 林은 왜구의 침입으로 곤경에 처한 민중을 위해서 흔연히 자신의 私財를 내어서 자선활동을 전개하였다. 그가 솔선수범해서 이렇게 할 수 있었던 것은 유가적 家風뿐만 아니라, 어려움에 처하여 도덕 실천을 중시하는 그의 사상에서 자신의 사회이상을 직접 실천에 옮긴 점, 그리고 지방 향신으로서의 지도적 역할 등이 발휘된 것으로 이해할 수 있다. 그중에서 가장 중요한 요소는 물론 자신의 사회이상을 직접 구현하고자 하는 그의 의식 때문이라고 할 수 있으며, 바로 이러한 점으로 인해 그는 유교의 道統을 중심으로 하는 三教合一說을 주장하게 된다.

47)『林子三教正宗統論』第30冊「續稿」: 爲死者拔其魂而慰之, 爲生者灑其道而淸之.
48)『上揭書』第30冊「續稿」: 兆恩以爲旣免暴骸露胔, 而火之瘞之, 是惟諸靈之幸也.

第二章 林兆恩의 三敎合一思想

第一節 三敎에 대한 立場

1. 三敎論

三敎合一說의 유래는 매우 오래되어,[49] 이미 隋唐시대부터 이러한 주장이 풍미하였다. 불교가 전래되고 魏晉南北朝시대를 거치면서, 儒道佛 3교는 서로 융합하고 대립하며 발전해 온 결과, 3교의 조화를 주장하는 사조가 계속되어 왔다. 宋代에 들어 삼교조화의 결과로 탄생된 禪宗(新佛敎)과 朱子學(新儒敎) 그리고 全眞敎(新道敎)가 널리 보급되면서, 삼교는 더욱 조화를 이루게 되었고 서로에 대한 비난의 소리보다는 삼교합일을 주장하는 논조가 흐르고 있었다.

明代에 들어와 太祖 朱元璋이 「天下無二道, 聖人無兩心」[50]이라고 闡明한 이래, 이 敎示가 삼교합일사상의 이론근거를 이루었다. 이것은

49) 三敎의 交涉에 관해 통사적으로 접근한 연구서로는 久保田量遠 『支那儒佛道交涉史』(東京 大東出版社 1943), 久保田量遠 『中國儒佛道三教史論』(東京 東方書院 1931), 常盤大定 『支那に於ける佛教と儒教·道教』(東京 東洋文庫 1930) 등이 있다. 번역서로 久保田量遠 지음 최준식 옮김 『中國儒佛道三敎의 만남』(서울 민족사 1990)이 있다.

50) 『明太祖文集』卷10「三敎論」.

후일 三教合一論者들이 태조의 절대 권위를 빌어 자신들의 사상을 정립하려는 저의에서 이용된 것이라고 이해할 수 있다. 그러나 명대 三教合一說은 陽明學으로 해서 한층 더 정립될 수 있었다. 양명학은 陸象山의 心學을 계승하면서도 선종 心學을 더욱 가까이 하여 불교에 개방적인 자세를 취함으로써 삼교합일의 단서를 열어놓았다. 그를 계승한 王學左派인 王龍溪와 王心齊는 良知의 현재성 내지는 실천성을 강화하여 삼교합일설에 활기를 불어넣었으며, 李卓吾는 童心說에 기초한 삼교합일설을 주장하였다. 불교는 양명학의 자극으로 明末에 4대고승이 출현하여 잠시 부흥하였는데, 이들의 공통적인 주장은 三教合一說과 禪淨一致였다. 도교는 이미 민간종교화하여 삼교의 구별이 무의미하게 되었으며, 삼교합일설의 유행에 부응하여 善書와 功過格이 매우 널리 유포되었다.

明은 중엽 이후에 政治의 부패와 사회의 혼란으로 각종 민란이 끊이지 않아 사회불안이 고조되고 있었다. 그러나 理學은 사회의 변화에 적응하기에는 무기력하였으며, 불교와 도교 역시 사회질서를 지켜 줄 수 있는 영향력을 상실하고 있었다.

林兆恩은 이러한 현상이 공자와 노자와 석가의 본뜻을 상실했기 때문에 나타난 결과라고 하여, 삼교의 근원을 찾고자 하였다. 이에 따라 그는 삼교의 본뜻을 밝히고 삼교의 正宗을 회복할 것을 목표로 필생의 저술에 착수하였다. 그는 47세인 嘉靖 42年(1563)에 『三教會編』을 편찬하여 盤古時代로부터 元末에 이르기까지 삼교의 역사를 삼교가 합일된다는 관점에서 재정립하고자 하였다. 『三教會編』의 원래 명칭은 『三教會編要略』이며 모두 9卷이고, 분량은 약 9만 字이다. 第1卷은 盤古氏부터 周 景王, 第 2卷은 周 敬王부터 秦 2世, 第3卷은 漢 高祖부터 後漢 獻帝, 第4卷은 晉 世祖부터 隋 恭帝, 第5卷은 唐 高祖부터 唐 睿宗, 第6卷은 唐 玄宗부터 後周 恭帝, 第7卷은 宋 太祖부터 宋 神宗, 第8卷은 宋 哲宗부터 宋 光宗, 第9卷은 宋 寧宗부터 元 順帝까지이다. 그 내용은 삼교합일사상에 의거하여 儒·道·釋 3교의 형성과 발전 그리고 변천의 역사를 기술하였다. 편년체의 방식을 취하여, 삼교와 관련 있는 인물과 사건을 열거하였으며, 春秋筆法을 본받아 褒貶을 그 취지로 하고 있다. 자신의 의견이 있을 때는 각 條 뒤에 「林子曰」이라고 하여 자신의 견해를 밝히고 있다.

『三教會編』은 元代 劉密이 저술한 『三教平心論』을 인용하여 결론을 맺고 있는데, 이 저서는 간과할 수 없는 중요한 삼교합일의 의의를 담고 있음으로 그 내용을 살펴보면

> 『平心論』에서: 「유교는 「正」을 가르침으로 설정하고, 도교는 「尊」을 가르침으로 설정하며, 불교는 「大」를 가르침으로 설정한다.」라고 하였고, ……, 宋孝宗은 『原道辨』에서 : 「불교로써 마음을 다스리고, 도교로써 몸을 다스리며, 유교로는 세상을 다스린다.」고 하였다. ……, 李士謙은 불교는 태양이요, 도교는 달이며, 유교는 五星이라고 하였다. 張商英은 유교는 피부를 치료하고, 도교는 혈맥을 치료하며, 불교는 골수를 치료한다고 하였다.[51]

라 하여, 『三教平心論』에서 삼교의 각기 다른 차이점을 지적하고 있으나 그 핵심 요체를 설명했다기보다는, 오히려 社會人倫上에서 삼교의 서로 다른 작용을 지적한 것이라고 볼 수 있다. 『三教會編』은 내용이 아주 精緻하지는 않으나, 삼교합일의 관점에서 중국의 역사를 다시 정리해 보려고 시도한 데서 독창적인 면을 엿볼 수 있기 때문에 中國思想史研究에서 그 가치가 재평가될 것으로 기대된다.[52]

林은 58세부터는 『四書正義』 『常淸淨經釋略』 『道德經釋略』 『心經釋略槪論』 『金剛經槪論』 등을 저술하여 3교의 경전에 註疏를 붙임으로써 三教合一思想의 이론적 기반을 마련코자 하였다. 이러한 작업을 기초

51) 『林子三教正宗統論』 第13冊 「三教會編」: 平心論嘗曰: 儒以正設教, 道以尊設教, 佛以大設教.」……, 宋孝宗原道辨曰: 「以佛治心, 以道治身, 以儒治世.」……, 李士謙之所謂佛日也, 道月也, 儒五星也. 張商英之所謂儒療皮膚, 道療血脈, 佛療骨髓.

52) 馬西沙·韓秉方 「林兆恩與三一教」 『中國民間宗教史』(上海 上海人民出版社 1992 1版 1998 2版) p.773.

로 71세에 三一教主로 불리면서 본격적인 종교가로서 대두하게 된다.

그러나 林이 처음에 삼교를 하나로 통합하고자 한 의도는 단순히 종교나 철학적인 이유에서가 아니라 본인의 실제 체험에서 말미암은 것이라고 할 수 있다. 삼교 통합에 대한 그의 입장은 자신이 삼교를 경험한 과정을 설명하는 데서 엿볼 수 있는데

> 처음에 내가 外道에 미혹된 것은 대략 십 년이다. 일찍이 儒門을 스승으로 섬겨서 事物의 이치를 추구하여 글을 지어왔으나, 마침내 후회하였다. 또 玄門을 스승으로 섬겨서 세상을 버리고 道術을 익혀 왔으나, 그 뒤에 후회하였다. 또 空門을 스승으로 섬겨서 空에 집착하여 꼼짝 않고 앉아 있었으나, 뒤에 후회하였다. 여러 번 미혹한 길에 들어갔으나, 다행히 되돌아올 줄 알았다.[53)]

고 하여, 그 스스로가 三門을 고루 체험하고 미혹함을 깨달은 후에 삼교의 종합된 근본으로 돌아가기 위해서 삼교를 합일할 것을 제창하게 된 배경과 동기를 살필 수 있다.

또한 林의 삼교합일사상의 핵심을 파악하기 위해서는 그가 말하는 삼교합일의 진정한 뜻이 무엇인가를 우선적으로 살펴볼 필요가 있는데, 그는 삼교합일의 大旨에 대해

> 나의 三教合一의 大旨라는 것은, 대략 도교와 불교의 類를 합하여 三綱으로 이를 바르게 하고 그 常道를 밝혀서 그것을 하나로 하는 것이다. 도교와 불교의 類를 합해서 四民으로 그것을 바르게 하고 그 常業을 확정하여 그것을 하나로 하는 것이다. 이와 같으면 천하의 사람들은 다른 도가 없고, 종교를 달리하는 백성이 없다. 그리고 천하의 사람들이 나는 儒라 하지도 않으며, 나는 道라 하지도 않고, 나는 釋이라 하지도 않는다. 이것이 그 唐虞三代가 융성한 이유이며, 儒道釋이라는 다른 명칭이 없으니, 그래서 그것을 하나라 하고, 그것을

53) 『林子三教正宗統論』第34冊「非三教」: 初余之迷於外道也, 概有十年, 蓋嘗師事儒門, 而窮物而詞章矣, 既而悔之. 又嘗師事玄門, 而遺世而辟糧矣, 既而悔之. 又嘗 師事空門, 而著空而枯坐矣, 既而悔之. 屢入迷途, 幸而知返.

하나로 하여 올바름에 돌아간다는 것이다.[54]

고 하여, 그는 결국 삼교를 三綱의 道와 四民의 常業을 이용해서 회통하고자 하였으며, 이렇게 하면 천하에 異道가 없고 異民이 없으며, 儒道釋의 구분이 없는 경지인 唐虞三代의 원래의 모습으로 돌아간다고 하였다. 이러한 『三敎合一大旨』의 정의를 근거하여, 林의 삼교합일사상을 보다 자세히 규명할 수 있을 것이다. 규명해 가는 순서는 道一敎三과 三敎合一, 그리고 歸儒宗孔의 차례로 진행하도록 하겠다.

林의 삼교합일사상을 규명하기에 앞서, 삼교에 대한 그의 견해를 살펴보는 것이 필요하리라 생각된다. 따라서 먼저 『三敎會編』과 『非三敎』 그리고 『四書正義』 『常淸淨經釋略』 『道德經釋略』 『心經釋略槪論』 『金剛經槪論』 등의 내용을 통하여, 林의 도교와 불교 그리고 유교에 대한 견해가 무엇인지 구체적으로 조사해 보도록 하겠다.

2. 道敎에 대한 見解

도교는 유교나 불교처럼 특정한 敎祖를 중심으로 전개된 것이 아니고, 역사적 변천에 따라서 수많은 요소들이 흘러 들어가 형성된 종교이다.[55] 그래서 도교는 民間信仰과 老莊思想, 神仙思想, 陰陽五行說, 黃

---

54) 『林子三敎正宗統論』 第1冊 「三敎合一大旨」: 余所謂三敎合一之大旨者, 蓋欲合道釋者流, 而正之以三綱, 以明其常道而一之也. 合道釋者流, 而正之以四民, 以定其常業 而一之也. 如此則天下之人, 無有異道也, 無有異民也. 而天下之人, 亦無曰我儒也, 亦無曰我道也, 亦無曰我釋也, 此其唐虞三代之盛, 而無有乎儒道釋之異名者, 故謂之一, 一之而歸於正也.

55) 道敎硏究는 철학·사상·神에 대한 신앙의 규명뿐만 아니라, 그 문화가 성립하는 사회적 제 조건, 정치와의 관계, 유교·불교와의 관계, 그 외 다른 학문과 과학과의 관계, 문화전파와 마찰 문제, 중국인의 생활실태와의 관계 등 종합적인 해명이 필요하다. 이러한 규명을 위해 도교연구 국제회의의 결과를 모아 일본에서 酒井忠夫 編 『道

老思想, 讖緯思想, 醫學方術 및 여러 가지 잡다한 종교적 요소 등이 결합되어 이루어졌다. 도교가 본격적으로 등장한 것은 後漢 末에 張角의 太平道와 張陵의 五斗米道라는 원시교단이 성립되면서부터이다. 도교가 종교적인 체계를 갖추고 성숙단계에 접어든 것은 대략 4-5C경 北魏에서 寇謙之(365-448)가 도교의 國教化 작업에 나서고, 南朝에서는 葛洪(283-363) 이후 陸修靜(406-477)과 陶弘景(456-536)에 의해 教理가 체계화되어 齋醮儀式·呪術·符籙·煉丹修養·神譜 등이 정비되면서부터이다. 이러한 과정을 거치면서 도교가 종교의 체계를 갖춘 것은 불교의 발전에 자극받아 불교의 教義와 戒律을 받아들인 때문이라고 할 수 있다. 이처럼 도교는 삼교 중에서 적극적으로 타 종교의 요소를 받아들이면서 삼교합일에 앞장섰다. 도교는 唐末 五代의 亂世를 거치면서 더욱 변화를 겪게 된다. 불교의 선종과 宋代 사대부의 우아한 문화에 순응하여, 도교 내부에서도 천박한 齋醮祈禳이나 外丹術을 부정하고 자신의 내재적 精氣를 수련하는 內丹術을 중시하게 되었다. 金(1115-1234)에 들어 新道教라 할 수 있는 全眞教, 太一教, 眞大道教가 출현하게 되었다. 이 중 王重陽(王喆 1112-1170)이 개창한 전진교는 舊道教의 주술적이고 미신적인 면을 배제하고, 三教調和說을 기본으로 禪宗的인 내적 수련을 강조하였다. 신자들은 『道德經』뿐만 아니라 불교의 『般若經』과 유교의 『孝經』을 숙지하였고, 三綱五倫의 강령을 매우 중시하였다. 전진교는 元代에 전성기를 맞았으나, 중기 이후부터는 강남에서 일어난 正一道[56]와 그 세력이 兩分되었다. 明代에 들어서 전

教の總合的研究』「道教とは何か」(東京 國書刊行會 1977)가 간행되었다. 이 논문에서는 道教의 정의를 열세 가지 정도로 정리하였다.

56) 宋代 강남에서 일어난 道教 3派인 正一道, 上淸派(茅山宗), 靈寶派의 하나이다. 正一道는 五斗米道, 즉 天師道(「天師」란 天神의 말씀을 전달하는 자란 뜻으로, 3세기경 五斗米道가 天師道로 改稱됨.)를 계승한 것으로, 明代에도 天師는 조정으로부터 대대로 칭호를 받았으며, 오늘날까지 張天師의 64代孫이 대만에 남아 있다. 任繼愈 主編 權德周 譯 『중국의 儒家와 道家』(서울 동아출판사 1993) pp.360-370.

진교는 쇠퇴하고 正一道가 비교적 활기를 띠었다. 그 이유는 전진교는 개인의 修身養性을 위주로 하기 때문에 국가의 통치에는 도움이 안 된다는 점과 또 하나는 元代에 중시되었던 종교이기 때문에 의도적으로 배척되었다는 점을 들 수 있으며, 이에 비해 正一道는 齋醮활동을 위주로 하여 국가행사에 동원될 수 있었기 때문에 현실적인 의미에서 수용될 수 있었다. 이러한 이유로 太祖 朱元璋은 洪武 7年(1374)에 직접 도교의 齋醮의규를 제정하기도 하였다.

林의 도교에 대한 이해는 그가 저술한 『道德經釋略』의 내용을 통해서 살필 수 있다. 그는 道德經을 註釋할 때 아홉 가지 이상의 판본을 가지고 연구할 정도로 정성을 들였다. 이외에도 『常淸淨經』, 『陰符經』, 『黃庭經』, 『靈樞經』, 『周易參同契』, 『西昇經』 등 많은 도교 經典과 『道經』 혹은 『道書』라는 다수의 道經을 인용하였다. 그러나 老子의 사상 자체에 관심을 기울이기보다는 도교의 性命雙修의 수련법인 內丹法에 관심을 기울였다. 그는 性命雙修의 道法을 유교의 계통 안으로 끌어들여 이해함으로써, 도교와 유교의 회통의 길을 찾아 자신의 「三敎歸儒宗孔」의 논리를 뒷받침하고자 하였다.

林이 도교를 이해한 태도는 道敎와 道家를 구분하지 않는 등 정밀성도 부족하고, 주관적인 색채가 강하다고 할 수 있다. 그가 『三敎會編』에서 인용한 도교관련 인물은 65명 이상이나 된다. 그는 莊子를 높이 평가하였으며, 林이 도교의 眞意를 깨달은 사람이라고 인정한 인물은 三國時代에 『周易參同契』를 지은 魏伯陽, 晉代의 鐘離權과 許遜, 唐의 司馬承楨과 呂洞賓, 宋의 張三峰과 白玉蟾 등이다. 『三敎會編』에서 소개한 대부분의 인물은 內丹修煉을 한 사람들이며, 따라서 林이 말하는 도교는 사실상 狹義의 內丹道敎를 의미한다고 할 수 있다. 도교는 宋代 이후 內丹派가 주류를 이루게 되며, 당시 정비되고 있던 理學과 상호 영향을 끼치면서 이론상으로 발전하였다. 朱子學의 선구자라 할 수 있는 周敦頤(濂溪 1017-1073)의 太極圖說은 유교와 도교가 회통할 수 있는 길을 제공해 주었다. 太極圖說은 道士들 사이에 전해져 오던 것을 周濂溪가 유교적 입장에서 다시 해석하고 周易의 이론을 가미한 것으로 유교의 宇宙觀을 깊이 있게 해 준 것이다.

林은 도교의 시조를 黃帝와 老子로 보았고, 그들의 「無爲而治」가 堯舜의 「允執厥中」의 도리와 같다고 하였다. 그러나 후세의 方術道士들은 그 始祖의 가르침을 위배하고 오직 凡俗의 누추함을 벗어나서 得道成仙할 것만을 목표로 수련을 하였다. 林은 이러한 현상을 비난하여 「黃帝는 天子였고 老子는 柱下史였다. 柱下史란 오늘날 侍御史의 벼슬이다. ……, 그리고 黃帝는 4妃 25子를 두었고, 그리고 老子의 아들 宗은 段干에 封해졌다.」[57]라고 하여, 黃帝와 老子도 각기 天子와 官吏로서 세상일을 보았고, 모두 결혼하여 자식을 두었다고 하였다. 그러나 후세의 傳人들이 「倫屬을 끊어 버리는 것을 高潔하다고 여기니, 대개 그 근본을 잃은 것이다.」[58]라고 하여, 지금의 도교는 그 근본을 잃고 있으니, 원래의 모습으로 돌아가야 한다고 하였다. 林은 許遜 교단인 淨明忠孝道가 黃帝와 老子의 眞傳을 획득했다고 높이 평가하여 『三教會編』에서 淨明忠孝道[59]의 발전사를 상세하게 기록하고 있다.

3. 佛教에 대한 理解

佛教는 前漢시대에 중국에 도입된 이래, 後漢 桓帝(146-167) 시에 安世高와 支婁迦讖에 의해 大小乘佛經이 번역되어 소개되면서 중국의 실정

57) 『林子三教正宗統論』 第10冊 「三教會編」: 黃帝爲天子, 老子爲柱下史. 柱下史, 今之侍御史秩也. ……, 且黃帝四妃二十五子, 而老子之子宗, 封于段干.

58) 『林子三教正宗統論』 第10冊 「三教會編」: 斷棄倫屬, 以爲高且潔, 蓋傳之失其宗也.

59) 淨明道에 관한 연구서로는 黃小石 『淨明道研究』-儒道釋博士論文叢書-(成都 巴蜀書社 1999), 秋月觀暎 『中國近世道教の形成-淨明道の基礎的研究』(東京 創文社 1978) 등이 있다.

에 맞는 불교로 정착되어 갔다.[60] 불교가 비교적 순조롭게 중국사회에 적응할 수 있었던 이유는 魏晉時代 老莊思想이 풍미하면서 老莊의 「無」가 불교의 「空」사상과 相通하는 점이 있어 중국인에게 쉽게 이해되었기 때문이다. 불교가 전래되면서 일반 중국인에게 가장 영향을 준 사상은 三世因果應報說이라고 할 수 있다. 불교는 「三武一宗」의 4차례의 廢佛事件[61]을 겪으면서도 隋唐時代에는 중국 불교화에 성공하여 天台宗·華嚴宗·淨土教·禪宗 등의 중국 고유의 여러 교파가 탄생하였다. 天台와 華嚴은 뛰어난 불교 철학으로 상류 엘리트층에 의해 주도되었지만, 淨土教와 禪宗은 실천불교로서 민간에까지 침투되었다. 宋代에 들어와 서민문화가 보급되면서, 중국 고유의 老莊思想과 결합된 중국화한 불교인 선종이 그 실천적인 특성 때문에 근세 서민 사회의 종교로서 입지를 확립하였다. 宋代 불교는 점점 宗派意識이 희미해지면서 종파 간의 융합이 진행되었다. 특히 淨土教는 독립 宗門이 없고, 禪宗 天台宗 律宗의 3宗과 함께 兼修되어 禪과 더불어 널리 보급되었다. 이러한 상황을 반영하여 禪僧인 永明 延壽(904-975)는 念佛과 禪定의 일치를 강조하는 「禪淨雙修說」을 주장하였다. 그에 따르면 소질이 뛰어난 자는 禪淨을 겸해서 수행해야겠지만 소질이 뒤떨어지는 자는 염불만하여 정토왕생을 구하는 것이 좋다고 하였다. 이는 교양이 부족한 하층민중이나 정토신앙에 심취한 백성들에게 염불이라는

60) 道端良秀 등의 佛教史家들에 의하면 中國佛教史를 5期로 구분하는 설이 지배적이다. 제1기는 前漢부터 東晋 초에 이르는 전래와 번역시기로 格義佛教期이다. 제2기는 東晋 초부터 남북조에 이르는 硏究時期로, 教義 연구가 활발히 진행되었다. 제3기는 隋唐대의 建設時期로, 중국 고유의 각 宗派가 성립하여 발전해 나가면서 사회와의 관계도 밀접해지는 중국 불교의 성립시기이다. 제4기는 五代부터 明末에 이르는 繼承時期로, 廢佛 사건에 의해 표면적으로는 불교가 쇠퇴하였지만 민간종교로 발전하였으며, 사상적인 면에서는 쇠퇴하였지만 사회적으로는 隋唐대를 능가하는 시기이다. 제5기는 淸 이후의 衰退時期로, 사상적인 측면이나 사회적인 측면 모두 쇠퇴하며 居士佛教의 특색이 나타나는 시기이다. 藤堂恭俊·塩入良道 지음 車次錫 옮김 『中國佛教史』(서울 대원정사 1992) pp.17-18.

61) 北魏 太武帝 太平眞君 7년(446년), 北周 武帝 建德 3년(574년), 唐나라 武宗 會昌 5년(845년), 後周 世宗 顯德 2년(955년)에 행해진 불교 탄압사건을 말한다.

他力에 의지하는 易行의 방법을 인정함으로써, 自力을 위주로 하는 禪의 한계를 뛰어넘으려는 것이었다. 이후 宋·元·明의 근세 불교의 주류가 되는 念佛禪의 원류는 바로 延壽의 禪淨雙修說에 의해서 열리게 되었다.

林兆恩이 수용한 불교는 「明心見性」을 특징으로 하는 禪宗이었다. 이는 宋代 이후 불교가 禪宗과 淨土教 위주로 전개되면서 나타난 현상이라고도 할 수 있다. 그는 『金剛經』과 『心經』에 주석을 하였으며, 『三教會編』에 실린 62명 이상의 불교 관련 인물도 대부분 唐 이후 선종에 연관된 사람들이다. 그는 6祖 慧能을 중시하여 『六祖壇經』을 50차례 이상 인용하였는가 하면, 「以心傳心」의 교법을 받아들였다. 그가 인용한 불경에는 『圓覺經』, 『彌陀經』, 『楞嚴經』, 『大慧語錄』, 『維摩詰經』, 『莊嚴經』 등이 있고, 그 외 『釋氏』, 『釋書』, 『佛書』 등으로 표현한 불경도 있다. 그의 불교에 대한 이해는 선종의 5家 7宗[62]에 국한되었으며, 大慧宗杲(1089-1163)의 어록을 많이 인용하였다. 宋代 불교를 대표하는 大慧宗杲는 부모를 섬기고 임금을 섬기는 일(事父事君)을 긍정하는 등 현실정치에도 민감한 반응을 보였고, 적극적인 사회활동을 통해 사대부들과 교류를 하며 그들에게 개인의 解脫과 燃丹을 통해 국가에 봉사할 수 있는 이념을 제공하였을 뿐만 아니라 일찍이 삼교합일을 주장한 인물로, 林兆恩뿐만 아니라 李卓吾도 그의 영향을 받았다.

---

62) 禪宗의 5家 7宗이란 臨濟宗, 潙仰宗, 曹洞宗, 雲門宗, 法眼宗을 5家라 하고 黃龍派, 楊岐派를 포함하여 7宗이라 한다. 慧能의 여러 제자 중 青原 行思(? -740)와 南嶽 懷讓(? -775)의 두 법맥에서 中國禪이 전개된다. 南嶽의 제자인 馬祖 道一(709-788)과 그의 제자인 百丈 懷海(720-814)에서 두 파가 갈려 臨濟院의 義玄(? -867)이 臨濟宗을 일으키고, 潙山의 靈祐(771-853)와 仰山의 慧寂(814-890)은 潙仰宗을 수립하였다. 青原의 계통인 洞山 良价(807-869)와 曹山 本寂(840-901)에서 曹洞宗이 성립하였는데, 이 셋은 모두 江西에서 일어나 唐末 신흥계층의 지지를 받으며 발전했다. 역시 青原 계통인 雲門山의 文偃(? -949)이 雲門宗을, 淸涼 文益(885-958)은 法眼宗을 세워 五代時代에 흥기하였다. 宋代에 臨濟宗이 다시 黃龍派와 楊岐派로 갈리면서 위의 5家와 합하여 5家 7宗이라고 하였다.

林이 가장 높이 평가한 慧能(638-713)은 唐 중엽 중국 선종의 개창자이다. 혜능은 廣東省 출신의 나무꾼으로 『金剛般若經』을 듣고 깨달은 바가 있어 弘忍(602-675)의 문하에 들어갔다. 弘忍의 수제자 神秀(? -706)의 偈頌에 대해서, 혜능은 다음의 偈頌을 지어 「正覺心은 본래 나무가 없고, 明鏡도 받침대가 없다. 佛性은 항상 청정한 것이므로, 먼지가 앉을 곳 어디 있으랴?」[63]라고 하였다. 이 偈頌은 사람의 本心이 곧 일체 사물이며 그것은 처음부터 깨끗한 것이라서 무슨 먼지가 묻고 하는 것이 아니니, 本心을 곧바로 짚어내면 단번에 깨달아 부처가 될 수 있다는 뜻이다. 여기에서 그는 형식화된 지식에 얽매이지 않고 직접 心性을 깨닫는 頓悟의 수행법을 제시함으로써 중국 선종의 序幕을 열어놓은 것이다. 따라서 혜능은 達磨의 법통을 잇고 스승의 衣鉢을 전수받아 6祖라 불린다.

선종은 宋明 이래 心學의 발전에 지대한 영향을 주어왔으며, 心學과 禪宗 상호 간에는 心性修養工夫에 있어 절충과 조화의 관계를 유지하였다. 林은 宋明心學의 전통하에 6祖의 이론을 받아들이고, 大乘般若思想의 지혜를 가미하여 자신의 심성공부의 禪定 기초를 삼았다. 따라서 혜능이 사용한 용어나 체험을 중시하는 심성공부 등은 모두 林의 관심과 부합되었다. 林과 혜능 兩者는 모두 心性을 근본으로 삼았고, 맹자 이래 고유한 중국 문화의 전통에 뿌리를 두었다는 점에서 공통점을 지니고 있다. 다만 혜능의 사상은 그 기본의식을 불교에 두었으나, 林은 유교에 근본을 두고 있다는 차이점이 있다. 어쨌든 혜능의 禪法과 林의 三教歸一 心法은 외재적 형식이나 경전을 위주로 한 번잡한 이론을 멀리하고, 자유로운 심성공부와 체험을 중시하였다는 점에서 공통점이 크다고 할 수 있다. 林은 혜능에 대해 높게 평가하면서도, 불교에 대해서는 비판을 가하였는데, 이는 혜능의 禪法이 後學들에 의하여 어지럽혀졌기 때문이라고 하였다.[64]

---

63) 『六祖壇經』: 菩提本無樹, 明鏡亦非臺, 佛性常淸淨, 何處有塵埃?

64) 초기 佛敎는 禁欲을 강조하여 중국인이 받아들이기에 부담스러웠으나, 唐代 慧能에 의

林이 불교와 도교에 대해서 날카롭게 비난한 요점은 後嗣를 두지 않는 것과 士農工商의 일상 生業에 종사하지 않는 것이었다. 세상 사람들은 모두 사농공상의 常業에 종사하여 생계를 해결하는데, 승려나 도사들은 세속을 떠나 山林에 은둔하며 常業을 도외시하는 것은 經典을 곡해한 결과라고 그는 생각하였다. 그래서 그는 공권력을 이용해서라도 道士와 僧侶를 환속시킬 것을 주청하기 위하여 황제와 재상에게 각기 「擬撰道釋人倫疏稿」와 「擬上宰相書」類의 상소를 올리기도 하였는데, 「擬撰道釋人倫疏稿」의 내용에서 불가의 폐단을 지적하고 이의 시정효과를 제시하기를

> 폐하가 臣의 말을 진실로 실행하실 수 있으면, 모두 모아서 이들을 人倫으로 할 수 있으니, 삭발하여 形體를 훼손하지 않고, 승적에 의지해서 姓을 버리지 않으면, 장차 생활이 날로 융성하고 戶口가 날로 늘어서 百姓이 풍족하고 敎化가 크게 행해짐을 볼 것입니다.65)

고 하여, 그는 황제가 자기의 주장에 따라 승려와 도사들을 환속을 시켜 人倫을 지키게 한다면 통치효과가 매우 크게 나타날 것이라고 기대하였다.

해 禪宗이 성립되면서 頓悟를 핵심으로 하는 適意한 불교로 되어 불교의 중국화에 성공하였다. 명 중엽 이후는 시대의 변화에 따라 縱欲을 추구하였으니, 불교는 禁欲→適意→縱欲으로 진행된 것으로 이해된다. 葛兆光 著 周谷城 主編『禪宗與中國文化』(上海 上海人民出版社 1986), 葛兆光 지음 鄭相弘·林炳權 옮김『禪宗과 中國文化』(서울 東文選 1991) p.124, p.161.

65) 『林子三教正宗統論』第5冊「擬撰道釋人倫疏稿」: 陛下誠能行臣之言, 悉郡而人倫之, 不祝髮以毀形, 不依僧以去姓, 將見生息日熾, 戶口日增, 百姓殷富, 教化大行.

4. 儒教에 대한 認識

林兆恩은 유학을 공부한 생원 출신이기 때문에 유학에 대한 이해가 깊었다고 볼 수 있다. 그의 삼교합일설이 결국 「歸儒宗孔」에 귀착된 것은, 당시의 시대적 한계성 때문에 어느 정도 타협한 산물이기도 하지만, 근본적으로 그의 출생 배경에서 기인된 점도 간과할 수 없다.

林은 58세인 神宗 萬曆 2年(1574)에 『論語』와 『孟子』 그리고 『中庸』과 『大學』4書에 주석을 달아 『四書正義』 (『經傳釋略』)를 펴냈다. 그는 직접 先秦 儒家典籍을 읽고 이를 대량으로 자신의 저술에 인용할 정도로 유교 경전의 이해에 심혈을 기울였다. 그리고 林은 「儒」字의 뜻에 대해서 남다른 해석을 하기도 하였는데

> 儒는 需人이다. 需라는 것은 用이니, 세상에서 쓰이게 되는 것이다. 집에서는 위로 (부모를) 섬기고 아래로 (처자를) 기르며 士農工商하는 것은 세상에 필요한 것이다. 官職에 임해서는 위로 조정을 위하고 아래로 백성을 위하는 것은 세상에 필요한 것이다.66)

고 하여, 儒를「需人」으로 파악하고 또 「需」를 用의 뜻으로 풀이하고 있다. 그러므로 儒란 사람과 세상을 위해서 쓰임이 되는 것을 말하니, 儒家는 日用과 士農工商의 四業을 중시하게 되어 바로 人間世에서 필요로 하는 공부가 된다고 하였다. 그는 유가의 學術은 지식층의 학문이 아니고 생활 중심의 철학지혜이기 때문에 현세 중에서 이루어야 하는 것으로 여겼다. 이와 같이 그에 따르면 유교는 생활의 구체적인 실천 속에서 지켜야 하는 것이기 때문에 禮의 중요성을 상당히 강조하였다. 그래서 그는 「文武禮射圖說」, 「著代禮祭圖說」, 「崇禮堂」 등을

---

66) 『林子三教正宗統論』 第34冊 「易解俚語」: 儒者, 需人也. 需也者, 用也, 爲世所用也. 在家而仰事附育, 士農工商者, 世所需也. 居官而上爲朝廷, 下爲百姓者, 世所需也.

저술하였으며, 『禮記』를 자신의 저술에 상당히 많이 인용하였다. 禮樂이란 본시 천지의 법칙과 같이 움직이는 것이며,[67] 이렇게 天人合德하는 공부는 외재의 형식에 치우치지 않는 것인데, 「세상의 儒者들은 다만 빙빙 돌며 왔다 갔다 하는 文章만 알고, 천연적으로 스스로 있는 禮樂은 알지 못한다.」[68]고 유교의 현실을 비난하였다. 그래서 그는 문자와 언어의 假象을 버리고 번잡한 지식으로부터 벗어날 것을 기대하였다. 이러한 그의 생각은 선종이나 心學의 공통적인 주장이어서, 『六祖壇經』에도 「12部의 경전은 모두 人性 중에 본래부터 자체에 갖추어져 있다.」[69]고 하였으며, 陸象山(1139-1192)은 「六經은 나를 註解해 주고, 나는 六經에 註解한다.」[70]고도 하였는데, 이 뜻은 六經이란 상징성의 언어 혹은 부호이며, 六經의 이치는 서로 상통하는 것이고 六經은 체험에서 우러나온 체험학이므로 人性의 본심에도 부합한다는 것이라고 할 수 있다.

林은 『易經』도 높이 평가하였다. 『易經』이란 고대로부터 우주의 변화와 인생의 吉凶禍福을 수리학적으로 판별한 것인데, 여기에 오랜 기간 사람들의 경험이 축적되고 不可知의 神秘象數가 결합하여 형이상학적 철학으로 발전한 것이다. 그리하여 『易經』은 실제적인 체험을 바탕으로 한 인문적인 정신과, 이것을 하나의 신비로운 법칙으로 설명한 종교성을 결합하여 체계화시켜 놓은 것이다. 林의 周易에 대한 이해는 宋明儒學 사상을 계승하였는데, 그중에서도 특히 周濂溪의 영향이 농후하다. 林의 養生論의 기본이 되는 艮背法의 이념이 바로 『易經』의 「洗心退藏於密」에서 유래하였다.

林은 유가 정통의 연원을 堯舜까지 올려 잡아, 堯를 이어 舜이 道統

---

67) 『禮記』: 大禮與天地同節, 大樂與天地同和.

68) 『林子三教正宗統論』 第22冊 「四書正義 論語下」: 世之儒者, 徒知周旋進退之文, 而不知天然自有之禮.

69) 『六祖壇經』: 十二部經, 皆在人性中本自具有.

70) 『象山先生全集』卷34: 六經註我, 我註六經.

을 이었으며, 춘추 말에 孔子가 나타나 쇠퇴해지는 道統을 구하고자 옛 성현의 경전을 편찬 정리하여 유가학설을 세웠다고 하였다. 그에 따르면 孔子는 道統을 계승하고 유학을 널리 떨치기 위하여 평생 講學을 業으로 하였다. 그러나 제자 三千 중 진정으로 孔子의 心性之學을 계승한 이는 顔回와 曾參 2人뿐이라고 하였다. 그러나 顔回는 일찍 세상을 뜨고, 曾參만이 남아서 공자의 손자 子思에게 전하고, 子思가 맹자에게 道統을 전했다고 하였다. 唐代 韓愈(退之 768-824)도 道統이 堯에서 舜으로, 舜에서 禹로, 禹에서 湯으로, 湯에서 文武周公으로 文武周公에서 孔子로, 孔子에서 孟子까지 道統이 전해지다가 맹자 사후 끊겼다고 하였는데, 林은 韓愈의 道統說에 적극 찬동하였다.

林이 유학자들에 대해 어떠한 평가를 했나 살핌으로써, 유가에 대한 그의 객관적 입장을 알아볼 수 있을 것이다. 林은 漢代의 儒者에 대해서 鄭玄과 馬融 등이 6경에 注를 함으로써 文字訓詁詮釋의 폐단에 빠져서 孔子의 心性之學이 사라지게 한 罪가 크다고 하였다. 秦始皇의 焚書坑儒의 罪도 용서할 수 없으나, 漢代의 儒者가 經書에 注한 罪에 비하면 오히려 가볍다고 하였다. 林은 宋儒에 대해서도『三教會編』에 20人 이상을 수록하였다. 그는 周敦頤(濂溪 1017-1073)와 邵雍(康節 1011-1077)에 대해서는 宋代 新儒學(朱子學)의 형성에 공이 크다고 하여 매우 칭송하였고, 張載(橫渠 1020-1077)의『正蒙』과『東西銘』를 높이 평가하였다. 程顥(明道 1032-1085)의 입장은 높이고, 程頤(伊川 1033-1107)는 낮추었다. 朱熹(1130-1200)와 陸九淵(象山 1139-1192)에 대하여는 칭송하였으나, 鵝湖寺의 논쟁에 대해서는 陸九淵을 옹호하였다. 朱熹도 만년에는 陸九淵을 옳다고 받아들이고, 자신의 支離多識한 병폐를 후회했음을 암시하였는데, 이 점은 王陽明도 지적한 것이다. 이러한 林의 평가를 정리하면,「漢唐宋 이래 四書에 字句를 해석한 사람은 많았다. 감히 묻건대 누가 올바르게 한 사람인가? 林子는, 나는 바로 孔子, 曾參, 子思, 孟子를 논할 뿐이고 그 밖의 사람들은 알지 못한다고 답하였다.」[71]고 하여, 孟子 이후 道統이 이어지지 않았으니 그 이후에 나온 儒者들은 正統이 아니며, 바로 자기가 그 끊어진 道統을 잇고자 하여 「中一道統說」을 제창하게 되었다고 자신의 입장을 천명하였다.

第二節 三教合一意識

1. 道一教三論

明代는 三教合一의 풍조로 민간에서는 삼교 간의 구별이 희미해질 정도가 되었지만, 반면에 儒道佛은 각기 자신의 教門만이 정통이라고 서로 간에 비방하는 풍조도 계속되어, 그 폐단이 적지 않았다. 林은 이러한 현상은 三教의 後人들에 문제가 있으니, 그 근원으로 돌아가야 한다고 하였다. 林은 『林子三教正宗統論』 第16冊 「教外別傳」에서 「天下無二道, 聖人無二教.」라 하여, 太祖의 교시 내용을 수용하면서도 삼교의 근원은 하나이며, 그 道도 하나이고 다만 가르침이 각기 다를 뿐이라는 「道一教三」의 논리를 주장하였다. 그의 삼교합일설은 바로 이 「道一教三」의 기초이론 위에 세워진 것으로 볼 수 있다.

그러면 그의 입장에서 道와 教의 진정한 뜻은 무엇이며, 그 차이점은 어떠한가에 대해 그는 설명하기를

71) 『林子三教正宗統論』 第1冊 「三教合一大旨」: 漢唐宋以來, 訓釋四書者多矣. 敢問 何者爲正? 林子曰: 「余惟直誦孔曾思孟之者已爾, 而不知其他也.」

> 道라는 것은 그 가르침에서 근본이 되는 것이고, 敎라는 것은 그 道를 밝히는 것이다. 그러나 세상 사람들은 道와 敎의 구분을 알지 못하고서 敎를 道라 하니, 어찌 敎가 셋이니 道도 셋이라고 하지 않겠는가?[72)]

라고 道와 敎에 대한 오해를 지적하고, 세상 사람들이 道와 敎를 제대로 구분하지 못하고서 敎를 道로 잘못 이해하여 미혹에 빠진 것이라 하였다. 본래 道란 삼교가 생기기 이전부터 있어왔던 것이며, 唐虞三代時代에는 아직 儒道佛이 없었는데도 道가 제대로 행해지고 있었다. 上古時代에 堯, 舜, 禹, 湯, 文, 武, 周公은 모두 道에 따라서 세상을 다스렸기 때문에 태평성대를 이룰 수 있었던 것이다. 그는 바로 이 道를 노자, 석가, 공자가 계승하여 각기 가르침을 확립하여 「孔子之敎는 聖敎이고, 老子之敎는 玄敎이며, 釋迦之敎는 禪敎이다.」[73)]라는 교의에 따라 세 개의 교파로 분립된 것이라고 하였다. 儒道佛 삼교는 원래 높고 낮음의 구별 없이 모두 각자의 입장에서, 聖敎, 玄敎, 禪敎로써 교화의 역할을 수행하였을 뿐이며, 그 초기단계에서는 스스로 儒道佛이라고 자칭하지 않았다고 하였다. 이러한 삼교에 대한 林의 구체적인 견해를 보면

> 공자의 가르침은 일찍이 내가 儒라고 하지 않았으나, 공자를 배운 자들이 비로소 그것을 儒라고 부른 것이다. 黃帝老子의 가르침은 일찍이 내가 道라고 하지 않았으나, 黃帝 老子를 배운 자들이 비로소 그것을 道라고 부른 것이다. 석가의 가르침은 일찍이 내가 釋이라고 하지 않았으나, 석가를 배운 자들이 비로소 그것을 釋이라고 부른 것이다.[74)]

---

72) 『林子三敎正宗統論』 第1冊 「三敎合一大旨」: 道也者, 所以本乎其敎也, 敎也者, 所以明乎其道也. 但世人不識道與敎之分也, 故以敎爲道焉, 豈非所謂敎三而道亦三邪?

73) 『上揭書』 第1冊 「三敎合一大旨」: 孔子之敎聖敎也, 老子之敎玄敎也, 釋迦之敎禪敎也.

74) 『上揭書』 第1冊 「三敎合一大旨」: 孔子之敎, 未嘗曰我儒也, 而學孔子者, 乃始命之曰儒. 黃帝老子之敎, 未嘗曰我道也, 而學黃帝老子者, 乃始命之曰道. 釋迦之敎, 未嘗曰我釋也, 而學釋迦者, 乃始命之曰釋.

라고 하여, 그의 삼교에 대한 시각은, 孔子 老子 釋迦의 시대에는 그들 각자가 儒道佛이라 하지 않았으나 後學들이 각기 그들의 가르침을 달리하여 분파를 성립한 결과를 낳은 것이라고 하였다. 그래서 林은 세 개의 教로 나눠지기 이전의 道로 돌아갈 것을 주장한 것이다. 여기서 林이 말하는 道의 유래와 뜻은

> 내가 어찌 道를 알랴! 그러나 내가 세 가지 가르침을 확실히 밝혀 그것들을 합해서 하나로 한 것은, 다른 것이 아니고 아직 儒가 없고 道가 없고 釋이 없던 것보다 먼저의 道일 것이다.[75)]

라고 하여, 삼교가 존재하기 이전의 道를 의미하고 있음을 알 수 있다. 이어서 林은 「儒道釋은 가지이고, 아직 儒와 道와 釋이 있기 이전의 것은 뿌리이다.」[76)]고 하여, 원래부터 있던 道는 뿌리로써 근본이 되며, 道가 분화된 教는 가지가 되고 末이 되는 것이라고 하였다. 그는 이 분화의 과정에 대해서도 언급하기를

> 나는 「三代 이전에는 教가 하나에서 나왔음으로 道術이 밝아져서, 천하는 이를 통하여 다스려졌다. 三代 이래로 教가 셋으로 갈라져서 道術이 어두워지니, 천하는 이를 통하여 어지러워졌다.」고 하였다.[77)]

라 하니, 그에 의하면 道가 행해지던 시대에는 근본인 道가 바로 서면서 道術이 분명해졌으나 三代 이후에 教가 분화되어 道術이 어두워진 것이 天下가 어지러워진 이유라고 하였다. 그렇다고 해서 그가 道의 가치만을 높이고 教를 부정했다고는 할 수 없다. 道를 제대로 밝히기

---

75) 『上揭書』 第1冊 「三教合一大旨」: 余安知道! 而余之所以倡明三教合而一之者, 非他也, 蓋自其未有儒, 未有道, 未有釋之先之道者.

76) 『上揭書』 第1冊 「三教合一大旨」: 儒道釋者枝也, 而未有儒, 未有道, 未有釋之先者根也.

77) 『上揭書』 第10冊 「三教會編」: 余嘗謂: 「三代以上, 教出於一, 故道術明, 而天下所由以治. 三代以下, 教裂爲三, 故道術晦, 而天下所由以亂.」

위해서는 教가 교화의 역할을 올바로 수행해야 하며, 道만을 너무 중시하고 教의 작용을 무시해서는 안 된다고 하여, 자신의 「道一教三」이론이 道에만 편중된 것이 아님을 그는 밝히고 있다.

위의 사료에서 두 가지 요인을 더 파악해 볼 필요가 있는데, 첫째는 「一」의 개념에 대해 자세한 설명이 필요하다. 그가 말하는 「一」이란 常道를 가리키는 것으로 볼 수 있으며, 「一」의 효능은 매우 광범위하게 작용하는데 그 실상을 살펴보면

> 그러므로 하늘이 이 一을 얻어서 항상 맑고, 땅이 이 一을 얻어서 언제나 평안하며, 日月이 이 一을 얻어서 언제나 밝고, 四時가 이 一을 얻어서 언제나 질서를 지키고, 공자가 이 一을 얻어서 언제나 성스럽고, 노자가 이 一을 얻어서 항상 현묘하며, 석가가 이 一을 얻어서 언제나 參禪하였다.[78]

라고 하여, 그는 「一」이 天地日月과 같은 자연뿐만 아니라 儒道釋 등의 이치로 本性에 이르게 하는 데서 常道의 역할을 하는 것으로 파악하고 있다. 그러므로 그의 「一」은 程頤와 朱子가 말하는 「天理」의 개념과는 달리 일종의 신비성을 띠고 있는데, 林은 이 「一」을 「仁」이나 「聖人之心」이라고도 하여 신비화나 절대화함으로써 종교화의 길을 열어 놓게 된다. 林의 사상체계에서 이 「一」은 매우 중요한 개념으로 「中一道統論」을 형성하는 기본이 되는 것이다.

위의 사료에서 두 번째로 파악할 수 있는 요소는, 시대가 내려갈수록 세상이 더 혼란해진다는 퇴보적 역사관 내지는 도덕적 역사관을 피력하고 있다는 것인데, 이것 역시 林의 종교의 핵심을 이해하는 데 대단히 중요한 관건이기도 하다.[79] 이러한 역사관을 주장한 또 하나의 인물

---

78) 『上揭書』 第8冊 「常道」: 故天得此一以常而淸, 地得此一以常而寧, 日月得此一以常而明, 四時得此一以常而序, 孔子得此一以常而聖, 老子得此一以常而玄, 釋迦得此一以常而禪.

79) 조셉 니이담은 인도·헬레니즘세계는 時間보다 空間을 중시하기 때문에 순환적인 시

은 「圖書先天象數」[80]의 입론을 펴서 宋代 주자학의 성립에 도교 색채의 영향을 준 邵雍(康節 1011-1077)이다. 그는 중국 고대의 역사를 네 단계로 구분하여, 三皇時代에는 「以道化民」하고, 五帝時代에는 「以德教民」하며, 三王時代에는 「以功勸民」하며, 五霸時代에는 「以力率民」[81]하였다고 그 단계 과정을 제시하여, 시대가 아래로 내려올수록 백성을 다스리는 수단이 道와 德에서 功과 力으로 바뀌었다고 하였다. 이러한 견해는 고대에는 天과 人이 서로 合하여 心性과 虛空이 일체가 되는 때였으나, 문명이 발전할수록 인간과 천지가 조화하는 정신이 멀어져서 나타나는 현상이라고 하는 종교적 입장에서 한 설명이다. 그러나 이에 비해 林은 唐虞三代시대가 특별한 시대는 아니고 다만 三綱五常과 四業이 잘 행해진 시대라고 하여, 이에 대한 그의 견해를 피력하기를

> 唐虞三代라고 하는 것은 다른 것이 아니라 사람이 모두 三綱이고, 사람이 모두 五常이며, 모두 士이고, 모두 農이며, 모두 工이고, 모두 商이며, 안에는 怨望이 없고 밖에는 소홀함이 없으니, 이와 같을 뿐이다.[82]

간관을 가지게 되고 따라서 汎神論을 주장하는 반면, 유대·기독교세계는 時間이 空間보다 우선함으로 直線的인 時間觀을 가지게 되고 一神教를 주장하게 된다고 하였다. 중국의 경우에는 원래 직선적인 시간관이 주류를 이루었으나, 인도 불교의 영향으로 循環論的 時間觀이 도입되어 後期 道教(新道教)와 新儒教는 순환론적 시간관이 우세하다고 하였다. 조셉 니담 저 윤혜영 역 「中國과 西歐에서의 時間과 歷史」『中國의 歷史認識』上(서울 창작과 비평사 1985) pp.30-31.

80) 「圖書先天象數」란 宇宙의 시간을 元, 會, 運, 世의 싸이클로 나눈 것이다. 1世가 30年, 12世가 1運(360年), 30運이 1會(10, 800年), 12會가 1元(129, 600年)으로 129, 600년마다 天地가 다시 새로워진다는 순환적 시간관이다. 邵雍은 순환적 시간관을 기본으로 하면서도 古代를 중시하여 퇴보적 역사관도 지니고 있었다. 정해왕 「邵雍의 先天易學에 관한 연구」『釜山大 人文論叢』42 (1993).

81) 邵雍『皇極經世』卷11「觀物」內篇.

82) 『林子三教正宗統論』第1冊「三教合一大旨」: 所謂唐虞三代者, 非他也, 人皆三綱, 人皆五常, 皆士皆農皆工皆商, 內焉無怨, 外焉無曠, 如斯而已矣.

라고 하여, 그는 日常的으로 人倫에 따라 생활하며 사농공상의 일상 生業이 실행되는 시대라고 하였다. 바로 이러한 주장에서 林은 현실에 처하여 실천을 대단히 중시한 사상가임을 알 수 있다. 이 같은 사상을 바탕으로 그는 「道一教三」에서 더 나아가 결국은 유교의 실천적 윤리를 중심으로 三教를 합일하고자 하는 「三教歸儒說」 (歸儒宗孔說)을 주장하게 되었다.

2. 三教合一論－中一道統論－

林兆恩은 삼교의 올바른 뜻을 세상에 밝히고, 삼교를 합하여 분화되기 이전의 원래의 道로 돌아갈 것을 평생의 목표로 설정하여 삼교합일설을 주장하였다. 이러한 그의 주장은 道統說로 귀결되고, 마침내는 종교화하게 되어 三一教를 창시하게 된다.

林의 삼교합일사상에서 그 핵심을 이루는 것은 「中」과 「一」을 기본으로 하는 「中一道統」사상이다. 이에 대한 보다 자세한 내용을 살펴보면

> 儒는 聖이고, 中과 一로써 도통의 傳授를 열었으니, 그래서 執中이라 하고 一貫이라 한다. 道는 玄이고, 中과 一로써 도통의 傳授를 열었으니, 그래서 守中이라 하고 得一이라 한다. 釋은 禪이고, 中과 一로써 도통의 傳授를 열었으니, 그래서 空中이라 하고 歸一이라 한다.[83]

고 하니, 그는 執中, 守中, 空中에서의 「中」과 一貫, 得一, 歸一에서의 「一」로써 三教를 설명하고자 하였다. 여기에서 다시 「中」과 「一」에 대

83) 『上揭書』 第3冊 「夏語」:儒而聖也, 以中以一而開道統之傳矣, 故曰執中曰一貫. 道而玄也, 以中以一而開道統之傳矣, 故曰守中曰得一. 釋而禪也, 以中以一而開道通之傳矣, 故曰空中曰歸一.

한 뜻을 보면

道는 一에 근원하며, 一은 中에서 통합된다. ……, 中이라는 것은 體다. 一이라는 것은 用이다.[84]

라 하여, 그에 의하면 「中」은 體이고 「一」은 用이라고 설명하고 있다. 體와 用이란 불교에서 도입된 개념[85]으로 볼 수 있으나, 林은 「中」과 「一」을 모두 똑같이 중시하고 있다. 中一道統의 기원은 『尙書』卷12「大禹謨」의 「人心惟危, 道心惟微, 惟靜惟一, 允執厥中.」의 16字에서 연원한다.[86] 그는 「中一道統」의 신비한 역량과 『尙書』의 전통에 의해서 삼교를 합일하고자 하였으며, 이것이 바로 삼교합일설을 삼일교라는 종교로 승화시킨 교리근거였다. 林은 77세 때인 神宗 萬曆 21년(1593)에 『道統中一經』을 저술하여 그 이론을 정립하였다.

林의 삼교합일설은 유교와 불교, 불교와 도교, 도교와 유교의 會通을 통해서 이루어지게 되는데, 이것은 儒道佛 삼교가 그 가르침에 있어서 서로 특색 있게 구별되면서도, 결국은 하나로 회통될 수 있는 면을 가지고 있기 때문이다. 이와 같이 각기 구별되면서도 합쳐져서 하나로 되는 점을 다시 세 가지 측면으로 정리해 봄으로써 그의 삼교합일설의

---

84) 『上揭書』 第3冊 「夏語」: 道原於一, 一統於中. ……, 中也者, 體也, 一也者, 用也.

85) 體와 用의 개념은 원래 佛敎에서 도입된 개념이다. 體란 근본적인 것, 제1차적인 것, 用이란 파생적인 것, 제2차적인 것이라 할 수 있다. 실체와 작용, 본체와 현상이라고도 해석할 수 있다. 體用의 용어는 중국 고유의 문헌에서는 보이지 않지만, 莊子에서 그와 유사한 요소가 보이고 있기 때문에 쉽게 받아들일 수 있었던 것 같다. 隋唐時代 불교이론가들 사이에 싫증날 정도로 사용되던 이 용어가 宋代에 오면 儒教 문헌에서 수시로 보이고 있으며, 朱子에 이르면 자유자재로 운용된다. 體用의 논리가 없이는 주자학이 완성되지 못했을 것이라는 주장도 있다. 島田虔次지음 김석근·이 근우 옮김 『朱子學과 陽明學』(서울 까치 1986) pp.8-15.

86) 『中庸』章句序에도 「人心惟危, 道心惟微, 惟精惟一, 允執厥中者, 舜之所以授禹也.」라 하였는데, 이는 舜임금이 禹임금에게 天下를 전수한 방식을 표현한 것으로, 宋儒들에게 道統論의 이론적 근거를 제공한 句節이다.

要諦를 올바로 이해할 수 있을 것이다. 첫째로, 林은 삼교를 「世間法」과 「出世間法」으로 구분하여 설명하고 있는데 그 구분되는 내용을 보면

> 공자의 가르침은 오직 人倫의 日用하는 데에 있으니, 世間法이라고 하는 것이 이것이며, 黃帝老子의 가르침은 오직 極을 주재하여 開天하는 데에 있으니 出世間法이라고 하는 것이 이것이다. 그리고 더욱이 석가의 出世는 곧 虛空의 本體이며 하지 않고 일으키지 않는 데에 있다.[87)]

고 하여, 그는 유교는 世間法이며 도교와 불교는 出世間法이라고 하여 삼교를 구별하였다. 그러나 두 법이 서로 우열이 있는 것이 아니라 병행하여 서로를 포함하고 있다고 보았다. 그렇기 때문에 어느 한쪽에 치우치면 道의 올바른 실천을 기할 수 없다고 경계하여 지적하기를

> 經世를 알지만 出世를 알지 못하니, 쓰임은 있으나 본체가 없는 이 같은 部類는 반드시 法律에 이르러 術數를 쓰게 된다. 出世를 알지만 經世를 알지 못하니, 본체는 있으나 쓰임이 없게 되는 이 같은 部類는 반드시 황당한 데 이르러 바싹 시들게 된다.[88)]

고 하여, 그의 견해에 따르면 經世를 하고자 하여도 出世間法을 알아야 하며, 出世間을 하고자 하여도 經世를 알아야 한다는 것이다. 이것은 삼교를 世間法과 出世間法으로 단정적으로 나누지 않고, 世間法에 뜻이 있는 자도 出世間法에 관심을 기울여야 하며, 出世間法에 뜻을 두고 있는 자도 世間法을 알아야 올바른 수도의 길에 정진할 수 있다

---

87) 『林子三教正宗統論』 第1冊 「三教合一大旨」: 孔子之教, 惟在於人倫日用, 所謂世間法者是也, 黃帝老子之教, 惟在於主極開天, 所謂出世間法者是也. 而況釋迦之出世, 則又在於虛空本體, 無爲無作.

88) 『上揭書』 第34冊 「出世間法」: 知經世而不知出世, 有用而無體也, 其流必至於刑名而術數. 知出世而不知經世, 有體而無用也, 其流必至於荒唐而枯槁.

고 하므로, 그는 역시 삼교가 會通하는 길을 열어놓은 셈이다.

두 번째로, 그는 삼교는 각기 가르침을 베푸는 방식에 있어서도 立本, 入門, 極則이라는 특색 있는 공부 방법을 지니고 있다고 하였는데,

> 내가 科를 설립하는데, 立本이라 하는 것이 있는데 이것은 곧 유교에서 가르침을 연구하는 것이고, 入門이라 하는 것이 있는데 이것은 곧 도교에서 가르침을 연구하는 것이고, 極則이라 하는 것이 있는데 이것은 석교가 가르침을 연구하는 것이다. 그리고 그 가르침의 순서는 立本을 먼저하고 入門을 다음으로 하고, 極則을 다음으로 한다.89)

고 하여, 그의 견해로는 가르침을 베푸는 데 있어서 삼교가 각기 치중하는 면이 다르다고 하였다. 곧 儒道佛 삼교는 그 특성에 따라서 유교는 立本공부에 치중하고, 도교는 入門 공부에 치중하며 불교는 極則 공부에 치중한다고 하였다. 그러나 立本과 入門과 極則 이 세 가지가 순서는 다를지라도, 서로 하나의 체계를 이루어 진정한 배움의 경지에 이르게 한다. 이 세 가지 공부 방법의 내용을 구체적으로 살펴보면

> 내가 三氏의 教를 합해서 그것을 하나로 하는 것은, 다른 것이 아니라, 三綱四業이 바로 가르침의 시작이요, 見性入門은 바로 가르침의 중간이요, 虛空本體는 바로 가르침의 마지막이다. 처음과 중간과 마지막을 합해서 그것을 크게 하는 것이다.90)

라고 하여, 그에 의하면 立本이란 가르침의 시작 단계로 三綱 四業을 기본으로 하는 世間法을 의미하며, 入門이란 가르침의 중간 단계로 見

---

89) 『上揭書』 第1冊 「三教合一大旨」: 余之設科也, 有曰立本者, 是乃儒教之所以爲教也, 有曰入門者, 是乃道教之所以爲教也, 有曰極則者, 是乃釋教之所以爲教也. 而其教之序也, 先立本, 次入門, 次極則.

90) 『上揭書』 第1冊 「三教合一大旨」: 余之所以合三氏之教而一之者, 非他也, 三綱四業而爲教之始也, 見性入門而教之中也, 虛空本體而爲教之終也. 合始中終而大之.

性 공부를 말하고, 極則이란 가르침의 마지막 단계로 虛空(太虛)의 本體로 돌아가는 無法無爲의 단계를 말한다고 하였다. 그러므로 어느 한 쪽에만 치우치지 않고 이 세 가지 단계가 제대로 합쳐졌을 때 진정한 道를 깨닫는 공부가 완성된다고 하였다.

그리고 儒佛道 삼교는 제각기 나름대로의 立本, 入門, 極則의 공부 단계를 가지고 있다고 하였다. 즉 불교와 도교도 「忠孝라는 것은 本을 세우는 것이다. 예부터 不忠 不孝하고서 어떻게 神仙이 되고 부처가 될 수 있는 자가 있겠는가?」[91]라고 하여 반드시 世間法에 근본을 설정하였으며, 유교나 도교에도 각기 極則의 단계를 두었다. 이와 같이 삼교는 비록 서로 간에 次序는 있을지라도 立本과 入門과 極則이 있으므로 서로 회통할 수 있는 여지가 마련되어, 中一道統에 의한 三教合一說을 보완하는 효과를 기대하게 되었다.

셋째, 林兆恩은 心學을 바탕으로 자신의 삼교합일사상을 전개하고 있다. 그는 마음을 매우 중시하기 때문에 마음으로써 으뜸을 삼는 「心宗」의 논리로 삼교합일을 추구하고 있으니 그 내용을 보면

> 心宗은 마음을 으뜸으로 삼는다. 나의 마음은 黃帝 釋迦 老子 孔子의 마음과 하나가 되었을 뿐이다. 마음이 하나이고 道가 하나이나, 教는 셋이 있으니, 비유하면 支流의 물은 참으로 다르나 처음에 샘이 산 아래에서 나와 내려간 것은 하나이다.[92]

고 하여, 그는 나의 마음과 황제 석가 노자 공자의 마음은 하나이니 「心一道一」이라 하였다. 그러므로 마음은 천지만물의 근거가 되고 道心이 존재하는 곳이다. 그는 계속해서 또 「三教只此一心」[93]이라 하여, 「

91) 『上揭書』 第1冊 「三教合一大旨」: 忠孝者, 其立本也. 從古以來, 豈有不忠不孝而能成仙作佛者哉?

92) 『上揭書』 第1冊 「三教合一大旨」: 心宗者, 以心爲宗也. 我之心, 以與黃帝老子孔子之心, 一而已矣. 心一道一, 而教則有三, 譬支流之水固殊, 而初泉之出於山下者一也.

儒가 되고자 하면 儒이고, 道가 되고자 하면 道이며, 釋이 되고자 하면 釋인 것이 나에게 있을 뿐이지 밖에 있는 것이 아니다.」[94]고 하여 그는 儒가 되고 道가 되고 佛이 되는 것은 모두 자신의 마음에 달린 것이지 본래부터 구별이 있는 것은 아니라고 하였다. 그러므로 결국「心一道一」의 경지에서는 황제 노자 공자 석가의 구별이 있을 수 없게 되는 것이다. 그의 삼교합일사상은 바로 이러한 심학의 경지에서 삼교의 구별이 없는 회통의 극치에 이르게 되는 것이다.

林의 心學思想은 기본적으로는 王陽明의 사상체계와 유사한 점이 있다고 할 수 있다. 왕양명도 『傳習錄』에서 「心은 理이다. 天下에 마음 밖의 일이 있으며 마음 밖의 理가 있겠는가?」[95]라고 마음의 理致를 강조하였다. 王은 불교와 도교를 두루 섭렵하였으나, 그가 삼교합일을 이론적으로 주장했는지에 대해서는 異說이 있다.[96] 다만 그의 이론을 따르는 陽明心學에서 삼교합일의 주장이 두드러지게 보이고 있으며, 王畿(龍溪 1498-1583)와 王艮(心齊 1483-1540) 등 泰州學派[97]에서 삼

93) 『上揭書』 第31冊 「聯句」.

94) 『上揭書』 第1冊 「三敎合一大旨」: 欲爲儒則儒, 欲爲道則道, 欲爲釋則釋, 在我而已, 非有外也.

95) 『王陽明全集』 「傳習錄」: 心則理也. 天下又有心外之事, 心外之理乎?

96) 陽明學은 朱子學의 계급성을 타파하여 儒學을 大衆化하고 社會化함으로써 明이라는 새로운 시대에 맞는 사상으로 발전시킨 것이라고 할 수 있다. 陽明學의 핵심인 良知說은 인간은 태어나면서부터 良知가 있기 때문에 본질적으로 평등하다는 것이다. 이것은 良知 앞에서는 聖賢과 愚衆의 구별, 尊卑의 구별이 있을 수 없다고 하여 萬物一切觀에 근거한 본질적 평등을 주장하는 것이며, 이러한 주장은 누구나 부처가 될 수 있다는 佛敎의 佛性論과도 일치하고 있다. 陽明學은 陸象山의 心學을 계승하면서도 禪宗의 心學을 더욱 가까이 하여 불교에 개방적인 자세를 취함으로써 三敎合一의 사상적 근거를 제공하기도 하였다. 吳怡 「陽明思想與禪學」 柳存仁 「王陽明與道敎」 『陽明學論文集』(臺北 華岡出版公司 1972), 杜維明 Neo-Confucian Thought in Action (University of California Press 1976).

97) 王陽明의 학설은 이후 지역에 따라 浙中, 江右, 泰州의 세파로 갈라지는데, 江右는 右派이고 浙中과 泰州는 左派의 길을 걷게 된다. 王龍溪는 浙中에 속하고 泰州 學派에는 王心齊, 羅近溪, 顔山農, 何心隱 등이 속한다. 左派는 心學의 横流라 불리는 현상을 일으켰으며, 그 극단에 선 李卓吾는 狂禪派라고 한다. 稽文甫 『晩明思想史論』(北京 東方出版社 1996) p.16.

교일치설을 발전시켰다.[98] 王龍溪는 儒道佛이 心學으로서의 공통점을 지녔기 때문에 삼교는 서로 보완관계에 있고, 다만 유교는 經世를 위한 良知의 要因을 지녔기 때문에 大道이고, 도교와 불교는 그렇지 못하기 때문에 小道이지만 小道도 道이므로 삼교는 같다고 하였다. 그러므로 그는 「(스승의) 良知學은 三教의 핵심이다.」[99]라고 하였다. 王心齊는 백성의 일상적인 생활의 이치가 聖人의 道이며, 유교라도 백성의 일상적 이치에 어긋나면 異端이 된다고 하였다.

林의 사상정립의 최종목표는 삼교를 단순히 혼합하는 것이 아니라, 오히려 삼교의 근본으로 돌아가서 원래의 모습을 되찾는 새로운 차원의 종교를 만들고자 한 것이다. 이러한 의식에서 그는 중국사의 근원으로 환원한다는 뜻에서 三一教를 夏教라고 칭하였다. 그렇기 때문에 三一教라는 명칭보다 오늘날에도 夏教라는 이름으로 전파되고 있으며, 이의 全稱으로는 「夏午尼氏道統中一三教」라고 한다. 『夏教簡史』에서 夏教의 道統을 설명하고 있는데 그 내용을 살펴보면

> 夏教는 원시 중국 종교이다. 夏字는 중국을 대표하고, 中原은 華夏라 칭해진다. 우리나라의 道祖 唐虞는 政과 教를 하나로 합했다. ……, 그의 道統이 전하여 춘추시대에 이르렀으나, 周室이 쇠약하니 천하가 크게 어지러워 영웅이 함께 일어나서 각기 한 지역을 무력으로 專權統治하였다. 孔子와 老君이 서로 이어서 배출되어 門을 나누고 戶를 달리하여 각기 하나씩 教를 개창하니, 이때 하나의 夏가 세 部門으로 나누어지고 政과 教가 나누어져 확립되니, 夏教의 道統이 이로부터 傳해지지 않았다.[100]

---

98) 曺永祿 「陽明學과 明末의 佛教-三教合一說을 중심으로-」 『東洋史學研究』 제44집 (1993. 7) p.137.

99) 『龍溪全書』 卷1 「復陽堂會語」: 先師良知之學, 乃三教之靈樞.

100) 『夏教簡史』: 夏教, 就是原始中國教. 夏字代表中國, 中原稱華夏, 我國道祖唐虞, 政教合一. ……, 其道統傳至春秋時代, 周室衰弱, 天下大亂, 英雄並起, 各霸一方. 孔子老君相繼輩出, 分門別戶, 各創一教, 此時一夏分三門, 政教分立, 夏教道統自此失傳.

고 하여, 夏教道統에서 夏教란 중국을 상징하는 종교로 唐虞時代의 堯舜을 道祖로 하였는데, 공자와 노자에 이르러 각기 하나의 教로 나누어지면서 유일한 도통이 사라지게 되었다고 보고 있다. 여기에서 바로 林은 이렇게 失傳된 夏教의 도통을 회복시킬 의지를 보이고 있는 것이다. 三一教는 夏教라는 명칭을 쓰면서 더욱 종교의 성향으로 가게 되었다고 할 수 있다.

夏教의 의미를 좀더 구체적으로 살펴보기 위해서는 「夏」字의 뜻에 대해서 살펴볼 필요가 있다. 「夏」字의 유래에 관해서는 여러 설이 있으나 다음의 기록을 살펴보면

> 夏라는 것은 큰 것이니 太極이 그 가운데 있다. 太極은 陰陽이니, 陰陽은 夏에서 합해진다. 陰陽은 五行이니, 五行은 夏에서 합쳐진다. ……, 儒도 夏이니, 그래서 仲尼의 道가 나에게 있게 된다. 道도 夏이니 그래서 황제와 노자의 道가 나에게 있게 된다. 釋도 夏이니 그래서 석가의 道가 나에게 있게 된다.[101]

고 하여, 太極과 陰陽과 五行이 夏에서 統攝되고, 夏에 儒道佛 三教가 포함됨을 의미하고 있다. 여기서 夏는 우주의 본원으로, 道와 같은 의미이며 노자에서 말하는 一과 같은 의미라 할 수 있다. 위의 기록이 嘉靖 44年(1565)에 쓰였으므로, 이때에 이미 夏라는 명칭이 사용되었음을 알 수 있다. 林이 夏를 처음 사용하게 된 것은 자신이 써 놓은 글에 꿈에 나타난 사람이 夏語라고 쓴 것이 계기가 되었다고 하여 신비적인 해석을 덧붙이고 있다.

---

101) 『林子三教正宗統論』 第3冊 「夏語」: 夏也者, 大也, 而太極在其中矣. 太極而陰陽也, 陰陽統于夏. 陰陽而五行也, 五行統于夏. ……, 儒亦夏也, 而仲尼之道在我矣. 道亦夏也, 而黃帝老子之道在我矣. 釋亦夏也, 而釋迦之道在我矣.

3. 歸儒宗孔論

林兆恩의 삼교합일설은 점차 정비되면서 마침내 三教歸儒說(歸儒宗孔說)로 귀결되었다. 林이 현실적 관점에서 교화의 작용을 지닌 유교를 중심으로 삼고자 한 것은 사실이다. 그러나 좀더 구체적으로 살펴보면, 林이 돌아가고자 한 유교는 전통적인 본래의 유교 그 자체가 아니라 새로운 차원의 유교라 할 수 있다. 이러한 의도에서 林은 「儒」와 「孔」에 대해 협의의 뜻이 아니라 종래와는 다른 해석을 하고 있는데 그 내용을 살펴보면

> 天地人을 통틀어서 儒라 하는데, 그래서 만물에 일체로 되는 것이다. ……, 儒라는 것은 天地皇帝王을 합해서 그것을 하나로 한 것이다. 공자의 儒는 天地皇帝王을 통섭해서 그것을 하나로 한 것이다. 오직 그가 天地皇帝王을 통틀어서 그것을 하나로 하니, 그러므로 그는 萬世에서 一人이 되며 萬世에서 한 大儒가 된다.[102)]

고 하여, 「儒」란 天地人을 통틀어서 만물을 일체로 하는 것이며, 天地와 3皇과 5帝와 3王의 道統을 합하여 하나로 하는 것인데, 바로 공자가 그러한 역할을 하는 오직 하나의 大儒라고 하였다. 그러기에 「歸儒宗孔」에서의 儒는 天地人을 통괄하는 儒이며, 공자는 萬世의 一大儒인 것이다. 여기에서 林이 귀착하고자 한 儒와 공자의 참의미를 알 수 있다.

林은 「歸儒宗孔」의 논리를 世間法과 出世間法을 들어서 설명을 하였는가 하면, 心學의 논리로서도 해석하고 있다. 첫째 林이 세간법과 출세간법으로 설명하고 있는 내용을 살펴보면, 그는 기본적으로 이 兩

---

102) 『上揭書』 第21冊 「四書正義 論語上」: 通天地人曰儒, 而一體乎萬物者也.……, 儒也者, 合天地皇帝王而一之者也. 孔子之儒, 統天地皇帝王而一之者也. 惟其統天地皇帝王而一之, 故其爲萬世一人, 萬世之一大儒也.

者의 法을 모두 중시하였으나 그것에 차이를 두어 구별하기를

> 世間에 머물러서 世間法과 出世間法으로 사람을 가르칠 수 있는 자는 그가 上이고, 出世間法을 알지 못하고 오로지 世間法으로 사람을 가르치는 자, 그는 다음이다. 만약 혹시 世間法을 버리고 다만 出世間法으로 사람을 가르치는 자, 그는 또 다음이다.[103)]

라고 하여, 속세에 처해 있으면서 두 법을 모두 중시하는 사람이 최고의 비중을 차지하는 것으로 간주하고 있으며, 출세간법으로만 사람을 가르치는 자를 가장 하위에 둠으로써, 그가 현실을 중시하는 의식을 드러내 보이고 있다. 여기서 세간법은 사람이 반드시 갖추어야 할 法則이며 동시에 출세간법의 기본 조건이라고 할 수 있다. 이에 따라서 林은 전통적인 교화방식과 사회규범을 지지하고 사농공상의 四業의 사회구조하에 三綱五常의 윤리작용을 강화할 것을 바랐고, 더 나아가 이것이 실천에 옮겨지기를 기대하여

> 三綱五常은 최고의 德目이요, 士農工商은 일상 生業이다. 만일 반드시 그 三綱五常의 지극한 德目과 士農工商의 常業을 버리고서 소위 心法이라는 것을 추구한다면 과연 무엇을 하겠는가?[104)]

라고 하여, 그는 세간에서 三綱五常의 지극한 德目과 사농공상의 일상 生業을 떠나서 心法만이 존재할 수는 없다고 하였다. 이와 같이 원래 노자와 석가도 綱常倫理를 반대하지 않았으나 후일 불교와 도교의 후계자들이 그 스승의 본뜻을 잃고 「倫屬之常」을 버리고 이단에 빠진 것

---

103) 『上揭書』 第34冊 「出世間法」: 以處世間而能以世間法與出世間法敎人者, 其上也, 不知出世間法而專以世間法敎人者, 其次也. 若或棄去世間法而專以出世間法敎人者, 又其次也.

104) 『上揭書』 第34冊 「出世間法」: 三綱五常, 至德也, 士農工商, 常業也. 若必欲棄去其三綱五常之至德, 士農工商之常業, 而求所謂心法者, 果何爲也?

이며, 그 잘못은 후세의 계승자에게 있다고 하였다. 그는 불교와 도교의 출가방식은 倫常에 위배될 뿐만 아니라 자연의 조화를 파괴하는 것이며, 원래의 道佛 兩家의 교의는 사람 사이의 倫屬關係를 반대하지 않았다고 지적하고 있다. 林은 이에 대해 道書와 藏經을 인용하여 자세히 설명하기를

> 도가의 가르침은, 젊고 혈기가 왕성할 때에는 집에서 효도로 부모를 봉양하고 부인을 얻어 자녀를 낳아서 이 윤리의 중대함을 다하고 사십에 이르러 마음이 흔들리지 않으면, 바로 세간을 떠나서 법에 의지하여 닦아 견지해서 이 性命之學을 완료하니, 道書에 이르기를 「人生은 십육 년은 春이고 십육 년은 夏이며, 십육 년은 秋이고 십육 년은 冬인데, 봄과 여름에는 편하고 느긋하게 하고 가을과 겨울에는 소통되지 않는다.」고 하였다. 釋氏의 가르침은 대개 四十여 세에도 득도하지 못하는 자는 집으로 돌려보내어 부인을 얻어 자식을 낳게 한다. 藏經에: 「바라문법은 入山修道하다가 道業이 이루어지지 않으면 집으로 돌아가 혼인을 한다.」라고 하였다. 여기에서 보면, 도가는 세간에서 倫屬함을 먼저 하며, 釋氏는 出世하여 心性을 먼저 하니, 이 2氏의 가르침은 또한 같지 않은 바가 있다.[105]

라고 하여, 그에 따르면 도교는 세간에서 가족을 돌보는 인륜의 책임을 먼저하고 불교는 우선 먼저 出世하여 心性을 닦는 차이점은 있으나, 모두 가정에서 부모를 봉양하고 혼인하여 자식을 낳는 일상생활의 윤리의 중요성을 제시하고 있다고 하였다. 林은 삼교합일의 실천강령으로 유교의 윤상과 4민의 常業을 가장 중시하였기 때문에 그의 삼교합일은 필연적으로 「歸儒宗孔」을 달성하게 되었다. 여기에서 그가 돌아가고자

105) 『林子三教正宗統論』 第34冊 「出世間法」: 道家之教, 以少壯時在家孝養, 娶妻生兒, 以盡此倫屬之大, 至四十不動心, 乃出世間依法修持以了此性命之學, 道書曰: 「人生以十六歲爲春, 十六歲爲夏, 十六歲爲秋, 十六歲爲冬, 春夏發舒, 秋冬閉塞.」 釋氏之教, 概四十有餘歲而不能得道者, 仍遣之歸家, 娶妻生兒. 藏經曰: 「婆羅門法, 入山修道, 道業未就, 歸家婚娶.」 由是觀之, 道先世間而倫屬, 釋先出世而心性, 此二氏之教, 亦有所不同者.

한 「儒」와 「孔」은 앞에서 지적한 대로 天地人을 통괄하여 만물의 일체가 된 것이지, 당시의 세속적인 유교와는 다른 것이었다. 林은 당시 儒者들이 外在의 지식만을 추구하는 폐단을 비난하기를 「儒者들은 온종일 입으로는 孔子를 말하면서 스스로 공자를 바탕으로 하지 못하고, 종일 분쟁하고 변론하여 마음의 공부를 알지 못한다.」106)고 지적하였다. 그는 漢代 鄭玄과 馬融이 6경에 주석을 한 이후 공자의 性命之學이 단절되어 유학이 지리멸렬한 병에 빠진 것이라고 하였으며, 그래서 바로 자신이 단절되었던 공자의 性命之學을 회복하여 삼교를 회통하고자 하는 것이라고 하였다.

둘째로 林은 「以心爲宗」의 心學의 논리에 근거하여 「歸儒宗孔」의 뜻을 풀이하기를 「내가 학문을 하는 것은 공자를 宗으로 하는 것이며, 내가 공자를 宗으로 하는 것은 心을 宗으로 하는 것이다. ……, 나는 곧바로 宗孔으로써 正을 삼고, 宗心으로써 要를 삼는다.」107)라고 하여, 宗孔의 핵심은 宗心에 있으며 歸儒란 다른 표현으로 「宗孔」이라 할 수 있는데, 「宗孔」이 「宗心」이니 歸儒 역시 宗心으로 돌아간다고 하였다. 여기에서 그는 심학의 체계 중에서 三教歸儒說의 의의를 정리하고 있으며, 따라서 三教歸儒는 三教歸心이기 때문에 자기의 본성을 개발하는 것에 중점을 두어야 한다고 하였다.

林이 삼교합일을 주장하면서도 결국 三教歸儒說로 귀착한 것에 대해서는 여러 가지 평가를 내릴 수 있다. 林의 이러한 귀결을 그의 타협성에서 찾기도 한다.108) 明代는 여전히 유가윤리가 사회교화의 주요작용을 하는 시대여서 三綱五常을 중시하고 있었고, 林은 이러한 시대의 지식인으로서 유교윤리에 영향을 받고 있었다. 따라서 유교 위주로 삼교를

106) 『林子三教正宗統論』 第31冊 「醒心詩摘註」: 儒者終日口說孔子, 不識自性孔子, 終日紛爭辯論, 不知心上工夫.

107) 『林子三教正宗統論』 第1冊 「倡道大旨」: 余之所以爲學者, 宗孔也, 余之所以宗孔者, 宗心也. ……, 余直以宗孔爲正, 宗心爲要爾.

108) 鄭志明 『明代三一教主研究』(臺北 學生書局 1988) pp.341, 359-362.

결합함으로써 현실적으로 사회적 충돌과 분쟁을 피하고자 한 선택이라고 할 수 있을 것이다. 그렇기 때문에 林이 三敎歸儒를 주장한 것은 어쩌면 부득이한 선택이며, 유교윤리가 지배하는 전통사회의 부속품이라고 할 수 있다. 그러나 三敎合一說과 三敎歸儒說은 서로 모순되는 것이 아니고, 삼교합일설이 근본으로 돌아가자는 기본 이념을 중시하는 것이라면, 三敎歸儒說은 현실적으로 구체적인 실천을 중시하는 입장이라고 해석할 수 있다. 따라서 林의 삼교합일설은 진정으로 합일의 효과에 이른 것이라기보다는, 서로 다른 것을 취사선택하여 조합하는 방식으로 각양각색의 설을 모은 삼교조화론이라는 입장을 보이고 있다.

다른 견해로는, 林의 삼교합일은 混而爲一도 아니고 三足鼎立도 아니며, 先後의 차례가 있고 主와 宗이 있다고 하였다.[109] 林의 사상이 학술체계에 있어서 미흡한 면이 있고 유교를 중심으로 하는 歸儒宗孔으로 흘렀기 때문에 이러한 의견에도 일리는 있다고 할 수 있다. 그러나 林의 삼교합일설의 핵심은 어디까지나 返本歸源하고 原始返本하여 中一道統을 회복하고자 하는 데 있으며, 그의 삼교합일설은 「道一敎三」과 「中一道統」의 논리로 이해해야만 올바른 평가를 내릴 수 있을 것이다.

第三節 心學的 宇宙觀

1. 林兆恩의 心學

林兆恩의 사상은 어떠한 체계를 중시하기보다는 삼교합일의 관점에

---

109) 馬西沙 「林兆恩與三一敎」 『中國民間宗敎史』(上海 上海人民出版社 1992) p.785.

서 儒道佛을 모두 아우르고 있기 때문에, 학술적인 면에서 어떤 계통에 속하는지 판별하기 곤란한 점이 있다. 현대 중국철학계에서는 사상의 흐름을 세 가지로 정리하고 있는데, 첫째 程伊川과 朱子의 「性卽理」의 철학을 客觀唯心論, 둘째 陸象山과 王陽明의 「心卽理」의 철학을 主觀唯心論, 셋째 張橫渠와 王夫之의 氣哲學을 唯物論으로 나누고 있다. 그리고 牟宗三은 宋明儒學을 主理, 主心, 主氣의 셋으로 나누되, 세 번째의 主氣論은 「心性理合一」을 특성으로 하며, 濂溪 橫渠 明道之學이라 했다.[110] 林은 세간법과 출세간법을 기준으로 宋儒를 두 파로 나누어서

> 宋의 邵康節, 周濂溪, 程明道 등과 같은 諸儒는 출세간법을 잘 알고 그리고 또 세간법으로도 사람들을 가르칠 수 있으니, 이것은 그들이 후학의 스승이 될 수 있는 이유이다. 程伊川, 朱晦翁, 張南軒 등과 같은 諸儒는 세간법을 잘 알아서 감히 조금도 위배하지 않고 또 출세간법을 아니, 이것은 그들이 후학의 스승이 될 수 있는 이유이다.[111]

고 하여, 그는 邵康節, 周濂溪, 程明道를 한 부류, 그리고 程伊川, 朱晦翁(朱子), 張南軒을 또 다른 부류로 보았다. 林이 이같이 宋儒를 분별하는 데서, 그의 心學은 陸象山이나 王陽明을 따랐다기보다는, 宋代의 邵康節, 周濂溪, 程明道 등에 직접적인 연원을 두고 있음을 파악할 수 있다. 이들 가운데서 林의 심학은 邵康節의 心法觀에서 영향을 많이 받은 것으로 이해된다. 소강절은 「先天卦位圖說」에서 「先天學은 心法이다. 그러므로 圖는 모두 中에서 일어나니, 온갖 변화와 모든 일은 心에서 생긴다.」[112]고 하였다. 林 역시 心을 우주의 으뜸가는 본체로

---

110) 牟宗三 『心體與性體』(臺北 正中書局 1968) p.49.

111) 『林子三教正宗統論』 第34冊 「世出世法」: 若宋之邵康節, 周濂溪, 程明道諸儒, 能知出世間法矣, 而又能以世間法教人, 此其所以能爲後學之師也. 程伊川, 朱晦翁, 張南軒諸儒, 能知世間法而不敢少違, 然亦知有出世間法, 此其少以能爲後學之師也.

여겨 「心外無理, 心外無物.」이라고 하며, 「生生化化, 莫非我之心也.」라 하여 天地人의 모든 만물이 모두 心에서 나왔다고 하였다. 그 밖에도 그는 「心이란 經이다. 萬世토록 바뀌지 않는 常經이다.」[113] 그리고 「心외에 道가 없고, 道 밖에 心이 없다. 이미 心을 인식하지 못하고 어찌 道를 알 수 있겠는가?」[114]라고 하여, 마음의 중요성을 여러 곳에서 강조하고 있다. 이와 같이 林은 心의 작용을 무한히 확충하여 극단적인 주관적 唯心論을 주장하였는데, 바로 이러한 점 때문에 종교가의 길을 걷게 되었다고 하겠다.

林의 사상은 陸王心學처럼 하나의 계통을 이루지는 못하였지만, 체험에서 우러나온 사상이기 때문에, 心의 절대화에 있어서 陸王心學보다 훨씬 대담하고 철저한 주장을 할 수 있었다. 그러나 陸王心學으로부터 직접 발전한 것은 아니라고 해도 心性을 중시하는 면에 있어서는 陸王의 本心의 실천공부와 유사한 점이 있다. 陸王心學에서도 心이란 萬化의 본원이고, 도덕 창조성의 본체를 구유하고 있기 때문에 도덕 실천의 주체라고 여겼다. 陸象山은 「宇宙가 곧 나의 마음이며, 나의 마음이 곧 宇宙이다.」[115]라고 하였고, 王陽明도 「모두가 오직 이 마음에 있으니, 心이 곧 理이다.」[116]라고 하여 心은 자각하는 의지능력이 있어서 일체의 가치규범이 바로 이 心에서 나온다고 하였다.

또한 林은 孔子의 學에 대해서도 「孔子之學은 心學이다. 孔子의 마음이 갓난아기의 마음이니, 천하 만세에 함께 갖추어져 있는 마음이다.」[117]라고 하여 공자와 같은 성인의 마음이나 衆人의 마음은 본체상 모

---

112) 邵翁 『皇極經世』卷12 「觀物外篇」: 先天之學, 心法也. 故圖皆從中起, 萬化萬事 生乎心也.

113) 『林子三教正宗統論』 第7冊 「心聖教言」: 心也者, 經也. 萬世不易之常經也.

114) 『林子三教正宗統論』 第26冊 「四書正義 孟子下」: 心外無道, 道外無心, 旣不識心, 豈能知道.

115) 『象山先生全集』卷22 雜說: 宇宙便是吾心, 吾心卽是宇宙.

116) 『王陽明全集』 「傳習錄」上: 都只在此心, 心卽理也.

117) 『林子三教正宗統論』 第1冊 「倡道大旨」: 孔子之學, 心學也. 孔子之心, 赤子之心也.

두 같다는 주장을 하였다. 그는 모든 사람은 高低貴賤의 구별 없이 모두 동등한 기회가 있으며, 세상 사람들 모두 「赤子之心」이 있기 때문에 堯舜孔孟이나 일반인이나 모두 같다고 하였다. 다만 銀이 외계의 雜物을 만나 변색을 하듯이 赤子之心도 사욕에 물들고 먼지와 때가 묻어서 그 순수함이 가려진 것이라고 하였다. 「人心皆堯舜」이나, 모든 사람들이 堯舜이 못되고 物慾과 名利를 추구하는 것은 바로 이 때문이며, 孔子의 제자 3千 명 중 賢人은 72人에 불과하며, 72人 중 道統을 이은 자는 顔回와 曾參 2人뿐인 것도 이 때문이라 하였다. 이러한 그의 의식은 李卓吾의 童心說[118]과 유사한 점이 있으며, 『涅槃經』에서 「一切衆生, 悉有佛性.」의 사상이 전파된 이래, 王陽明의 「온 거리의 사람들이 모두 聖人이다.」[119]라는 주장에 이르기까지 心學의 공통되는 주장인데, 林에게 있어서는 그것이 좀더 철저하게 주장된 것이다. 불교 선종에서의 頓悟와 漸修, 유교의 道問學과 尊德性의 논쟁은 모두 이 「赤子之心」을 찾기 위한 수련의 방법론이라고 할 수 있다. 林은 頓을 높이고 尊德性을 더 중시하였으나, 최종적으로는 모두를 인정하는 조화와 절충의 태도를 보이고 있다.

林은 本心을 회복하여 「赤子之心」에 이르고, 「一貫之道」를 깨달을 수 있는 방법에 대해서 매우 현실적인 설명을 하고 있다. 즉 그는 三綱五常과 士農工商의 실천을 통해서만이 이것을 이룰 수 있다고 하였다. 林이 사회적 실천을 중시한 이유가 바로 이것이다. 여기에서 그가 추구하고자 하는 것이 선종의 頓悟처럼 개인의 解脫成佛이 아니라, 綱

天下萬世所同具之心也.

118) 『焚書』卷3「童心說」: 夫童心者, 眞心也. ……, 夫童心者, 絶假純眞, 最初一念之本心也. 若失却童心, 便失却眞心, 失却眞心, 便失却眞人. ……, 童子者人之初也, 童心者心之初也. 夫心之初曷可失也.(童心은 眞心이다. ……, 童心이란 거짓 없는 순수한 진실이며, 최초의 한 가지 생각의 本心이다. 만약 童心을 잃는다면 곧 眞心을 잃는 것이다. 眞心을 잃으면 眞人임을 잃는 것이다. ……, 어린아이는 사람의 근본이며, 童心은 마음의 근본이니 어찌 마음의 근본을 잃겠는가?)

119) 『王陽明全集』「傳習錄」下: 滿街都是聖人.

常倫理와 常業을 바탕으로 하는 治世濟民의 사회이상을 실현하는 것이라는 것을 알 수 있다.

그러나 林은 논점이 확실하지 않아서 때로는 程朱에 편향되고 때로는 陸王에 치우쳐서, 그의 주장에는 性卽理와 心卽理의 요소가 모두 보이고 있다. 결국은 이 둘을 통합하여 張橫渠와 유사한 주장을 하게 된다. 이와 같이 林의 心學思想은 그 체계에 있어서 애매한 점이 있어 학술가치에 있어서는 문제점을 안고 있으며, 아마도 이러한 점 때문에 그동안 林에 대한 학술적인 연구가 미흡하지 않았나 생각된다.

2. 宇宙起源論 －太虛－

宇宙는 어떻게 생성되었는가? 이 문제는 모든 사상가들의 근본문제이며, 종교의 방향과 성격을 결정하는 문제이기도 하다. 林의 사상체계는 이러한 문제들에 있어 역시 儒道佛 삼교에서 고루 영향을 받고 있다. 林의 宇宙起源論은 도가의 자연관과 宋儒사상에 깊은 영향을 받았다. 그는 『易經』의 「易有太極, 是生兩儀」와 『道德經』의 「天下萬物生於有, 有生於無」, 그리고 周敦頤의 『太極圖說』을 근거로 자신의 우주관을 형성하였다. 그렇기 때문에 체계적인 이론을 정립시키기 어려웠고, 매우 복잡하며 때론 모순되는 점이 있기도 하다.

林의 우주관의 핵심 이론은 太虛로, 이 개념은 張橫渠에 의해 정식으로 철학에 도입된 개념이다.[120] 「虛」의 개념은 불교의 「空」이나 도교

120) 주자학의 우주론의 기초를 세운 것은 張橫渠의 『正蒙』에서이다. 그의 우주론은 정통적인 제 관념의 발전의 총결산임과 동시에 기존의 이론을 뛰어넘는 획기적인 이론이었다. 그것 없이는 주희의 우주론은 상정할 수 없을 것이다. 장횡거는 先人들의 견해를 따라 무형의 우주공간을 太虛라고 불렀다. 야마다 케이지 지음 김석근 옮김 『朱子의 自然學』 (서울 통나무 1992) pp.57-58.

의 「無」의 개념에 비해서 중국인에게 더욱 친숙한 개념이다. 林이 太虛와 같은 의미로 사용한 말에는 太空, 虛空, 虛靈, 虛靈知覺, 至虛至靈 등의 단어가 있다.

그러면 太虛란 무엇인가? 林은 우주만물은 無에서 시작되었으나, 그 無는 空이나 虛無가 아니라 태허라고 하였다. 太虛란 만유를 초월한 절대적인 無이며, 이 無는 道라 칭할 수 있다. 그는 태허란 일종의 無形無氣로 天地人 및 만물이 모두 생성되기 전의 하나의 큰 太虛空이며, 불교에서 말하는 無生이라고도 할 수 있다고 하였다. 태허란 「未始一」의 혼돈 상태이며, 「無極而太極」에서의 無極이고, 「先天而後天」에서의 先天을 말한다고 할 수 있다. 태허는 無形 無氣 無物의 虛空이며, 無所不在의 최고 본체라고 할 수 있다. 현대철학의 관점으로 볼 때 太虛는 곧 일종의 絶對精神이라고도 표현될 수 있는 것이다. 林은 바로 이 태허의 개념을 이용하여 자신의 사상체계의 極則을 이룩하고 三一教의 創世說을 수립하였다. 그러나 사실 이 太虛와 虛空의 개념은 林의 독창적인 이론이라기보다는, 당시 명 중엽에 羅教를 비롯한 민간종교에서 크게 유행한 우주론사상이라고 할 수 있다.

第四節 九序心法의 養生術

1. 養生論

林兆恩의 養生術은 도교의 內丹術을 근간으로 하고 있으나, 그 사유체계는 『易經』의 계통을 잇고 있다. 그 외에도 林은 陰陽五行의 生

化작용을 받아들였고, 전통신앙의 巫祝계통과 神道신앙조차도 포용하고 있다. 유교는 宋代 이후 周敦頤의 太極圖와 邵雍의 先天圖의 가치체계를 받아들여 天人之學의 사유체계를 확대하였으나, 아직도 현실에서는 이러한 사유체계가 이단시되는 경향이 있었다. 林은 이러한 시대상황에서 도교와 불교의 수련체계를 근간으로 하면서도 전통유교의 정신을 잃지 않은 수련법을 마련하였는데, 이것이 바로 「孔門心法」으로 九序修持心法이라고도 한다.

林은 內丹修煉에서 기본이 되는 運氣나 坐禪에 대해서 나름대로의 견해를 보이고 있다. 『抱朴子』에는 「氣를 잘 움직이는 자는 안으로는 몸을 기르고 밖으로는 병을 물리친다.」[121)]라고 하여 일찍이 운기의 효능을 인정하여 왔다. 그러나 林은 운기나 좌선은 다만 병을 이기고 생명을 연장하는 양생술의 일종이지, 진정으로 羽化登眞에 이르는 길은 아니라고 하였다. 그는 불교를 배우는 자는 坐禪을 중시하고, 道를 닦는 자는 運氣를 중시하지만 「앉아서 참선하지 않아도 마음이 저절로 참선을 하며, 氣를 돌리지 않아도 氣가 스스로 돈다.」[122)]고 하여 굳이 좌선과 운기를 하지 않더라도 저절로 되는 것이라고 하였다. 따라서 그는 「마음이 고요하면 氣가 스스로 움직이게 되고, 마음이 고요하면 숨이 스스로 조절되게 된다.」[123)]고 하여, 마음공부인 心法을 중시하였다. 원래 운기란 숨을 들이마시는 納과 숨을 뱉는 吐의 과정을 통해서 몸의 경락을 유통시키는 調息運氣法이다. 林은 「息」字를 「從自從心」[124)]으로 풀었는데, 이것은 息을 「스스로의 마음」에 의한 것이라고 설명한 것으로, 역시 운기에 있어서 마음가짐의 중요성을 잘 나타낸 것이라고 할 수 있다. 그러므로 그는 長生이나 治病을 위해서 운기하는 것은 자

121) 『抱朴子』卷5 「至理」: 善行氣者, 內以養身, 外以却病.
122) 『林子三敎正宗統論』第2冊 「林子」: 不坐禪而心自禪, ……, 不運氣而氣自運.
123) 『上揭書 』第7冊 「心聖直指」: 心靜則氣自運矣, ……, 心靜則息自調矣.
124) 『上揭書』第19冊 「道德經釋略」: 息字從自從心.

연을 거스르는 것이며, 사실상 운기가 아니라 逆氣라고 하였다. 또한 그는 도교의 양생술도 사실상 長生이 목표가 아니라, 마음의 수련을 통해서 物我一如의 경지에 올라 天人이 합일되고 우주의 법칙과 조화를 이루기 위한 것이기 때문에, 유교와 도교는 수양공부에 있어서는 결국 하나라고 하였다.

이와 같이 林은 불교와 도교에서도 좌선과 운기를 무조건 중시하지는 않았으며, 「앉아서 참선을 하여 불교를 배우고, 氣를 돌려서 道를 닦는 것은 석가와 노자의 본뜻을 잃는 것이다.」125)라고 하여 좌선과 운기가 불도의 진정한 뜻은 아니라고 하였다. 바로 이러한 점에서도 林의 사상이 합리적임을 살필 수 있다.

林은 유교와 불교가 수련법에 있어서는 하나로 회통할 수 있다는 점을 지적하여, 불교의 禪과 유교의 靜은 기본적으로 같은 것이라고 설명하기를

> 어떤 이가: 「유가의 靜과 불가의 禪」을 물으니, 林子가 말하기를: 「유가의 靜과 불가의 禪이 붙여진 이름은 비록 다르지만, 그 취지는 하나이다. 진실로 불가로 하여금 本來面目이 있음을 알게 하려면 앉아서 해도 좋고 다니면서 해도 좋다. 유가로 主敬工夫가 있음을 안다면 조용히 해도 좋고 움직여도 좋다. 만일 禪이 반드시 앉는 것이라면 즉 불가의 禪은 완고하고 공허한 것이고, 靜이 반드시 앉는 것이라면 유가의 靜은 말라서 주저앉은 것이다.」라고 하였다.126)

고 하여, 그는 유교와 불교가 그 수련법에서는 일치한다고 하였다. 宋明의 理學家들은 心學家들에 대해서 「入於禪者」라고 하여 비난하였고, 朱熹도 陸象山에게 「禪」이라고 비난하였다. 특히 明代에는 陸王心學

---

125) 『上揭書』 第34冊 「信難篇」: 坐禪以學佛, 運氣以修道, 大失釋迦老子之本意.

126) 『上揭書』 第28冊 「破迷」: 或問: 「儒家之靜, 佛家之禪.」 林子曰: 「儒家之靜, 佛家之禪, 命字雖殊, 其旨一也. 誠使佛家而知有本來面目焉, 坐可也, 行可也. 儒家而知有主敬工夫焉, 靜可也, 動可也. 若禪必在坐, 則佛之禪頑空也, 靜必在坐, 則儒之靜枯坐也.」

에 대해서 「겉으로는 유가이지만 속으로는 禪이다.－陽儒陰禪-)」[127]라고 심하게 비난하는 자가 많았다. 林은 이러한 비난에 대해서 사실상 유가의 靜이 불교의 禪과 뜻이 같다는 논리로 유교와 불교를 회통하고자 하였다. 그러므로 그는 수련법에 있어서도 삼교합일사상의 기반을 세운 것이다. 결국 수련에 있어서 가장 중요한 것은 마음이며, 일체의 수양공부는 마음과 天을 하나로 통하게 하여 덕성을 개발하는 것이라 하였다. 이러한 의미에서 그는 불교의 面壁공부에 대해서 찬성하였는데, 「불교에서 가리키는 面壁은 역시 오묘한 뜻이 있다. 아마 마음을 씻고 은밀한 곳에 물러나 숨어서 그 정신을 길러서 寂然한 본체를 회복함은 오히려 面壁이 그러하다.」[128]고 하여, 그는 면벽에는 자각실천의 반성공부가 구비되어 있어 자신의 心靈을 올바르게 깨달을 수 있는 방법이라고 인정하였다.

林은 기본적으로 유가의 인문정신을 지니고 있었기 때문에 일상생활에서의 도덕 실천을 중시하였으며, 다만 수련을 통하여 인륜과 천도가 서로 융합하여 天人이 화해하는 경지에 이를 것을 목표로 하였다. 林은 長生이나 羽化登仙의 신비에 대해서도 기존의 상식과는 다른 견해를 보였다. 그는 생사문제나 영생의 원리에 대해서 인문주의적인 입장에서 자신의 주장을 펴고 있는데

> 당시에 羽化飛騰의 술법과 長生不死의 비결로 林子를 방문하여 말한 이가 있었다. 林子가 대답해서 말하기를: 「兆恩은 일찍이 3氏의 책을 살펴보니 황제는 세상에 머무른 것이 111년이고, 석가는 79년, 老聃은 90년, 공자는 73년이나 모두가 羽化飛騰의 술법이나 또는 長生不死의 비결은 없었다. 兆恩만이 어떤 사람이기에 어찌 혼자 다를 수 있겠는가?」[129]

---

127) 陳建(1497-1567) 『學蔀通辨』總序에는 陽儒陰釋이라 하였다.

128) 『林子三教正宗統論』 第28冊 「破迷」: 釋氏所謂面壁者, 亦有妙義. 蓋洗心退藏於密, 以養其神, 以復寂然之本體, 猶面壁然.

라고 한 兩者의 문답내용을 보면, 林은 경험적인 사실로 볼 때 형체를 가지고 영생한 사람은 없다고 매우 사실적으로 설명하고 있다. 그는 형체에 집착하는 영생을 반대하고, 정신의 영생을 주장하였다. 長生이란 고금 이래로 모두가 관심을 두고 있는 문제이며, 도교에서는 양생술이 발달되었음은 주지의 사실이다. 그러나 林은 『道德經釋略』에서 「老子之學은 長生을 배우는 것이 아니며, 만일 老子가 장생을 배워서 장생을 했다면 지금 노자는 과연 어디에 있느냐? ……, 내가 장생이라 하는 것은 無生을 生으로 하는 것인데, 그러므로 常道라고 하는 것이 無生이다.」[130]고 하여 장생의 의미를 형이상학적으로 풀고 있다.

이러한 林의 生死觀은 유가의 인문주의적 영향이라고 할 수 있는데, 그는 공자의 長生에 대해서도

> 仲尼의 道는 曾參, 孔伋, 孟軻에게 맡겨지고, 萬世토록 不死하는 사람의 마음에 기탁되었으니 天地와 서로 終始토록 다하지 않는 것이 仲尼의 長生이다.[131]

라 하여, 공자의 신체는 죽었으나, 그의 정신은 제자들에게 계승되고 수많은 사람들의 마음에 파급되어 그 생명력을 유지하고 있으니, 그것이 바로 공자의 長生之道라는 것이다. 공자 역시 정신의 不朽를 중시하여 자신의 생명력이 다른 사람들의 마음 안에 살아남는 것을 장생이라 여긴 것이다.

林은 불교의 淨土往生信仰에 대해서도 마음을 중시하는 태도를 적용시켰으니, 淨土란 어느 특정한 장소가 있는 것이 아니라 바로 마음

---

129) 『林子三敎正宗統論』 第3冊 「夏語」: 時有以羽化飛騰之術, 長生不死之訣, 訪語林子. 林子曰: 「兆恩嘗考三氏之書, 黃帝住世百十有一年, 釋迦七十有九, 老聃九十, 孔子七十有三, 都無羽化飛騰之術, 又無長生不死之訣. 顧兆恩何人也, 焉能獨異?」

130) 『上揭書』 第19冊 「道德經釋略」: 老子之學非以學長生也, 若老子以長生爲學而長生矣, 乃今老子果何在耶? ……, 余之所謂長生者, 以無生爲生也, 故常道也者, 無生也.

131) 『上揭書』 第28冊 「破迷」: 仲尼之道, 寄之曾參, 孔伋, 孟軻, 寄之萬世不死之人心, 與天地相爲終始而不窮者, 仲尼之長生也.

속에 있어서 「往生은 실로 가서 사는 장소가 있는 것이 아니다.」[132]고 하였다. 이 같은 그의 견해는 당시 李卓吾를 비롯한 心學派의 공통적인 淨土觀이라고 할 수 있다. 이탁오는 「唯心淨土, 自性彌陀」라고 하여 바로 마음이 西方淨土이며 自性이 彌陀라고 하였다. 이러한 淨土觀은 天地와 나를 同根으로 보는 「物我一如」사상을 바탕으로 한 것으로, 陽明과 龍溪의 良知說의 영향을 받은 것이다.[133] 「物我一體觀」은 일찍이 孟子가 「上下與天地同流」 「萬物皆備於我」라고 한 사상과 유사하며, 魏晉시대 僧肇(385-415)가 주장[134]한 이래, 明代에는 王陽明을 비롯한 心學派에서 공통적으로 보이고 있는 사상이다.

2. 九序心法 －艮背法－

林兆恩은 도교와 불교의 수련체계를 근간으로 하면서도 전통유교의 정신을 잃지 않은 수련법을 체계화하였는데, 이것이 바로 「孔門心法」으로 九序修持心法이라고도 한다. 이 心法을 연마하면 재앙을 물리치고 병을 치료하며 생명을 연장하고 득도에까지 이르는 효력이 있는 것으로 알려져 있다. 이것은 도교 내단술의 九層燃丹法과 유사하나 유가비전의 心傳法門이라 하여 자세한 내용은 비밀에 부쳐져 있다. 그 이유는 민간종교의 속성상 자신들의 수련법을 비전으로 하는 전통 때문이기도 하지만, 또 다른 이유는 명청대 민간종교에 대한 탄압이 이어지면서 중앙 정부의 금령을 벗어나고자 하는 의도도 지니고 있다. 그 入敎儀式에서 행해지는 맹세를 보면 여섯 번째에 「心法을 발설하지 않는

132) 『上揭書』 第3冊 「夏語」: 往生也, 實非有所往而生也.
133) 江燦騰 「李卓吾與晩明佛教思想以及對其"狂禪"的批評」 『明淸民國佛教思想史論』 (北京 中國社會科學出版社 1996) pp.219-222.
134) 僧肇 『肇論』 「涅槃無名論」: 天地與我同根, 萬物與我一體.

다.」고 하여 철저히 외부 유출을 차단한 것으로 보인다. 다만 대만의 夏教 本堂인 養聖堂에 있는 「三教九序圖之表」라는 책에 이 심법의 내용과 과정이 설명되어 있으나 역시 외부인이 자세히 볼 수는 없다.135) 그 수련 과정이 아홉 단계로 이루어져 있기 때문에 「九序功」이라고도 하는데, 그 명칭은 첫째 「艮背」 둘째 「周天」 셋째 「通關」 넷째 「安土敦仁, 以結陰丹」 다섯째 「採取天地, 以收藥物」 여섯째 「凝神氣穴, 以媾陽丹」 일곱째 「脫離生死, 以身天地」 여덟째 「超出天地, 以身太虛」 아홉째 「虛空粉碎, 以證極則」이다. 그 각 단계의 내용에 대해서는 『林子三教正宗統論』 第6冊 「九序摘言」, 第7冊 「心性直指」, 『林子本行實錄』 등에 수록되어 있다.

그중 첫 번째 단계인 「艮背法」은 「艮背心法」이라고도 하며 가장 기본적이고도 널리 알려진 수행법이다. 사실 삼일교가 하나의 종교로 자리잡기까지는 이 艮背法의 작용이 컸다고 할 수 있다. 林은 원래 학술단체인 三教堂에서 상층지식인들을 주 대상으로 하여 삼교합일설을 보급하였으나, 이 간배법의 효능이 널리 알려지면서 하층의 민중들까지 끌어들이는 흡인력을 발휘하였다. 삼일교에 대해 비난하는 태도를 지녔던 謝肇淛(? -1607)도 『五雜俎』에서 「艮背法으로 사람들의 병을 치료케 하였는데, 점점 효험이 있음으로, 쫓는 무리들이 구름처럼 몰려들었다.」136)고 그 효과를 인정하였다. 또한 林을 明儒學案에 넣지 않고 이단으로 보아 別傳에서 취급한 黃宗羲도 『林三教傳』에서 「兆恩이 艮背法으로 사람들을 위해서 병을 물리치는데, 이를 행하여 매우 효험이 있었다.」고 하여 그의 병 치료효과를 인정하였으며, 나아가 「(林을) 쫓는 자가 더욱 무리를 이루니 士人으로부터 승려 도사로 籍에 있는 자에

---

135) 鄭志明은 臺灣 夏教의 본당인 養聖堂에서 「三教九序圖之表」라는 책을 보고 그 목차만을 적어왔는데, 그 내용을 보면 指授起手要訣, 五藏註五色, 五心大小形狀, 方位指點分明, 養身小法, 林夫子註煉心意, 修內果必要註明, 修練工夫 等이다. 鄭志明 「夏教的宗教體系及其善書思想」 『中國善書與宗教』(臺北 學生書局 1988초 판, 1993 2판) p.318.

136) 謝肇淛 『五雜俎』卷8: 以艮背之法教人療病, 因稍有驗, 其徒從者雲集.

이르기까지 弟子가 된 자가 수천 인이 넘는데 모두 장소를 달리하여 (三一)教를 提倡하였다.」[137]고 하여 그 교세의 번성함을 기록하였으니, 이러한 사료에 의해 三一教가 각지로 크게 퍼져 나간 이유와 그 사실을 엿볼 수 있다.

艮背法의 효능을 알 수 있는 또 하나의 사례로는, 복건에서 왜구를 물리치는 데 공헌을 세운 戚繼光의 경우를 들 수 있다. 그는 世宗 嘉靖 43年(1564)에 병이 들어 高官으로서는 처음으로 林의 치료를 받게 되는데, 「내가 선생을 가까이 하여 훈기가 생기자, 깨닫지 못하는 사이에 병이 몸을 떠났다.」[138]고 감탄하며 치료효과를 술회하였고, 그 후 그는 林과 20여 년이 넘는 교류를 계속하였다. 이러한 艮背法의 병 치료효과가 알려지면서, 삼교합일사상을 전파하는 데도 위력을 발휘할 수 있었다.

그러나 간배법에 대한 임조은의 기본적인 입장은 「艮背法은 小技일 뿐이며, 大道가 아니다.」는 것이었다. 그렇다고 그가 心法으로 병을 고치는 효능을 배척한 것은 아니며, 다만 생명 연장을 수련의 유일한 목표로 하는 것에 반대하였을 뿐이다. 그리고 그가 병에 대하여 어떻게 인식하였나를 보면, 「대개 사람의 病에서 의사가 고칠 수 없는 것은 얼마 안 되는데, 대부분이 원한이나 빚을 진 것이 있거나 거리낀 것이 있거나 얽힌 것이 있는 경우이다. 교주가 약을 쓰지 않고도 중병을 치료할 수 있는 것은 모두 그의 신통이 두루 비추어서 사람들이 묵은 원한을 풀도록 하였기 때문이다.」[139]라고 하여 의사가 고치지 못하는 경우에 한해서 신통력을 발휘했다고 하였다. 이는 질병의 원인 중 心因性에 해당하는 경우에 간배법이 특별히 효과가 있었음을 암시하며, 이러

137) 黃宗羲 『南雷文案』卷9「林三教傳」: 兆恩以艮背法爲人却病, 行之多驗. ……, 故從之者愈衆, 自士人及於僧道著籍爲弟子者, 不下數千人, 皆分地倡教.

138) 『林子本行實錄』48歲條: 吾炙先生, 不覺病之去體矣.

139) 『上揭書』65歲條: 大抵人之病, 醫家小不能愈者, 多是冤債牽纏. 教主所以能愈不藥重病者, 咸其神通普燭, 教人解釋夙冤故耳.

한 점에서 간배법이란 수련법의 창안이 가능하였고 종교적인 신비로움을 더할 수 있는 요인이 되었다고 할 수 있다.

艮背法의 자세한 내용을 보면, 『艮背는 생각으로써 생각을 그치게 하여 마음을 구한다. －艮背, 以念止念以求心.－』는 뜻이다. 艮背란 말은 『易經』「艮卦」에 「艮其背, 不獲其身; 行其庭, 不見其人」이라고 한 句文에서 근거한다. 이 뜻은 『林子三教正宗統論』「九序摘言」에서

> 『易』에 「艮其背」라 하였다. 「背」字는 北과 肉으로 이루어졌다. 북방은 水다. 그리고 心은 火에 속한다. 만일 남방의 火로써 북방의 水에서 心을 기를 수 있다면, 『易』에서 洗心退藏於密이라는 것이 이것이다. 생각으로써 생각을 그치게 한다는 것은 아마 內念의 正으로써 外念의 邪를 그치게 하는 것이다. 그러나 성인은 無念을 귀하게 여기니 內念이 비록 正이나 이것 역시 念이다.[140]

라고 하여, 그는 오행사상으로 艮背를 설명하여 艮背란 水升火降이 이루어진 상태로 바로 「洗心退藏於密」의 의미라고 하였다. 또 『林子三教正宗統論』「心聖直指」에도 다시 背字에 대해 그 의미를 풀이하고 나서, 「이른바 洗心退藏於密이라는 것은 孔門이 전해 준 心法이다.」[141] 라고 하여, 「洗心退藏於密」이 바로 「孔門心法」이라고 하였다. 林은 항상 「止」과 「艮止」, 그리고 「洗心退藏於密」 등의 표현으로 자신의 심법을 드러내었다. 이에 따르면 艮은 바로 止의 뜻으로 「艮其止, 止其所也.」이며, 洗心退藏於密이란 도덕적 실천을 통해서 太虛의 본체로 돌아감을 의미한다. 그러나 이러한 해석은 이미 음양오행사상의 영향을 받은 것으로 순수한 유교사상이라고 할 수 없으며, 더 나아가 바로 도

140) 『林子三教正宗統論』第6冊「九序摘言」: 『易』曰: 「艮其背.」 背字從北從肉. 北方, 水也. 而心屬火. 若能以南方之火, 而養之於北方之水焉, 易之所謂洗心退藏於密者, 是也. 其曰以念止念者, 蓋以內念之正, 而止外念之邪也. 然聖人貴無念, 而內念雖正, 是亦念也.

141) 『上揭書』第7冊「心聖直指」: 所謂洗心退藏於密, 孔門傳授心法也.

교의 내단수련인 金丹道의 수련법의 영향이라고 할 수 있다.

그러면 水升火降은 어떻게 이루어지는가? 그 구체적인 방법으로는 「三教先生」의 4字를 念誦하는데 그 내용을 보면

> 三教先生을 염송하는 사람은 처음에는 입으로부터 염송해서 등의 胸腔에까지 이른다. 오래하면 계속 외워서 다만 등에 있고, 계속 외워서 등에만 있으면 마음이 항상 등에 있게 된다. 念이 心이니, 念은 마음에서 일어나지 마음의 밖에서 다시 念할 수 있는 것이 아니다.142)

라고 하여, 입으로 염송하는 것에서 시작하여 배의 胸腔에 이르도록 해야만 한다고 하였다. 그래서 「三教先生」4字를 무수히 반복하여 「念念只在於背, 則心常在背矣.」한 결과에 이르면, 그 효능은 병을 고칠 뿐만 아니라 好色好利之心을 제거할 수 있다고 하였다. 이렇게 주문을 외는 방법은 대개의 민간종교의 공통점이며, 특히 羅教 이후 대부분의 민간종교에서는 「眞空家鄉, 無生老母」의 8字 眞言을 외우게 하였다. 三一教도 이러한 점에서 민간종교의 특성을 갖추면서, 각계각층의 신도들을 흡수하여 발전할 수 있었다. 삼일교가 실제적으로 종교로서의 기능을 발휘한 것은 바로 이 간배법을 비롯한 九序心法의 양생술로 인한 것이기 때문에, 林의 삼교합일사상 중에서 이 간배법도 중요한 위치를 차지한다고 할 수 있다.

142) 『上揭書』 第7冊 「心聖直指」: 念三教先生者, 初從口念而至於背之腔子裏. 久則念念只在於背, 念念只在於背則心常在背矣. 念卽心也, 念起於心而非心之外復有能念也.

第三章 三一教의 發展

第一節 三一教의 形成

林兆恩은 초기에는 학술단체인 三教堂을 통하여 자신의 삼교합일사상을 전파하고, 자선활동을 하는 등 자신의 사회이상을 실현하는 데에 주력하였다. 그러나 삼교합일사상이 무르익어 가면서 嘉靖 45年(1566)을 경계로 莆田 이외의 지역에까지 적극적으로 전도를 하며 본격적으로 종교화의 길을 걷게 된다.[143)]

林이 처음 받아들인 제자는 世宗 嘉靖 30年(1551) 그의 친구 黃州였다. 이때는 그가 과거를 포기하고 「心身性命之學」에 몰두한 지 6年이 지나서였다. 그 후 袁宗道(1560-1600 萬曆 14年 會試第一), 王圖(1557-1627 萬曆 14年 進士), 吳應賓(萬曆年間 進士), 蕭雲擧(萬曆 14年 進士), 汪可受(萬曆年間 進士), 俞士章 등 지식인들이 제자의 禮를 청하였고, 黃洪憲(1541-1600 隆慶 5年 進士)은 「先生眞天下士」[144)]라는 편지를 보내며 그를 따랐다. 嘉靖 32年(1553)에는 「복건의 선비 중 선생을 따르는 자가 수십 명」이나 되었으며, 그의 고향 莆田縣을 중심

---

143) 陳支平 主編 「三一教的形成與演變」 『福建宗教史』 (福州 福建教育出版社 1996) pp.95-96.

144) 『林子本行實錄』73歲條.

으로 초기의 학술단체가 형성되었다. 嘉靖 37年(1558)에는 드디어 「三教堂」이라는 학술단체를 세워 본격적으로 삼교합일사상을 정립해 나갔다. 이 단체를 天과 地, 그리고 人의 3會로 나누고, 射禮, 祭禮, 三加禮 등의 儀禮를 정하는 등 체계를 갖추었다. 嘉靖 45年(1566)에는 그를 「三綱先生」이라 하고, 「巾을 三綱巾, 履는 五常履, 衣는 앞은 3幅 뒤는 5幅으로 하여 이름을 三綱五常衣」라 하였다. 萬曆 6年(1578)에는 講學하는 곳의 이름을 三綱五常堂과 中爲合一堂이라 하였고 마침내는 宗孔堂이라 하여, 본격적으로 孔門心法을 전수하는 장소가 되었다.145) 이러한 과정을 통해서 三教堂은 30年 가까운 세월을 거치면서 차츰 종교단체의 성격을 띠게 되었다.

林兆恩이 처음 전교를 시작한 것은 神宗 萬曆 4年(1576) 제자들에게 金陵에 전교를 하게 한 것이었다. 그 후 萬曆 12年(1584)부터 萬曆 26年(1598)까지 고향인 浦田과 仙遊 일대에 모두 19군데의 三一教堂을 건립하였다. 이들 教堂이 세워진 時期와 所在地, 創建人 등을 表로 정리하였다.146)

〈表 1〉 三一教堂 建立表 I

建立時期	所在地	創建人
1 萬曆12년(1584)	福建 莆田 馬峰	黃芳
2 萬曆16년(1588)	福建 莆田 涵江	蘇簧, 林自明
3 萬曆18년(1590)	福建 莆田 塘下	陳芹, 陳一鯉
4 萬曆18년(1590)	福建 莆田 瑤臺	林疊, 林夢熊
5 萬曆18년(1590)	福建 莆田 岳秀	林至敬
6 萬曆18년(1590)	福建 莆田 美瀾	林紅
7 萬曆20년(1592)	福建 莆田 冲沁	張謀, 張元吉

145) 張洪都 『林子行實』6-19項(馬西沙「林兆恩與三一教」『中國民間宗教史』(上海 上海人民出版社 1992) pp.735-736.참조)

146) 陳支平 主編 「三一教的形成與演變」 『福建宗教史』(福州 福建教育出版社 1996) p.95.

建立時期	所在地	創建人
8 萬曆20년(1592)	福建 莆田 水南後洙	朱逢時
9 萬曆21년(1593)	福建 莆田 玉溪	張子昇, 張洪都
10 萬曆22년(1594)	福建 莆田 淸江	李應善, 黃大寅
11 萬曆22년(1594)	南京 國子監 앞	蔡經俊
12 萬曆23년(1595)	福建 莆田 岐山	周啓明
13 萬曆23년(1595)	福建 仙遊 榜頭下明	馮一, 馮二
14 萬曆24년(1596)	福建 莆田 谷淸硎頭	林馨
15 萬曆25년(1597)	福建 莆田 奉谷林宅	林鳴梧
16 萬曆26년(1598)	福建 莆田 石城	林鳳儀
17 萬曆26년(1598)	福建 仙遊 楓亭	王克芳, 廖德馨, 林速
18 萬曆26년(1598)	福建 福淸 上澤埔	林則勃, 林則育
19 萬曆26년(1598)	福建 莆田 安民鋪	林速, 陳天祐

그리고 외지까지 전교의 범위를 넓혀서 新安, 榕城, 金陵, 建安, 荊楚 등지에 三一教堂을 세웠다. 『林子本行實錄』의 68세 條의 기록에 의하면 萬曆 12年부터 崇禎 10年(1637)까지 53年間 각지에 모두 40개소 가량의 교당을 세웠으며, 기록되지 않은 것도 상당수 있다고 하였다.[147] 萬曆 28년(1600)부터 崇禎 10년까지 각지에 세워진 三一教堂을 表로 정리하면 아래와 같다.[148]

〈表 2〉 三一教堂 建立表 Ⅱ

建立時期	所在地	創建人
1 萬曆28년(1600)	莆田 朱墩	林應賓
2 萬曆28년(1600)	仙遊 五峎頭	李盛, 李坤
3 萬曆28년(1600)	仙遊 南坂	陳奇華, 陳應孫

147) 鄭志明「夏教的宗教體系及其善書思想」『中國善書與宗教』(臺北 學生書局 1988) pp.304-306.
148) 陳支平主編「三一教的形成與演變」『福建宗教史』(福州 福建教育出版社 1996) p.104.

建立時期	所在地	創建人
4 萬曆28년(1600)	仙遊 寒硎	蔡廷敎
5 萬曆28년(1600)	福州 鰲峰坊	王興, 游萬俊, 張德敷
6 萬曆28년(1600)	古田 一都水口	王興, 楊鉞, 孫栢
7 萬曆28년(1600)	閩淸 坊西隅	王興, 吳九成
8 萬曆28년(1600)	建寧城內	王興, 吳洪
9 萬曆28년(1600)	閩縣 唐嶼	王興, 吳應時
10 萬曆29년(1601)	福州 洪塘	陳天錫, 余廷良
11 萬曆30년(1602)	莆田 東山	陳道章, 林齊瀛
12 萬曆36년(1608)	莆田 涵江 瑤島	盧文輝
13 萬曆39년(1611)	莆田 林墩	方鐘臺, 陳大標
14 萬曆39년(1611)	惠安 扶陽	陳友
15 萬曆39년(1611)	惠安 崇武	李正昆
16 萬曆42년(1614)	莆田 南臺後浦	蔡廷敎, 葉福慶
17 崇禎 2년(1629)	莆田 尙陽	董應階
18 崇禎 2년(1629)	莆田 崇東	陳衷瑜
19 崇禎10년(1637)	仙遊 西關	王開

이상의 기록을 살펴볼 때, 三一教堂은 이미 강남의 5省에까지 전파되었으며, 林의 사후 얼마 지나지 않아서 북경에까지 전하여졌다. 당시 三一教가 급속히 전파되게 된 계기는 艮背法의 病을 고치는 효험으로 인해서 지식인뿐만 아니라, 일반 하층민에게도 널리 보급이 되었기 때문이며, 이외에도 당시 민간 문화 전통에서는 삼교합일의 전통이 있어 삼교합일설을 당연시하던 明 중엽의 시대사조가 반영되었기 때문이라고 할 수 있다. 林은 삼교합일사상이 민중을 끌어들이는 흡인력이 있음을 파악하고, 明代에 유행하던 講學의 형식[149]을 통해서 삼교합일사상

149) 明代 학술계의 특색으로 講學의 유행을 들 수 있다. 林兆恩뿐만 아니라 王陽明을 비롯한 泰州學派에서는 講學을 통하여 그들의 주장을 펼쳤다. 製鹽노동자 출신인 王艮이나 陶匠인 韓貞의 경우에도 한번의 講學에 천 명 이상이 모였다고 한다. 講學은 원래 宋代 주희와 육구연이 書院에서 행하면서 유행되었는데, 書院의 유래는 唐

을 통속화하고 평이하게 전달함으로써 일반 백성들이 삼교합일사상을 쉽게 받아들이도록 하였다.

林이 정식 종교교주로 등장한 것은 萬曆 15年(1587)에 「여기에 와서 門下가 처음으로 三一先生을 三一教主라고 불렀다.」[150]라 하여, 71세경이다. 三一教堂에서는 孔子, 老子, 釋迦, 林兆恩의 4명의 像을 모셨는데, 이들의 명칭을 공자는 「儒仲尼氏執中一貫聖教度世大宗師」, 노자는 「道淸尼氏守中得一玄教度世大宗師」, 석가는 「釋牟尼氏空中歸一禪教度世大宗師」, 임조은은 「夏午尼氏道統中一三教度世大宗師」라고 하였다. 이렇게 4명을 모신 것은 바로 삼교합일의 정신을 구현하기 위한 것이며, 후일 三一教가 이단으로 불리게 된 이유 중의 하나는 그의 제자들이 이 4명 중 자신들의 스승인 林을 제일 상위에 놓았기 때문이다. 일부 三一教堂에서는 林의 좌우에 張三峰과 卓晩春을 모시기도 하였는데, 이것은 이들이 삼일교의 형성에 공적이 있는 인물로 선정되었기 때문이며, 이 일은 再傳 弟子인 董史에 의해 시작되었다. 원래 三一教堂에서는 이들 인물들을 畵像으로 모셨으나, 삼일교의 정립에 가장 공이 큰 盧文輝가 萬曆 11年(1613) 教堂을 重修하면서 塑像을 모신 것을 시작으로, 이후 三一教堂에서는 塑像을 모시게 되었다.

林은 82세가 되던 萬曆 26年(1598)에 「拱手而去」하였다. 그는 임종 얼마 전에 자신의 죽음이 다가왔음을 느끼고 불교식의 장례를 희망하였으나, 유교에 위배됨을 깨닫고 실행하지 않았다. 그는 마지막까지 자신의 사상을 견지하기 위하여 최선을 다한 것이다. 林의 사후, 삼일교는 그의 제자들에 의하여 각지로 퍼져 나가 500년이 지난 지금까지도 수십만 명의 신도를 유지하고 있다. 삼일교의 주요 전파 지역으로는 복

代의 불교 사찰, 그중에서도 禪宗의 사찰에 깊은 연원을 가지고 있다. 이 점에서 볼 때도 신유교는 禪宗의 영향을 받았다고 할 수 있다. 余英時著 鄭仁在譯 『中國近世宗教倫理와 商人精神』(서울 大韓教科書株式會社 1993) pp.134-155.

150) 『林子行實』35項: 至是門下始稱三教先生爲三一教主.

건을 중심으로 浙江, 江西, 江蘇, 安徽, 湖北, 直隷, 北京, 臺灣 및 동남아의 말레이시아, 싱가포르 등[151]이다.

다음에는 三一教를 전파하기 위해서 노력한 대표적인 인물들을, 전교지역을 중심으로 세 그룹으로 나누어 살펴보기로 한다.

첫째, 陳標와 王興은 福建 주변의 浙江, 江西, 安徽 등을 중심으로 전교를 하였다. 이 둘은 林의 親傳弟子로, 林의 사후에 福州의 榕城, 金陵, 安徽의 徽州 등지에 三一教祠堂을 짓고 艮背法을 이용하여 교세를 확장시킨 결과, 「여러 縉紳과 新舊弟子들이 대부분 쫓았다.」 그러나 이 지역의 三一教團은 점차 사라지거나 다른 민간교파에 합류된 것으로 보인다.

둘째, 張洪都는 북경에서, 眞懶는 남경에서 교세를 떨친 인물이다. 張洪都는 親傳弟子로 일찍이 金陵에 전도를 하였고, 林의 사후에 처음으로 北京에 三一教堂을 세우니 「孝廉 및 文學弟子들이 拜禮하는 자가 수를 셀 수 없었다.」고 하여, 지식인과 관리들에게 성공적인 전도를 하였다. 眞懶는 40세 이후 삼일교에 들어왔는데, 廬山, 黃山, 徽邑, 杭州, 蘇州 등지에 열성적으로 전도를 하여, 縉紳子弟와 王孫들까지 입교하게 하였다. 그가 萬曆 44年(1616)에 한때 삼일교 전도의 중심지였던 남경에 이르렀을 때, 삼일교는 거의 쇠퇴해 있었다. 眞懶가 수년간의 노력 끝에 天啓 元年(1621)에 大學士 周如磐 등의 도움을 받아 三一教堂(金陵中一堂)을 새로이 건립하니, 「求道者와 問病者가 어지러이 모두 몰려들었다.」 眞懶는 金陵中一堂을 중심으로 자선활동을 하였는데, 명대 말년의 혼란 속에서 생긴 사망자를 1萬5千 具 이상을 매장해 주었다. 또 다른 중요한 일은 『林子全集』40冊을 발간한 것이다. 崇禎 2年(1629)부터 崇禎 4年(1631)까지 眞懶가 감독하고, 남경의 여

151) Wolfgang Franke Some Remarks on the Three-in-one Doctrine and its Manifestations in Singapore and Malaysia (Oriens Extremus, Jahrgang 19, 1972).

려 文學之士와 삼일교도들이 校閱을 하는 등 정성을 기울였다. 이를 계기로 태감을 비롯한 지식인, 관리들이 대거 삼일교에 입교하는 등 교세를 확장시켰다. 이러한 분위기를 타고, 당시 금릉에서는 朱之蕃과 潘鏡若이 수호지와 서유기를 모방하여 『三教開迷演義』라는 소설을 지었는데, 이것은 林을 주인공으로 하되 허구적인 인물로 내세워 허황되게 그려낸 장편소설이다. 이에 삼일교 측에서 압력을 가하여 이 책을 출판하지 못하도록 하였으니, 이 사건만으로 보아도 당시 삼일교의 위세가 상당하였음을 알 수 있다.

셋째, 盧文徽, 陳衷瑜, 董史는 林의 고향인 莆田, 仙遊, 福清을 중심으로 전도를 하였는데, 이곳이 바로 삼일교의 중심지역이다. 盧文徽(1564-1617)는 親傳弟子로 林의 명을 받아 『三教正宗統論』을 편찬하는 책임을 맡을 정도로 신임이 두터웠다. 그는 莆田의 명문 출신으로, 그 지역 삼일교도들에게 「夏心尼氏統承中一三教嫡傳大宗師」라고 불릴 만큼 권위를 지니고 있었다. 陳衷瑜는 그의 뒤를 이어서 『三教正宗統論』을 보완하여 崇禎 17年(1644)에 이를 완성함으로써 三一教의 法定經書로 성립되도록 하였다. 董史는 위의 두 사람이 모아놓은 자료를 바탕으로 林의 年譜인 『林子本行實錄』을 편찬하였다. 당시 복건지역의 삼일교가 가장 번성했을 때 仙遊縣에는 4백여 개, 莆田縣에는 160여 개, 福清과 福州 등지에는 수십 개의 三一教堂이 세워졌다.

그러나 清朝가 건립된 후, 鄭成功일파를 봉쇄하기 위해서 「海禁」이 실시되자 주로 沿海지역을 중심으로 세워졌던 三一教堂은 큰 피해를 보게 되었다. 또 高宗 乾隆 13年(1748)에 福建의 建安을 중심으로 老官齋教의 난이 일어나자 민간종교에 대한 탄압이 강화되어, 삼일교는 또 한 차례 피해를 입게 되었다. 이러한 결과로 『林子本行實錄』書後에 「雍正(1723-1735)·乾隆(1736-1795) 이후, 우리의 道가 쇠미하여, 계속해서 사람이 없으며, 冊이 대부분 散失되었다.」[152]라고 묘사할 정도가 되었다. 이후 복건연안의 삼일교도들은 대만이나 동남아의 말레이시아와 싱가포르로 퍼져 나가서 삼교합일사상을 선양하였다.

第二節 三一教의 儀式

민간종교가 종교로서의 체제를 갖추어 발전하려면 그 교의의 성립과 더불어 종교의식의 정비가 필수적인 요소이다. 本稿에서는 오늘날 대만의 夏教儀禮를 중심으로 三一教의 종교의식을 살펴보고자 한다. 대만의 夏教信者는 주로 삼일교의 중심지역인 莆田과 仙遊 출신이어서 그 특성을 비교적 잘 보존하고 있기 때문이다. 삼일교는 유교의 윤리도덕을 체현하는 것을 중시하였기 때문에, 그 儀式이나 教義에 있어서도 綱常倫理를 강조하였다.[153] 우선 入教儀式의 맹세 내용에서 이러한 점을 찾아볼 수 있다. 三一教徒의 입교의식에서는 반드시 여섯 가지를 맹세하는데 그 내용을 보면

> 첫째 부모에게 불효함을 경계하고, 둘째 스승이나 어른을 공경하지 않음을 경계하고, 셋째 友誼를 잊지 않을 것을 경계하고, 넷째 이지러진 마음을 먹지 않을 것을 경계하고, 다섯째 음란하고 간사한 행동을 하지 말 것을 경계하고, 여섯째 心法을 발설하지 말 것을 경계한다. 이상 경계해야 할 여섯 가지 條目은 감히 조금이라도 소홀히 하지 말 것이며, 만일 위배함이 있으면 오직 聖神이 이를 감별할 것이다.[154]

---

152) 『林子本行實錄』書後: 自雍·乾以後, 吾道式微, 繼起無人, 書多散失.

153) 姜生·郭武「民間宗教對道教倫理的繼承與改造:以三一教爲例」『明淸道教倫理及其歷史流變』(成都 四川人民出版社 1999) p.292.

154) 「入教盟誓」: 一戒不孝雙親, 二戒不敬師長, 三戒不忘友誼, 四戒不作虧心, 五戒不行

라 하여, 6條를 제외하면 앞의 5條는 모두 유교의 도덕교화와 관련된 금기 사항이다. 이것만 보아도 삼일교가 지향하는 목표가 기본적으로 도덕적 윤리질서라는 것을 알 수 있다.

삼일교도들은 또 「懺悔啓章」을 암송하여 자신의 구도의 마음을 굳게 하였다. 이것은 『林子三教正宗統論』第6冊 「疏天文稿」의 영향을 받아서 만들어진 것으로, 남자와 여자의 것이 각각 다른데, 그 이유는 남녀가 지켜야 할 덕목이 각각 다르기 때문이다.155) 또 入教誓詞가 있는데, 이것은 「儒門介啓」 「道門介啓」 「釋門介啓」의 세 부분으로 나뉘어 있다. 이 맹세를 마친 후에 하늘을 향해 불살라서 하늘에 그 뜻을 전한다. 「道釋二門附益啓」에는 또 몇 條의 自愿이 있다.

오늘날 대만에 있는 하교신도들의 신앙생활을 보면, 향을 사르고 經을 외워서 재앙을 물리치고 福을 불러들일 것을 祈求하며, 坐氣運功하여 長命保身할 것을 바라는 것이 기본적인 태도이다. 이것은 지금까지 앞 節에서 살펴본 임조은의 기본적인 사상과는 거리가 있으며, 교주의 사상과 위배되는 행동이라고도 할 수 있다. 그러나 삼일교가 주로 전파된 복건을 비롯한 강남지방은 각종 민간종교가 성행한 곳으로 각종 종교 요소가 흘러든 곳이다. 당시 대표적인 것으로는 나교에서 갈라진 老官齋教를 비롯하여 외래 종교로는 이슬람교와 마니교의 중심지였고 당시 기독교도 남쪽해안으로부터 전래되고 있었다. 삼일교도 이러한 시대 조류에 부응하여 부단히 상호 간에 영향을 주고받으면서, 더욱 통속화되고 대중화되면서 하층민중 사이에 파고들어 갈 수 있도록 변화해 간 것이라 할 수 있다. 또한 삼일교는 향촌사회 안에서 필요한 장례의식 등 일반 민중에게 필요한 의식이 잘 발달되어 각종 儀式과 科文이 상당히 정비가 잘 되어 있다. 이 점 역시 삼일교가 민중 사이에서 호응을 얻을 수 있는 요인이었다.

淫邪, 六戒不洩心法, 以上所戒六條, 不敢一毫疏忽, 如有違背, 惟聖神鑒之.

155) 林國平 『林兆恩與三一教』(福州 福建人民出版社 1992) p.127.

夏教 신도들이 행하는 儀式[156]을 구체적으로 보면, 맨 먼저 香을 사르고 經을 외우는 것이 가장 중요한 종교활동에 속한다. 한번 燒香하면 4개의 香을 사르는데, 이것은 다른 민간종교 의식에서 3개의 香을 사르는 것과 다르다. 그 이유는 삼일교에서 모시는 대상이 孔子 老子 釋迦 教主 등 4人이기 때문에, 그 4명을 의미하기 위해서이다. 誦經할 때의 經典은 「三一教主本體眞經」과 「四尼大宗師寶經」이다. 이 중 「四尼大宗師寶經」은 유교의 『大學』과 『中庸』, 도교의 『常清淨經』, 불교의 『摩訶般若波羅密多心經』, 삼일교의 『三教本一』과 『眞我昌言』을 가리킨다.

三一教의 주요 3大 節日에는 上元節(陰曆 5月 15日 教主 昇天日), 中元節(陰曆 7月 16日 教主 降生日), 下元節(陰曆 10月 15日 教主 普度日) 등이 있다. 下元節에는 「三教蘭盆大會」를 거행하는데, 이것은 水燈을 점화하여 중생을 普度하고자 하는 것이다. 水燈을 점화하는 의식을 진행할 때는 하늘을 향해서 상을 진열하고 향과 꽃, 차와 술, 文疏, 紙錢, 心經, 冥衣 등을 늘어놓는다. 水燈을 36, 혹은 72, 혹은 120, 혹은 360盞을 점화하여 사람들로 하여금 배를 타고 강이나 바다나 계곡으로 가서 놓아주게 한다. 이러한 3大 節日 외에도 教徒들의 수요에 맞추어서 開光, 資度, 攝召, 祈安, 懺悔, 啓建, 慶讚 등의 의식을 거행하는데, 각기 그 용도에 맞는 專用의 科儀와 疏文이 있다.

다음은 당시 지식인들이 林에 대해 평가한 내용을 정리하여 그의 객관적 위상을 파악해 보고자 한다.

明 중기 이후, 특히 萬曆 연간에는 정부 쪽에서 삼교합일을 반대하는 분위기가 팽배하였다. 이는 당시 정치와 사회의 혼란에 따른 반작용으로 문화를 통제하고자 하는 욕구가 강하였기 때문이라고 할 수 있다.

---

156) 鄭志明 「夏教的宗教體系及其善書思想」 『中國善書與宗教』(臺北 學生書局 1988) pp.312-316.

『神宗實錄』에는 萬曆 15年(1587)에 禮部의 奏文에 의하면 「최근 선비들이 글을 짓는데, 六經을 사용하지 않고 심지어는 佛經과 道藏을 취하여 그 語句를 따서 지으니, 폐단이 이에 이르러 極에 달하였다.」[157] 라고 하여, 당시 선비들이 佛經과 道藏의 글귀를 인용하는 바람직스럽지 못한 사회 풍조를 지적하고 있다. 이러한 분위기에 따라 삼교합일의 풍조를 매우 위험시하여 이단으로 모는 사람이 있었는데, 바로 楊四知였다. 그는 萬曆 2年(1574) 進士로 大理寺少卿을 지낸 인물인데, 萬曆 13年(1585) 조정에서 임조은을 탄핵하려 하였으나 林을 비호하는 인물이 많아서 『三教正宗統論』의 書板을 불태우는 정도로 그쳤다. 이와는 대조적으로 萬曆 5年의 進士로 刑部右侍郎을 역임한 鄒元標(1551-1624)는 「강력히 삼교합일이 옳다고 여겼다.」[158] 그에 따르면 삼교합일은 體와 用이 있는 학문으로 在世와 出世를 연결하는 다리라고까지 하며, 楊四知와 논쟁하였다. 泰州學派의 何心隱은 「삼교합일은 一件大事이다.」라고 하였고, 복건 督學이던 耿定向은 林을 隱逸로 조정에 추천하기도 하였다.

黃宗羲(1610-1695)와 謝肇淛(? -1607)는 그들의 글에서 비교적 자세하게 林과 三一教에 대해 서술하여 관심을 나타내고 있다. 黃은 林을 明儒學案에 넣지는 않았으나, 『南雷文案』의 「林三教傳」에서 「二氏(佛教·道教)를 배워서 그 大旨를 얻고, 드디어 合一說을 唱導하였다. 二氏를 끌어서 유교로 돌아오게 하여 시집 장가가게 하였고, 우리 유교를 몰아서 공자를 으뜸으로 하여 性命을 지키게 하였다. 坐禪의 病은 釋 때문이요, 運氣의 病은 道 때문이며, 支離의 病은 儒 때문이라고 하였다. ……, 兆恩의 教는 儒로 立本을 하고, 道로 入門을 하며, 釋으로 極則을 하나, 그러나 그것이 結丹하고 出神함을 얻는 것을 보면, 道家의 旁門에 거의 가깝다.」[159]라고 하여 중요한 요지를 비교적 자세히

---

157) 『神宗實錄』卷183: 近日士子爲文, 不用六經, 甚取佛經道藏, 摘其句語爲之, 敝至此極.
158) 『林子本行實錄』69歲條: 鄒公極以三教合一爲是.

알고 있었으며, 林이 유교와 도교 불교를 회통하고자 한 의도를 인정하였다. 그러나 결국은 도교의 곁가지 정도로 평가하였기 때문에 결국 明儒學案에는 넣지 않았다.

林을 가장 비난한 사람은 같은 복건성 출신인 謝肇淛이다. 그는 『五雜俎』에서 도교 불교뿐만 아니라 각종 민간신앙에 대해서 격렬하게 비판할 정도로 보수적인 입장을 지닌 사람이다. 그는 같은 고향 출신이기 때문에 林 사후의 삼일교의 추이에 대해서도 자세히 알아서 서술하기를 「兆恩이 죽은 후에, (位牌)가 있는 곳에 향불을 피우고 초하루와 보름에 모임을 가지며, 그 후에 또 符籙, 醮章, 祛邪, 捉鬼를 추가하니, 대략 黃巾과 白蓮에 속한다. 兆恩은 본래 명문가의 자제이고, 사람됨이 意志와 氣槪를 중히 여기며 문장에 능하고 많은 책에 폭넓게 盡力하였다. 왜구가 莆田을 함락한 후에 해골이 麻와 같이 얽히니, 兆恩이 千金을 털어 주인 없는 시체를 묻어준 것이 萬을 헤아리니, 名聲이 드디어 크게 떨쳤다. ……, 그러나 閔人이 미혹되어 죽을 때까지 깨닫지 못한다. 이제 그 무리가 郡城에 가득차니 그중 현명한 자는 士君子와 다름이 없으나, 몇몇 고루하고 우둔하며 어질지 못한 자들은 治病에 의지해서 사사로운 짓을 저질러 간악한 도둑질과 거짓됨이 없는 곳이 없으니, 사악한 무당과 어찌 다르겠는가?」[160]라고 하여, 그는 한마디로 三一教를 黃巾과 白蓮의 무리로 단정짓고 그들의 행위를 무당으로 몰고 있다. 이러한 견해는 당시 官方 측의 시각으로, 이들을 불순한 邪教

---

159) 黃宗羲 『南雷文案』卷9「林三教傳」: 從二氏遊得其大旨, 遂倡爲合一之說. 挽二 氏以歸儒而婚娶之, 率吾儒以宗孔而性命之. 以坐禪之病, 釋也, 運氣之病, 道也, 支離之病, 儒也. ……, 兆恩之教, 儒爲立本, 道爲入門, 釋爲極則, 然觀其所得結丹出神, 則於道家之旁門爲庶幾焉.

160) 謝肇淛 『五雜俎』卷8: 兆恩死後, 所在設講堂香火, 朔望聚會, 其後又加以符籙醮章 祛邪捉鬼, 蓋亦黃巾白蓮之屬矣. 兆恩本名家子, 其人重意氣, 能文章, 博極羣書. 倭奴陷莆後, 骸骨如麻, 兆恩捐千金葬無主屍以萬計, 名遂大譟. ……, 而閔人惑之, 至死不悟也. 今其徒布滿郡城, 其中賢者尙與士君子無別, 一二頑鈍不肖者藉治病以行其私, 奸盜邪僞無所不有, 其與邪巫女覡又何別哉?

集團으로 간주한 것이다. 그러나 謝肇淛도 林이 意志와 氣慨를 중히 여기고 많은 책을 섭렵한 인물이라는 것과 왜구 침입 시 자기 돈을 내서 희생된 자들을 장사지내 준 일로 人品에 대한 평판이 매우 좋았다는 사실 등을 인정하고 있으며, 신도들 중 지식계층들까지도 이 집단에 빠지는 것을 안타깝게 생각하였다.

후일 清代의 徐珂는 『清稗類鈔』 「宗教類」에서 林을 「姚江別派」로 지목하였다. 姚江學派는 王陽明學派를 가리키는 것이니, 바로 양명학의 별파라는 것이다. 林이 위에서 살핀 대로 양명심학과 유사한 주장을 하고 그 영향을 받은 것도 사실이나, 林의 심학은 心의 작용을 더욱 절대화하여 종교의 방향으로 이끌고 간 것이다. 그는 歸儒宗孔을 주장하였으나, 결국 그가 돌아가고자 한 유교는 더이상 당시의 유교가 아니었다. 道의 근원으로 회귀하여 삼교를 모두 포섭한 새로운 차원의 것이었기 때문에 결국 삼일교라고 표현될 수밖에 없었다. 따라서 林은 王學左派에 의해서도 이단으로 비난을 면치 못하였고, 동시에 정통유학에 의해서도 비난받으며 별로 중요시되지 않았었다. 그러나 오늘날의 관점에서 보면, 林의 삼교합일사상을 새롭게 인식해 볼 필요성이 더욱 커지고 있으며, 明代 사상사나 중국 종교사에서 임조은이 차지하는 위상을 올바르게 재정리할 필요성이 절실해진다고 하겠다.

第二編

羅教와 無生老母信仰

明 중기 이후 수많은 민간종교가 출현하게 되는데, 그 序幕을 연 것이 바로 羅祖의 羅敎라고 할 수 있다. 羅祖가 지은 『五部六冊』은 최초의 종교보권으로, 「眞空家鄕, 無生老母」의 8字眞言으로 대표되는 無生老母信仰을 창립하여, 이후 민간종교의 사상에 영향을 끼치고 그 흐름을 주도하게 된다. 다음에서는 이 『五部六冊』을 기본 史料로 하여, 羅祖의 悟道過程과 無生老母信仰의 내용, 그리고 羅敎敎團의 발전에 대해서 살펴보고자 한다.

第一章 羅祖의 悟道修行

第一節 羅祖의 生涯

羅祖는 전형적인 민간종교의 창시자답게 하층계급출신으로서, 그에 관한 명확한 기록이 전해지지 않아 신비스러운 면이 있다. 다만 그가 저술한 것으로 알려진 『五部六冊』과 그 補注인 『開心法要』[1]가 그의 생애를 파악할 수 있는 직접적인 자료라고 할 수 있다. 이외에도 後人에 의한 몇몇 기록과 羅教 계열인 青幇의 문헌이 있는데, 이것은 다분히 윤색이 가해져서 전설적인 인물화되었기 때문에 본래 羅祖의 참모습과는 다소 차이가 있을 것으로 이해된다.[2]

羅祖의 이름에는 여러 가지 說이 있다. 나조는 그의 尊稱일 뿐이며, 원명은 夢洪, 혹은 孟洪이라고 하고, 明代 말년 전후의 자료에는 羅淸,

---

1) 萬曆 24年(1596) 臨濟宗 출신의 승려인 臨濟正宗26代蘭風老人이 評釋하고 臨濟正宗27代蘭風法嗣松庵道人王源靜이 補注한 것으로 『開心法要』本이라고 하며, 原名은 『金剛般若經注解全集』이다. 『五部六冊』에 대한 注解와 評釋이 가장 뛰어난 것으로 알려져 있다. 本稿도 바로 이 『開心法要』本을 자료로 하였다.

2) 澤田瑞穗는 羅祖에 관한 연구를 "實在의 羅祖"와 "傳說의 羅祖"로 구분하였다. 실재의 羅祖는 『五部六冊』의 기록을 근거로 한 것이고, 전설의 羅祖는 青幇의 문헌을 근거로 한 羅祖로써, 이 둘은 서로 다른 인물이라고 하였다. 本稿에서 살피고자 하는 羅祖는 물론 『五部六冊』을 근거로 한 실재의 羅祖를 의미한다. 「羅祖の無爲教」 『寶卷の研究』 增補(東京 國書刊行會 1975) p.301.

羅靜, 羅因이라는 기록이 보이고 있으며, 淸代로 내려가면 더욱 여러 가지의 이름이 보이고 있다.[3] 이것은 그의 이름이 구전에 의해서 전해지면서 비슷한 音이 와전되어 나타난 현상이라고 할 수 있다. 그 가운데에서 羅夢洪은 俗名의 뜻으로 쓰이고, 羅淸은 道號의 의미로 연구자들 사이에 통용되고 있다. 후일 그의 제자들에 의해서 羅祖라는 尊稱이 쓰이면서 일반적으로는 羅祖라는 칭호가 많이 쓰이고 있기 때문에, 本稿에서는 그의 호칭을 羅祖로 통일해서 사용하도록 하겠다. 그의 道號는 無爲居士와 悟空祖師이며, 후대의 기록에서는 淨卿, 靜卿, 萬壽禪師 등으로 표기되고 있다. 그가 창시한 종교에 대한 명칭도 羅敎, 羅祖敎, 無爲敎 등 여러 가지 이름이 전해지고 있는데, 그 가운데 羅敎라는 칭호가 가장 일반적으로 사용되고 있다.

羅祖의 貫籍에 대해서도 여러 가지 견해가 있다. 그러나 가장 신빙성이 높은 것은 『五部六冊』의 기록이다. 이에 근거하면, 그가 태어난 곳은 山東 萊州府 卽墨縣 豬毛城 成陽社의 牢山(嶗山)인 것이 분명하다. 다만 14歲에 北直隷 密雲衛 古北口에서 戍軍을 지낸 사실 때문에 北直隷를 貫籍이라고 하는 說도 있다.[4]

『開心法要』의 『苦功悟道卷』에 있는 蘭風의 「祖師行脚十字妙頌」에는 羅祖의 유년기 생활상이 간략하게 소개되어 있어 그 내용을 보면

> 老古佛이 依托 變化해 와서 羅를 姓으로 하였다. 衆生을 위해서 山東에 내려와 세상을 널리 구제하였다. 父母에 의지하여 은덕을 소중히 하니 임신 중에도 戒를 잘 지켰다. 正統 7年(1442)에 세상에 처하여 사람이 되었다. 12月 初1日의 子時에 태어났다. 母胎를 떠나서도 향기 있고 자극적인 채소를 먹지 않으며 보살로 속세에 군림했다. 태어나서 3歲 때에 부친을 여의고, 7세에 또 모친을 잃으니 單身으로 남겨졌다. 가련한 아이는 부모도 없이 숙부와 숙모에게 많은 구박을

---

3) 鄭志明 『無生老母信仰硏究』 (文史哲出版社 臺北 1985) pp.16-17과 吉岡義豐 『現代中國の諸宗教』(佼成出版社 東京 1974) p.87 의 「羅祖異名表」참조.

4) 李世瑜 『現在華北秘密宗教』(臺北 古亭書屋 1975) p.54.

> 받았다. 매질을 하면서 羅祖를 양육하니, 자라서 성인이 되었다. 매일 궁핍하므로 죽고 사는 것이 두려워 당황하여 허둥지둥 安住하지 못하였다.5)

라고 하여, 그가 유년기에 부모를 다 잃고 숙부 슬하에서 어렵게 생활하였다는 사실을 알 수 있다. 또 조실부모하여서인지 사람의 생사문제와 인생의 고통에 대해서 특히 민감하였으며, 경제적으로도 매우 궁핍하게 자랐음을 알 수 있다. 그는 14歲에 北直隷 密雲衛 古北口에서 戍軍을 하였는데, 이는 그의 집안이 대대로 軍籍에 있었기 때문인 것으로 추측된다.6) 密雲衛는 後軍 都督府 北平都司에 속해 있었으며, 위치는 順天府의 東北方 120里로 지금의 하북성 密雲縣이며 明代 북변 경비의 요충지였다. 명대 萬曆연간의 密藏禪師도 『藏逸經書標目』의 「五部六冊條」에서 羅祖가 衛所에서 식량을 나르던 운량군인이었다고 기록하고 있다.

羅祖는 인간의 생사문제와 영혼의 윤회문제에 대해서 관심이 깊었다. 대만 羅敎系列인 龍華敎의 『龍華科儀』에 있는 『太上祖師羅祖簡史』에 의하면, 羅祖는 생계를 위해 軍에 들어가서도 밤에는 불경을 읽으며 수행을 하던 중, 巫人의 난을 진압한 공로로 都督에 의해 軍籍에서 벗어날 것을 허락받았다. 그 후 羅는 본격적으로 수행에 정진하여 13年間의 각고의 노력 끝에 悟道를 하게 되었다. 「祖師行脚十字妙頌」에서 그 과정을 이어서 설명하기를

> 生死를 생각하니 六道(地獄, 餓鬼, 畜生, 修羅, 人間, 天上)의 고통에 놀라고 겁이 나서 벌벌 떨렸다. 憲宗 成化 6年에 이르러 스승을 뵙고 친구를 찾았다. 아

5) 『苦心悟道卷』附 「祖師行脚十字妙頌」: 老古佛, 來托化, 以羅爲姓. 爲衆生, 降山東, 普渡衆生. 仗父母, 恩德重, 懷胎持戒. 正統時, 七年間, 處世爲人. 十二月, 初一日, 子時出現. 離母胎, 不食薰, 菩薩臨凡. 生下祖, 三歲時, 喪了親父. 七歲上, 又喪母, 撇下單身. 可憐兒, 無父母, 多虧叔嬸. 蒙笞擧, 養育祖, 長大成人. 每日離, 怕生死, 恓惶不住.

6) 酒井忠夫 『中國善書の硏究』 (國書刊行會 東京 1972) p.470.

> 침에도 자지 않고 밤에도 졸지 않고 용맹 정진하였다. 차가 있어도 마시지 않고 밥이 있어도 먹지 않기를 13년 동안 하였다. 成化 18年에 와서 비로소 明心을 깨달았다. 10월 18일에 羅祖는 道果를 이루었다. 정각 子時에 깨닫기 시작하여 몸에 영롱함이 스며들었다. 嘉靖 6年에 이르러 세상에 거주할 마음이 없어 正月경에 85歲로 몸과 마음을 버렸다.7)

라 하여, 그가 28세가 되던 成化 6年(1470)에 「參師訪友」하여 본격적으로 수행을 시작한 이래, 13년 만인 40세 때인 成化 18年(1482)에 「始覺明心」하여 깨달음의 경지에 이르고 있다. 또 羅의 생존 연대는 明英宗 正統 7年(1442)에 태어나서 世宗 嘉靖 6年(1527)에 85歲로 세상을 떠난 것을 알 수 있다.

羅가 살던 명 중엽은 英宗(正統:1436-1449) 이후 환관에 의한 폐해가 속출하면서 정치가 부패하기 시작한 시기였다. 특히 당시는 皇帝, 王公, 勳戚, 宦官에 의하여 토지겸병이 횡행하였고, 皇莊의 수가 급격히 늘어났다. 이에 따라 토지를 빼앗긴 농민들이 대량 유민으로 전락하면서 里甲制가 해체되고 3省 交界地域으로의 인구이동이 일어났다. 이러한 사회의 격변에서도 경제는 급속도로 발전하여 상품경제가 보급되고 은경제가 침투하여 새로운 도시가 탄생하고 시민계층이 형성되는 등 문화의 보급현상으로 인해서 서민들의 의식수준은 상당히 높아지고 있었다. 이러한 정치의 부패와 경제의 발전이라는 괴리현상 속에서 의식수준이 높아진 농민들은 적극적으로 행동에 나서기 시작하였다. 明代 중기의 2대 반란으로 볼 수 있는 鄧茂七의 난(正統 13年 1448)과 劉六 劉七의 난(正德 6年 1511)을 필두로 수많은 民變·奴變·士變·抗租

7) 『苦心悟道卷』附 「祖師行脚十字妙頌」: 想生死, 六道苦, 膽顫心驚. 到成化, 六年間, 參師訪友. 朝不眠, 夜不睡, 猛進前功. 茶不茶, 飯不飯, 一十三載. 到成化, 十八年, 始覺明心. 在十月, 十八日, 祖成道果. 正子時, 心開悟, 體透玲瓏. 到嘉靖, 六年間, 無心住世, 交正月, 八十五, 放下身心.

운동이 일어났다. 明朝는 이러한 사회경제적 모순을 완화하기 위하여 一條鞭法이라는 賦役制度의 개혁을 실시하고 새로운 향촌조직으로서 鄕約·保甲制를 보급하는 등 대책을 강구하였다. 그러나 이제 시대상황은 단순한 개혁이 아닌 새로운 각성과 변화를 요청하는 때였다. 사상계에서도 正統을 자처하던 程朱理學을 대신하여 陽明心學이 탄생하여 영향력을 발휘하게 되었다.

明 중기는 종교사에 있어서도 또 한 차례의 중요한 변화가 시작되는 시기이다. 당송교체기에 新佛敎(禪宗), 新儒敎(朱子學), 新道敎(全眞敎)로의 변화 이후, 두 번째의 변혁기를 맞이한 것이다.[8)] 明代는 민간종교의 力量이 발휘되기 시작한 시점인데, 그러한 촉매제 역할을 한 종교가 바로 羅敎였다. 明 중기 이후에 출현한 민간종교는 白蓮敎 계통이라기보다는 羅祖의 『五部六冊』에서 제시한 無生老母信仰이라는 새로운 주장을 근간으로 하고 있다는 점에서 기존의 백련교와는 다른 계통으로 보아야 할 것이다.

羅祖는 悟道 후 無爲敎를 세우고 적극적으로 전도에 나섰다. 그는 北京에까지 가서 많은 사람들을 모아놓고 講說을 하였으며, 이러한 적극적인 전도로 신도들이 나날이 늘어나고 太監 張永 등도 입교하였다. 이들의 세력이 커지자 조정에서는 이들을 탄압하기 시작하였다. 결국 그는 正德(1506-1521)年間에 後巡城御史 周昇에 의해 체포되어 妖異惑衆의 죄로 감옥에 갇혔다. 그는 옥 안에서 온갖 참혹한 형벌을 받고 飢渴에 시달렸지만 布敎救世의 뜻은 꺾이지 않았다. 이때 태감 張永의 도움으로 徒弟 두명(福恩 福報)을 감옥으로 불러서 羅가 직접 口授하

8) 余英時는 중국 근세 종교의 출발점을 新禪宗이라 하여 서양의 종교개혁과 같은 의미를 부여하였다. 제2의 물결은 新儒敎 운동, 제3의 물결은 新道敎 운동으로서 당송변혁시기에 일어난 현상이라고 보았다. 이것이 장기적으로 발전하여 최후에 明代의 三敎合一로 귀결되어 명말청초기의 특색이 된다고 보고 있다. 余英時著 鄭仁在 譯『中國近世宗敎倫理와 商人精神』(서울 大韓敎科書株式會社 1993) p.129.

고 徒弟들이 이를 받아 적도록 하였는데, 이 과정을 거쳐서 바로『五部六冊』이 출현하게 되었다.

正德 2年(1507)에 番僧이 국경을 넘어와 明의 승려와 佛理를 토론하고자 하였다. 이때 武宗(正德:1506-1521)은 먼저 正一道의 張天師를 불러 番僧과 토론하도록 하였다. 그러나 道教의 이론으로는 番僧의 불교이론을 맞설 수 없었다. 이 틈을 타서 태감 張永이 武宗에게 주청하여 감옥에 있는 羅로 하여금 番僧과 토론하도록 하였다. 이 기회에 羅는 자신이 깨달은 無爲法으로 답변을 하여 番僧을 물리칠 수 있었다.『三祖行脚因由寶卷』에 이 과정이 자세히 기록되어 있어 그 내용을 소개하면

番僧: 무슨 이유로 佛像에 공양하지 않는가?
羅祖: 天地山河가 모두 佛像이다.
番僧: 누가 향을 피우는가?
羅祖: 風雲霧露이다.
番僧: 어디가 大道場이고, 法鼓인가?
羅祖: 乾坤이 大道場이고, 雷鳴이 鼓이다.
番僧: 燈은 어디에 있는가?
羅祖: 日月이 燈이니, 晝夜로 점화한다.
番僧: 무슨 물건을 供養하는가?
羅祖: 四時花果로 항상 공양한다.[9)]

고 하였다. 이는 언뜻 보면 선종의 주장과 흡사하지만 더욱 철저한 無爲大法으로 설명을 하고 있는 것이다. 사실 이 일은 실제로 있었던 사실로 믿기 어려운 점이 있으나, 사실 여부를 떠나서 그 내용만으로도

9)『三祖行脚因由寶卷』(康熙21年刊本): 番僧:「何故不供佛像?」羅祖:「天地山河皆佛 像」番僧:「誰燒香?」羅祖:「風雲霧露.」番僧:「何處大道場? 法鼓?」羅祖:「乾坤大道場, 雷鳴爲鼓」番僧:「燈何在?」羅祖:「日月爲燈, 晝夜燃點」番僧:「何物供養?」羅祖:「四時花果常供養.」

나교의 근본 사상을 유추할 수 있다는 데 의의가 있다. 위의 대화에서 羅가 선종의 不立文字를 주장하고 더 나아가서는 佛像, 佛事, 燒香 등을 부정하였음을 알 수 있다. 이 일로 羅는 武宗皇帝의 신임을 얻어 無爲宗師라는 존칭을 얻고 龍牌聖旨를 하사받았다. 羅教의 경전인『五部六冊』은 바로 이러한 과정에서 태감과 관리(魏國公 黨尙書)들의 도움을 얻어 출판할 수 있게 되었고, 이때 황제의「御製龍牌」를 받았다고 표기하여 별 어려움 없이 세상에 유포될 수 있었다. 사실『三祖行脚因由寶卷』에는 과장된 내용이 많이 수록되어 있어서 그 내용 모두를 믿을 수는 없으나,『五部六冊』의 출판과정에서 궁중의 권세 있는 태감이나 王公大臣의 비호를 받은 사실 등은 상당히 신빙성이 있음을 부인할 수 없다.

第二節 羅祖의 悟道

羅의 悟道過程은『苦功悟道卷』에 자세히 수록되어 있다. 이 卷은 모두 18品(參)으로 이루어졌는데, 1품부터 6품까지는 羅의 출생부터 修行에 이르는 과정이고, 7품부터는 悟道의 단계에 이른 이후의 歷程에 대해서 기술하고 있다. 그의 悟道過程을『苦功悟道卷』의 기록을 중심으로 살펴보기로 하겠다.

羅가 生死와 靈魂문제에 관심을 가지고 새로운 종교를 개창하게 된 배경은 우선, 그의 성장환경에서 찾을 수 있다. 羅는 어려서 부모를 잃은 슬픔으로 일찍부터 人生의 무상에 대해서 깊이 느끼고 있었다. 이 같은 연유에서 인생의 무상에 대해서 언급하기를

一切萬物의 모든 행위가 無常이며, 모든 形相이 있는 것도 모두 虛妄하다. 百年 세월이 지극히 짧은 시간이며, 富貴榮華도 오히려 꿈과 같다.10)

라고 한 데서, 그가 「諸行無常」을 강조하는 불교 선종의 영향을 받고 있었음을 알 수 있다. 그는 어릴 적에 부모를 잃은 슬픔을 술회하기를

사람의 몸이 아주 오래가지 못함을 한탄하며 마음으로 번뇌하였다. 부모가 사망하여 일시에 가버리니 혼자만 남게 되었다. 어릴 동안 부모 없이 커서 성인이 되니, 의지할 곳이 없어 고뇌하고 매우 당황하며 허둥지둥하였다. 어리석은 마음에서 부모가 오래도록 세상에 사시기를 바랐으나, 갑자기 부모가 사망하니 통곡하여 감정을 상하였다. 11)

라고 하여, 그가 어린 시절 홀홀 단신 의지할 곳 없이 부모를 그리며 살아온 아픔을 절절히 표현하였다. 아울러 인생의 생사문제와 영혼의 有無, 그리고 윤회에 대해서 말하기를

내가 이 영혼을 생각해 보니, 어느 곳에 머무르는지 알지 못하겠다. 이루 셀 수 없는 아주 오랜 세월 동안 태어났다가는 죽고, 죽었다가는 또 태어난다. 四生(胎生, 卵生, 濕生, 化生) 六道(地獄, 餓鬼, 畜生, 修羅, 人間, 天上)의 고통을 받고 돌고 돌아 지금에 이르렀다. 이제 사람의 몸을 얻으니 백 년 세월이 꿈과 같고 환상과 같다. 죽은 뒤에는 또 어디에서 고통을 받을지 알지 못하겠다.12)

---

10) 『苦功悟道卷』 第1 「歎世無常品」: 一切萬物, 諸行無常, 凡所有相, 皆是虛妄. 百年光景, 刹那之間, 富貴榮華, 猶如一夢.

11) 『上揭書』 第1 「歎世無常品」: 嘆人身, 不長遠, 心中煩惱. 父母亡, 一去了, 撇下單身. 幼年間, 無父母, 成人長大. 無倚靠, 受苦惱, 多受恓惶. 痴心腸, 想父母, 長住在世. 忽然間, 父母亡, 痛哭傷情.

12) 『上揭書』 第2 「思慕家鄉品」: 想我這點靈魂, 不知何處住所. 無量劫來, 生了又死, 死了 又生. 四生六道受苦, 轉到如今. 今得人身, 百年光景, 如夢如幻. 死後又不知何處受苦去了.

고 하여, 사람이 태어나서 四生六道의 고통 속에서 살다가 죽은 후에도 영혼이 어느 곳으로 갈지 모른다고 하였으니, 그의 생사에 대한 두려움과 막막함이 어떠하였는가를 짐작할 수 있다. 이러한 이유에서 羅는 어려서부터 영혼과 윤회 등의 문제에 관심을 가지고 생사를 해탈할 방법을 찾아서 고뇌를 하였던 것이다. 羅敎思想에서 핵심문제는 어떻게 생사를 해탈하며 悟道明心에 도달하는가 하는 것이다. 그래서 羅는 선종을 기본 규범으로 하면서도 도가사상을 흡수하고 宋明理學까지 받아들여 자신의 종교사상을 체계화하고자 하였다.

羅는 13年에 걸친 기간 동안 수행에 정진하게 되는데, 8년간은 阿彌陀佛의 염불에, 3년은 『金剛科儀』의 공부에, 그리고 마지막 2년간은 자기자신의 이론의 정립에 몰두하였으니, 이것들이 깨달음의 경지에 이르는 단계들이다. 『苦功悟道卷』의 1품부터 6품까지는 念佛修行과 金剛科儀연구에 주력하는 11년간의 과정을 서술하였고, 나머지 7품부터 18품까지는 2년간 虛空의 이론을 정립하고 진정한 悟道에 이르는 과정을 서술하고 있다.

첫 번째 과정은, 憲宗 成化 6年(1470)에 친구를 통해 스승을 만나서 求法의 길에 나서는 데서 시작되는데, 그의 구법의 출발계기를 보면

> 갑자기 하루는 편지가 와서 친구와 만나니, 나에게 말하기를 孫甫의 집에 明師가 계시다고 하였다. 황망히 가서 사부에게 拜禮를 하고 左右를 떠나지 않았다. 사부께 고하기를 저에게 어떻게 수행해야 하는지를 말해달라고 하였다.[13)]

고 하여, 그는 친구로부터 「明師」가 계시다는 말을 듣고 스승을 찾아가 측근에서 모시며 수행법을 배우고자 하였다. 그러나 사부가 수행법을

13) 『上揭書』 第3 「尋師訪道品」: 忽一日, 有信來, 朋友相見. 說與我, 孫甫宅, 有一明師. 連忙去, 拜師傅, 不離左右. 告師傅, 說與我, 怎麼修行.

바로 말해 주지 않자 반년 동안 애걸하며 구하였다. 드디어 사부가 자비심을 베풀어 알려 주었는데, 그 내용을 요약해 보면, 「아미타불이 無生父母이며, 彼國天上에 있으니 이 4字를 口誦하면 기필코 극락왕생할 수 있다.」[14)]고 하였다. 이 말을 듣고 羅는 수행에 정진하였는데, 그가 수행하는 모습을 보면

> 매일 매일 彌陀를 念誦하기를 전혀 쉬려 하지 않았다. 돌아다닐 때나 앉아서나 염송하여 맹렬하게 연마하는 과정에 精進하였다. 위태로움이 다가와도 염송을 계속하면 三界(慾界 色界 無色界)를 넘어서 사방 阿彌陀佛의 극락세계에 이르며 佛國에서 부자가 상봉을 할 수 있다. 彌陀를 念誦하기를 밤낮없이 8年을 하되, 아침에도 자지 않고 밤에도 졸지 않으며 용맹 정진하였다.[15)]

고 하여, 열심히 念誦을 하면 극락세계에 도달하여 佛國에서 부자상봉을 체험할 수 있다는 일념에, 밤낮을 가리지 않고 8년 동안이나 「阿彌陀佛」 4字를 念誦하는 데 매진하였다. 그러나 마침내 염불에만 의존하는 것이 모순임을 깨닫기에 이르렀으니

> 오로지 4字 阿彌陀佛을 念誦하였는데, 念誦을 게을리하면 또 彼國天上의 無生父母가 듣지 못할까 두려워하였다. 밤낮으로 고행하며 높은 소리로 염불하기를 8년을 하였으나 마음에 번뇌가 일어 명백함을 얻지 못하였다. 몸이 건장하고 즐거우므로 염불을 할 수 있지만, 임종 時에 기력이 끊어져 소리가 나올 수 없으면 염불을 할 수 없으니, 어떻게 (彼國天上에) 올라갈지 역시 겉으로는 견고하나 그 속은 공허한 경지로다.[16)]

---

14) 『上揭書』 第3 「尋師訪道品」: 說與我, 彌陀佛, 無生父母. …… 彌陀佛, 彼國天上. …… 四字佛, 偏得超升.

15) 『上揭書』 第3 「尋師訪道品」: 每日間, 念彌陀, 不肯放舍. 行也念, 坐也念, 猛進功程. 到臨危, 擧念着, 超出三界. 到安養, 佛國土, 父子相逢. 念彌陀, 無晝夜, 八年光景. 朝不眠, 夜不睡, 猛進功程.

16) 『上揭書』 第4 「看破頑空品」: 單念四字, 阿彌陀佛, 念得慢了, 又怕彼國天上, 無生父母, 不得聽聞. 晝夜下苦, 高聲擧念, 八年光景, 心中煩惱, 不得明白. 此身壯樂, 便能

라고 하여 염불에 정진하였으나 마침내 절망에 빠져, 임종할 때가 되면 염불은 불가능한데 어떻게 彼國天上에 올라갈 수 있을지 의심케 되었다. 羅는 결국 8년 만에 아미타불이라는 他力에 의지하는 것은 한계가 있다는 것을 절감하고, 마침내 스승을 떠날 수밖에 없었다. 이때 羅가 만난 「明師」는 淨土教계열의 승려로 생각된다.[17] 羅의 고향인 山東은 唐初 善導(613-681)에 의해 정토교가 북방지역에서 크게 유행한 이래, 정토교가 매우 성행한 지역이었다.[18][19] 정토교는 본래 아미타불의 이름을 외는 口誦念佛에 의해 淨土에 왕생할 수 있다고 하였는데, 羅의 「明師」는 아미타불을 無生父母라 하여 정토교를 좀더 세속화하고 민간불교화한 것으로 해석할 수 있다.

羅는 정토교의 스승을 만나 아미타불의 염불에 매진하였으나, 결국 外力에 의존하는 것은 문제가 있다는 것을 깨닫게 된 것이다. 그는 『歎世無爲卷』에서 「自家一個彌陀佛」이라고 하여 自性이 아미타불인데,

---

念得, 臨終氣斷, 不能聲色, 念不得, 怎麽上去, 亦是頑空境界.

17) 鄭志明 『無生老母信仰硏究』(文史哲出版社 臺北 1985) pp.57-58. 馬西沙·韓秉方 著 「羅教與五部六冊」 『中國民間宗教史』(上海 上海人民出版社 1992) p.191.

18) 淨土教의 始祖는 東晋 廬山의 慧遠(334-416)이라고 알려졌으나 慧遠이 죽고, 그의 念佛結社는 자취를 감추었다. 그 후 일반 민중 속에서 정토교를 대성시킨 사람은 北魏의 曇鸞(476-542)과 隋末唐初의 道綽(562-645)과 그의 제자인 善導였다. 淨土教는 末法思想을 배경으로 성립되었으며, 그 교의는 매우 단순하고 平易하다. 정토교는 오로지 부처의 힘에 의지하는 他力信仰을 특징으로 하는데, 그것도 아미타불 한 부처만을 믿는다는 一神教的 색채가 짙다. 더구나 阿彌陀佛을 염불한다고 해도 명상적인 개념의 염불이 아니고, 다만 입으로 아미타불의 이름을 외움으로써 정토에 왕생할 수 있다고 하였다. 따라서 무지한 민중이라도 용이하게 행할 수 있는 易行道였기 때문에 唐宋 이후 선종과 함께 중국 불교를 대표하게 된다. 藤堂恭俊·塩入良道 지음 車次錫 옮김 『中國佛教史』(서울 대원정사 1992), 窪德忠·西順藏 엮음 조성을 옮김 『中國宗教史』 (서울 한울아카데미 1996) pp.109-114.

19) 末法思想은 인도 불교에서 도입된 것으로, 석가의 入滅 후 正法 5百年, 像法 1千年의 시간이 경과하면 佛說대로 수행하는 자도 없어지고 그 후 1萬年間은 教法만 남는 末法의 세상이 된다는 것이다. 중국의 末法思想은 六朝 末에서 隋唐 初에 慧思(515-577: 天台宗을 창시한 天台智顗의 스승.)와 信行(540-594:三階教創立.)에 의해서 정립되었다. 중국의 末法思想은 正法·像法·末法의 三時思想을 時代觀이나 위기위식하에서 체계화한 것이다.

굳이 힘들게 염불할 필요가 있겠느냐며 자기자신의 明心見性을 추구하게 되어 이후 선종에 가까워짐을 밝혔다. 그러나 羅는 아미타불을 염송하는 효과를 완전히 부정한 것은 아니었다. 『正信除疑無修證自在寶卷』의 第3「往生淨土品」 등에는 羅祖의 淨土往生觀이 잘 묘사되어 있다. 당시 민간불교의 통속보권에서는 윤회와 정토를 하나로 보아 정토의 妙用을 강조하고 있는데, 이것이 羅의 사상 연원이 되었다고 볼 수 있다. 羅는 마침내 淨土를 家鄕의 관념으로 轉化하게 되는데, 이것은 당시 보권의 영향에 기인한 것이라고 볼 수 있다. 羅는 『六祖壇經』을 인용하여 말하기를 「西方人이 죄를 짓고 어느 나라에 태어나기를 구하겠는가? 미혹한 사람들이 東을 원하고 西를 원하나, 悟道之人은 이곳이 바로 서방이다. 西方淨土는 사람마다 모두 있으니 본래 닦아서 지니지 않아도 이미 앞에 드러나 있는데, 미혹한 사람들은 자기가 서방인지 알지 못한다. 미혹한 사람들은 서방에 태어나기를 구하니, 겉으로는 견고하나 속은 공허함에 엎어지고 생사고해에 떨어져서 영원토록 몸을 변화시킬 수 없는 것이다.」[20]라고 하였다. 생사윤회를 벗어나기 위해서는 「永無八難及三災」한 極樂家鄕에 들어가야 하지만, 極樂家鄕은 서방에 있는 것이 아니고 자신에게 있다고 하여, 역시 선종의 영향을 드러내고 있다.

그의 두 번째 수행단계는 새로운 스승을 찾아 떠나는 것으로 시작되었다. 羅는 「明師를 만나지 않으면, 돌아오지 않겠다고 맹세를 하고」[21] 다른 스승을 찾아 나섰다. 그러나 이번에는 스승이 아닌 한 권의 책을 접하게 되는데 그 과정을 보면

20) 『正信除疑無修證自在寶卷』 第2 「十西方淨土人人有迷人不知往西求品」: 西方人作罪求生何國? 迷人願東願西, 悟道之人, 此處就是西方. 西方淨土人人有, 本無修持已現前, 迷人不知, 自己是西方. 迷人求生西方, 撲了頑空, 墮落生死苦海, 永劫不得翻身.

21) 『上揭書』 第5 「撥草尋踪品」: 不遇明師, 誓不回程.

> 길을 나선 지 얼마 안 되어, 가까운 이웃집에서 노모가 사망하고 여러 승려들이 『金剛科儀』를 염송하고 있었다. (羅祖)는 밤늦게 긴 거리에 똑바로 서서 『金剛科儀』를 듣는데, 「要人信受, 拈來自檢看」이라고 하였다. 한 구절을 듣고 마음속으로 환희하였다. 『金剛科儀』한 部를 요청하여, 삼 년 동안 보았다.[22)]

고 하니, 그가 『金剛科儀』의 한 구절에 감명을 받고 이 책에 3年 동안 심취한 것을 알 수 있다. 『金剛科儀』는 『金剛經科儀寶卷』 혹은 『銷釋金剛科儀』라고도 하며, 宋代 宗鏡禪師가 지은 것으로 알려져 있고, 『金剛經』을 통속적으로 해석한 通俗經卷이다. 『金剛科儀』는 寶卷으로 전화하는 과정에 있는 佛教科儀經이라고 할 수 있다. 『金剛經』은 전형적인 禪宗의 頓悟經典으로 六祖 慧能이 듣고 깨달음을 얻었다는 경전이다. 羅는 『金剛科儀』를 매우 중시하여 『五部六冊』에서 50여 차례나 인용하고 있다.

羅는 3년간 『金剛科儀』를 공부하였지만 여전히 생사와 윤회에 대한 번뇌에서 벗어나지 못하자, 문자에만 의지하는 데는 역시 한계가 있다는 것을 또 깨닫게 된다. 그래서 그는 「經은 空이고 卷도 空이니 空이 바로 色이요, 字도 空이고 書도 空이니 色이 바로 空이다.」[23)]라고 하여 經卷字書는 모두 空이라고 하여, 선종의 不立文字사상을 깨닫게 된다. 이렇게 되어 그는 阿彌陀佛의 염송에 8년, 『金剛科儀』공부에 3년간 매진한 후에 결국 禪宗式의 自性공부를 주장하게 된다. 그러나 이때 羅가 영향받은 것은 순수한 선종이라기보다는, 당시 삼교합일의 풍조에 따라 삼교가 합일되어 이미 민간불교화한 것이라고 할 수 있다.

---

22) 『苦功悟道卷』 第五撥草尋踪品: 不移時, 隣居家中, 老母亡故, 衆僧宣念金剛科儀, 夜晚長街立定, 聽金剛科儀云, 要人信受, 拈來自檢看. 聽說一句, 心中歡喜, 請一部金剛科儀, 整看三年.

23) 『歎世無爲卷』 第11 「破諸經偈品」: 經也空, 卷也空, 空卽是色. 字也空, 書也空, 色卽 是空.

11년간 外力에 의지하는 수행법에 몰두했던 羅는 세 번째 수행단계에서 자신의 이론을 세우는 데 주력하였다. 그는 모든 外力 의존의 수행법을 雜法이라고 비난하였다. 『苦功悟道卷』 第6 「破相拈情品」에서 그는 坐禪, 禪定, 守靜, 提公案, 出養神, 三昧, 養寶, 三關, 知生死 定時刻 等을 잡법이라고 하였다. 그는 「이러한 雜法은 실체가 아니고 虛花」이기 때문에 위태로움을 만났을 때 소용이 없다고 하였다. 그 이유는 이러한 잡법은 有爲法이기 때문에 결코 이에 입각한 수행으로는 해탈의 경지에 이를 수 없으며, 無爲法만이 진리에 도달할 수 있는 길이라는 것이다. 이 無爲法에 대한 개념은 선종뿐만 아니라 도교의 「淸淨無爲」와 「無爲而無不爲」의 사상으로부터도 영향을 받은 것으로, 오로지 內心의 省悟와 復性明心으로부터 無爲大道에 이를 수 있다는 것이다. 羅祖의 無爲法은 선종과 결합된 「自性淸淨, 離相之法」의 「無爲大法」이라고 할 수 있다. 따라서 그는 心의 靈性을 매우 중시하여 삼교도 心으로부터 일어나고, 일체의 經書도 모두 心으로부터 생긴 것인데, 오직 미혹한 사람들이 함부로 儒道佛 삼교를 나눈 것이라고 하였다. 이것은 禪宗의 「卽心是佛」이나 「平常心是道」와 「直指人心」의 頓悟法과도 유사한 개념인 것이다.

그는 여기에서 더 나아가 「虛空」의 개념을 창출해 내었다. 이것은 羅의 사상에서 획기적 도약의 결과라고 할 수 있다. 『苦功悟道卷』의 7품에서부터 허공에 대한 개념이 나오고 있는데 그는 인류와 우주의 근원을 탐구한 뒤, 드디어 허공의 개념을 도출하여

> 홀연히 虛空에 스며 뚫고 들어가니, 아직까지 天이 없고 地가 없었는데 먼저 不動의 허공이 있었다. 변화도 없고 한계도 없으며, 움직이지도 않고 흔들리지도 않으니, 이것이 諸佛의 法身이다. 하늘과 땅은 무너질지라도 허공은 무너지지 않으니, 이것이 諸佛의 法體이다.[24]

24) 『苦功悟道卷』 第7 「達本尋源品」: 忽然參透虛空, 未曾有天有地, 先有不動虛空. 無變

고 하여, 그는 우주가 있기 이전에 먼저 허공이 있었다고 하였다. 허공이 우주를 탄생시킨 근원이라고 본 것이다. 그에 따르면 허공이란 無邊無際하고 不動不搖한 것으로, 천지만물이 있기 이전부터 있어 온 것이며 천지는 무너질지라도 허공은 무너지지 않는다고 했으니, 그에게 있어 허공이란 바로 진리요 道의 다른 표현인 것이다. 다음으로 羅가 추구한 것은, 인간이 생사와 윤회의 고통에서 벗어나기 위해서는 어떻게 해야 하는가 하는 문제였다. 이에 대한 해답이 羅가 궁극적으로 찾고자 하는 것이었는데, 그는 인간의 유한성을 극복해야만 이것이 가능하다고 하여

> 홀연간 一步를 坐禪 念誦하니, 마음에 크게 기쁘다. 이 眞空이 山과 바다를 뚫고 人身을 덮는다. 안도 空이고 밖도 空이니, 원래 일체이다.[25]

라고 하고, 또다시

> 홀연간 一步를 坐禪 念誦하니, 마음에 크게 기쁘다. 有에도 돌아가지 않고 無에도 돌아가지 않으니, 내가 眞空이다. 어미가 나이고, 내가 어미이니, 본래 둘이 아니다. 안도 空이요 밖도 空이니, 내가 眞空이다.[26]

라고 하여, 有에도 無에도 집착하지 않고 안과 밖이 모두 空이요 一體인 경지에 이르러 「我是眞空」이라는 나의 무한성을 깨달아야만 한다고 하였다. 이렇게 인간의 유한성을 극복해야만 마침내 생사윤회의 고통에서 벗어날 수 있는 단서를 깨닫게 된다는 것이다. 그러나 아직도 「心中

無際不動不搖, 是諸佛法身. 乾坤有壞, 虛空不壞, 是諸佛法體.

25) 『上揭書』 第9 「穿山透海品」: 忽然間, 參一步, 心中大喜. 這眞空, 穿山海, 普覆人身. 裡頭空, 外頭空, 原是一體.

26) 『上揭書』 第11 「不執有無品」: 忽然間, 參一步, 心中大喜. 不歸有, 不歸無, 我是眞空. 娘是我, 我是娘, 本來無二. 裡頭空, 外頭空, 我是眞空.

煩惱하고 不得縱橫하니 我又拘心하다.」고 하였다. 그래서 그는 12품에서 더욱 철저한 頓悟를 위해서 번뇌를 극복하는 과정을 걷게 되었는데, 이 과정에서

> 나는 이번 坐禪念誦으로 여기에 이르러 내가 眞空法性이라는 것을 인식하였으나, 自由自在함을 알지 못하고 위험에 닥쳤을 때 어디로 돌아가야 할지도 알지 못했다. 생사의 일은 크니, 坐禪念誦을 버릴 수 없다. 생사는 無常하니 숨을 쉬는 사이에 고통에 빠지는 것을 어떻게 피할 것인가? 주야로 번뇌하여 꿈속에서도 통곡하고, 허공에서 놀라 움직이니 老眞空이 大慈悲를 발하는데, 西南으로부터 白光이 방사되어 내 몸을 두루 비추고 꿈속에서도 두루 살폈다. 살피고서도 번뇌가 그치지 않아 西南 쪽을 향하여 단정히 앉아 있으니, 홀연간 마음의 꽃이 밝아지고 心境이 열리면서 본래의 빛을 환히 밝히니, 비로소 自由自在할 수 있어서, 비로소 스스로 흐뭇해지며 安穩함을 얻었다.[27]

고 하여, 그는 「내가 眞空法性임」을 깨달았으나 여전히 自由自在함을 알지 못하여 꿈속에서도 痛哭을 하던 중, 드디어 自由自在함을 얻어 생사윤회의 고통을 벗어나게 되는 득도수행의 歸結에 도달할 수 있었다고 술회하고 있다. 이 12품의 기록은 羅의 悟道過程 중 가장 극적이고도 경이적인 기록이라고 할 수 있다. 그의 悟道는 「老眞空」의 도움으로 밝은 빛이 비추면서 이루어진 각성으로 종교의 신비함을 더해 주고 있는데,[28] 여기서 「老眞空」은 허공이 無極聖祖로 전화하는 과정에서의 명칭으로 이해된다. 그리고 羅祖의 悟道는 13품에서 이루어진다고 볼 수 있는데

---

27) 『上揭書』 第12 「孤光獨耀品」: 我今參到這裏, 認得我是眞空法性, 又不知縱橫自在, 又不知臨危怎麽歸落. 生死事大, 不肯放參, 生死無常, 呼吸之間, 沈淪之苦, 如何躲避. 晝夜煩惱, 夢中哭痛, 驚動虛空, 老眞空發大慈悲, 從西南放道白光, 攝照我身, 夢中攝省. 省過來煩惱未止, 朝西南端然坐定, 忽然間心花發朗, 心地開通, 洞明本地風光, 纔得縱橫自在, 纔得自在安穩.

28) 加治敏之 「羅教の信仰の形成過程と「光」について」 『中哲文學會報』 第10호(1985) pp.70-90

> 나는 이번 坐禪과 念誦에 一步의 경지에 이르러서야, 겨우 스스로 자유로운 상태를 얻었다. 안과 밖이 환해져서 한 조각이 되었다. 안과 밖도 없고, 東과 西도 없고, 南과 北도 없고, 上과 下도 없이 自由自在하였다. 가고 머무르고 앉고 누움에 밝고 선명한 한 가닥의 光明이 밝고 선명하게 비쳤다. ……, 13년 고된 노력이 비로소 맑고 투명해질 수 있었고, 비로소 깨달을 수 있었다.[29]

라고 하여, 그가 13年 만에 비로소 徹悟를 얻었음을 밝히고 있다. 이것은 「저절로 제약이 없이 자유자재한 상태. －自在縱橫－」에서 「한 가닥 광명－一片光明－」을 얻은 것이며 바로 깨달음을 체득한 것으로, 「生而不生, 死而不死, 無生無滅」의 경지에 이른 것이다. 이와 같은 득도의 경지를 絶對自由를 얻은 것이라고 볼 수 있다.[30] 그러나 羅의 수행 목적은 생명의 제약 없는 自由自在함을 얻는 데 있는 것이지, 깨달음을 얻어 부처가 되는 데 있는 것이 아니었다. 그는 허공의 묘용에 대해서 「太虛空의 神通廣大함을 누가 알 것인가? 그가 나이고 내가 그이니, 일체가 虛空이다.」[31]라고 하여 太虛空의 神通廣大함의 역량을 지적하고 있다. 여기서 그가 뜻하는 太虛空이란 기독교의 造物主와 같은 개념은 아니고, 그와 내가 一體가 되는 天地合一의 관념으로서, 虛空이란 사람의 本性이며 생명의 本眞이고 眞身(道의 本體)이라고도 할 수 있다. 이 本性이란 밖에서 구할 수 있는 것이 아니기 때문에 신선이나 부처가 되어야만 얻는 것도 아니며, 그저 自我本性의 自由自在함을 얻으면 되는 것이다.

羅는 이러한 자신의 깨달음은 眞空法(無爲法)을 통해서만이 얻을 수 있다고 하였다. 이 無爲法은 羅祖思想의 중요한 개념으로, 羅의 虛空

29) 『苦功悟道卷』 第13 「里外透徹品」: 我今參到這一地步, 才得自在縱橫. 裏外透徹, 打成一片. 無裏無外, 無東無西, 無南無北, 無上無下, 縱橫自在. 行住坐臥, 明明朗朗一段光明. ……, 十三年苦功, 才得明徹, 才得省悟.

30) 韓秉方「羅教與五部六冊」『中國民間宗教史』(上海 上海人民出版社 1992) p.200.

31) 『苦功悟道卷』 第14 「威音王以前品」: 誰知道, 太虛空, 神通廣大, 他是我, 我是他, 一體 虛空.

思想과 불교의 眞如, 도교의 道는 표면적으로 유사한 것 같지만 실제적으로는 차이가 크다. 이들 간의 큰 차이점은 羅는 허공의 묘용을 중시하고 생사의 해탈을 강조하는 것이다. 인간의 본성은 본디 완전무결하여 굳이 수행에 의해 높아질 필요가 없기 때문에 在家者나 出家者, 승려나 속인, 남녀의 구별도 없으며, 학문이나 불법도 모르고, 많은 죄를 저지른 죄인조차도 마음을 바꾸고 本體를 깨달으면 구제를 받을 수 있다는 것이다. 학식이나 수행이 깨달음의 전제조건이 아니기 때문에 僧侶나 道士나 秀才가 아니라도 누구나 無爲法에 의해 본체를 깨닫는 것이 중요하다고 하였다. 羅의 사상이 당시 民衆들에게 쉽게 다가갈 수 있었던 요인은 바로 이러한 대중성에 있다. 또 羅가 특히 현실에서의 해탈을 중시한 점이 일반 백성들이 현실의 고난을 벗어나서 영생과 유유자적함을 구하고자 하는 심리와 일치된 점도 민중들의 호응을 얻을 수 있었던 또 하나의 요인이 되었다.

第二章 羅祖의 『五部六冊』

『五部六冊』은 第1部 『苦功悟道卷』, 第2部 『歎世無爲卷』, 第3部 『破邪顯証鑰匙卷』2冊(簡稱 『破邪顯證卷』), 第4部 『正信除疑無修證自在寶卷』(簡稱 『正信除疑卷』), 第5部 『巍巍不動太山深根結果寶卷』(簡稱 『深根結果卷』)으로 구성되었는데, 『破邪顯証鑰匙卷』이 2冊이기 때문에 보통 『五部六冊』이라고 한다. 『五部六冊』을 최초의 종교보권이라고 하며, 아래에서는 보권이 성립되는 과정과 『五部六冊』의 體裁와 底本 등을 살펴보기로 한다.

第一節 寶卷의 成立

羅祖가 지은 『五部六冊』은 『五部寶卷』이라고 하여, 寶卷에 속한다. 보권은 俗文學, 혹은 大衆文學이라 하여 일반 서민대중 사이에서 주로 유행한 문학작품을 말한다. 그러나 초기의 보권은 보통 민간종교의 敎義나 儀式, 戒規 등을 주요 내용으로 하고 있으며, 이것은 보권의 유래가 불교에서 연원한 것이기 때문이다. 그래서 明 中期에 성립된 종교보권은 당시 성행한 민간종교와 밀접한 관련을 가지고 있으며, 민간종교사상을 연구하는 좋은 자료이기도 하다.

「寶卷은 變文의 嫡派子孫」[32]이라고 하는데, 이 뜻은 보권이 變文으로부터 轉化된 것이라는 것이다. 따라서 보권의 의의를 제대로 밝히기 위해서는 그 연원이 된 변문에 대해서 살펴보는 것이 필요하다. 변문은 그 기원이 7세기경까지 올라가는데, 당시 불교사원에서 대중을 상대로 행해지던 「俗講」의 내용을 기록한 것을 말한다. 俗講이란 傳敎를 목적으로 불경의 이론을 통속화하고 평이하게 하여 일반대중에게 들려주던 것이다. 따라서 俗講을 기록한 변문은 그 형식이 口語體로 되어 있고, 중간에 唱이 들어가며, 韻文과 散文이 결합되어 있어 보통 說唱文學이라고 한다.

變文에 관해서는 「變」字의 의미를 통해서 살펴볼 수 있는데, 첫째는 mandala (曼荼羅) 혹은 citla(繪畵)의 音譯이라는 說, 둘째는 神變의 뜻으로, 주로 내용이 불교의 神變이나 變異之事를 담고 있기 때문이라는 說, 셋째는 불경을 俗講의 형태로 변경했다는 의미라는 說로, 「變易」과 「改變」의 뜻이라는 說이다.[33] 이상의 정리에서 변문은 승려들이 說唱의 형식을 이용해서 심오한 불경을 통속화된 언어로 옮겨서 하층민중이 쉽고 즐겁게 볼 수 있도록 한 것임을 살필 수 있다. 변문의 내용은 주로 불경의 故事, 歷史故事, 民間의 傳說을 소재로 하였다. 宋 眞宗時(998-1020)에 불경의 통속화를 우려하여 승려들이 변문을 講唱하는 것을 금지한 이후로 변문은 쇠퇴하였다. 그러나 선종이 흥기하면서, 다시 승려들이 시장 등에서 「談經」 「說諢經」 「說參請」을 하게 되었는데, 이러한 談經, 諢經이 발전하여 보권이 된 것이다.[34]

---

32) 鄭振鐸 「寶卷」 『中國俗文學史』 (台北 商務印書館 1938初版, 北京 1998) p.307.

33) 두 번째說은 孫楷第의 견해(「變文之解」 『現代佛學』1卷 10期), 세 번째 설은 周紹良의 견해(「談唐代民間文學」 『新建』1963年 1月號)라고 하였다. 徐小躍 『羅教·佛教·禪學』(南京 江蘇人民出版社 1999) pp.52-53.

34) 寶卷에 대한 연구로는 澤田瑞穗 『寶卷の硏究』(東京 國書刊行會 1975) p.2, 李世瑜 「寶卷新硏」 『文學遺產增刊』 第4輯(1957) p.165-181, 曾子良 『寶卷之硏究』(臺北 政大中硏所碩士論文 1975) p.18-33.가 있는데, 이것은 주로 演唱故事의 민속문화에 대한 연구이다. 이들의 보권에 대한 정의를 정리해 보면, 澤田瑞穗는 「寶卷은 宋元 이래 科

『五部六冊』은 최초의 종교보권으로서, 明 正德年間에 시작하여 萬曆, 崇禎時代에 이르기까지 민간종교의 여러 교파에서 크게 성행한 보권이다. 明代의 종교보권은 민간의 비밀종교단체에서 주로 사용하였기 때문에 그 전달이 비밀에 속하였고, 정부의 탄압과 법률의 엄금 때문에 현존하는 것이 별로 없다. 다행히 청 중기 直隷의 관료인 黃育楩이 민간종교를 비판할 목적으로 그 지역의 민간종교경전을 수집하여 편찬한 『破邪詳辯』에 총 68종의 經卷이 보존되어 있을 뿐이다. 그런 의미에서도 현존 최고의 종교보권인 『五部六冊』의 보존은 매우 중요한 의미를 지니고 있으며, 明代 宗敎結社를 연구할 수 있는 가장 직접적이고 구체적인 문헌이고, 특히 無生老母信仰의 기원을 연구하는 좋은 자료이다. 明 中期 이후, 종교보권은 교육수준이 낮은 일반 민중의 수준에 맞도록 더욱더 俚俗化되고 口語化하여 더욱 쉽게 자신들의 宗敎敎義를 전달하고자 하였기 때문에 일반대중들의 애독물이 되었으며, 이러한 점이 정통 불교경전과의 차이점이라고 할 수 있다.

『五部六冊』이 중국의 民間宗敎史에서 차지하는 비중은, 이 책이 사상적으로 불교적 색채가 비교적 두드러지지만, 실질적으로는 儒道佛 삼교의 사상을 골고루 흡수하여 융합 내지 혼합하고 있는 점이다. 羅祖는 三敎經典의 현묘한 철학사상을 통속화하고 세속화하여 일반대중들이 알기 쉽게 바꾸어서, 바로 보권의 형식을 통해서 전달한 것이다. 이것은 中國宗敎史의 일대 변혁으로, 正統이라는 구종교를 대신해서 새 시대의 민중의 요구에 부합하는 새로운 종교의 창교를 목표로 한 것이다. 羅의 이러한 목표는 마침 明代에 정통종교가 세속화하고 삼교합일

儀書의 連續」이라고 하였다. 李世瑜는 「寶卷은 모두 明代 중엽 비밀종교의 經典으로 明 正德年間 無爲敎主 羅祖의 五部六冊의 종교보권에서 비롯되었는데, 이것은 無生老母信仰을 핵심으로 하는 민간교단의 경전」이라고 하였다. 曾子良은 「宋元 이래의 보권은 和尙에 의해 민간에 유행되었는데, 道士나 巫覡 및 신흥종교에서도 그 체제를 모방하여 자신들의 교의를 선전하고 민중에 영합하였다.」고 하였다.

의 풍조가 만연하는 시대조류와 부합되어 성공할 수 있었다. 그는 創教시에 선종의 六祖慧能을 모방하였는데, 두 사람 모두 빈한한 가정 출신이라는 것이나 지식수준이 높지 않았다는 것, 그리고 六祖가 『金剛經』을 듣고 깨달음을 얻은 것처럼 羅는 『金剛科儀』를 듣고 始覺明心한 공통점이 있다. 그래서 羅는 『五部六冊』에서 『六祖壇經』을 많이 인용하였으며, 후대의 민간종교에서는 羅를 馬祖道一 이후 선종의 8대 祖師라고 인정하는 教派도 있다.

『五部六冊』은 간행되자 일반 민중에게 환영을 받아 전국적으로 널리 보급되었으며, 심지어는 정통 불교와 도교를 위협할 정도로 확산되었다. 萬曆 13年(1585) 明末 4대 고승인 憨山 德清(1546-1623)은 山東의 嶗山부근에서 羅祖의 세력 확산에 대해서 「지금 外道인 羅清이란 자는 山下의 城陽人인데, 外道가 나서 자란 곳이기 때문에 그 教가 東方에 널리 행해졌다. 三寶가 있음을 절대로 알지 못하나, 내가 여기에 거하는 동안 점점 (佛教)를 포섭하여 변화시켰다.」[35]고 당시 나교의 교세확산을 전하고 있다. 4대 고승 중의 한 사람인 雲棲 袾宏(1535-1615)도 「羅氏 성의 사람이 五部六冊을 지어 無爲卷이라 칭하니, 어리석은 자들이 그를 쫒는 자가 많으나, 이것은 잘못된 것이다. ……, 저들은 입으로는 清虛를 말하나 마음으로는 利養을 도모하며, 이름은 無爲라 하지만 실은 有爲일 뿐이다. 사람들은 그것(五部六冊)이 불경을 어지러이 인용한 것을 보고 또 正道라고 말하나, 正을 빌려 邪를 도우려 하는 것을 알지 못하니, 귀머거리와 소경을 속이는 것이다. 무릇 우리 불교도들은 힘써 그들을 물리쳐야만 한다.」[36]고 나교의 眞義를 지적하고 있다. 高僧 紫柏 達觀(1543-1603)의 제자 密藏 道開도 羅教가 白蓮教

35) 『憨山老人夢遊集』 卷53 「自序年譜實錄」 萬曆13年條: 方今所云外道羅清者, 乃山下之城陽人, 外道生長地, 故其教徧行東方. 絶不知有三寶, 予居此, 漸漸攝化.

36) 『蓮池大師全集』 「正訛集」: 有羅姓人, 造五部六冊, 號無爲卷, 愚者多從之, 此訛也. ……, 彼口談清虛, 而心圖利養, 名無爲而實有爲耳. 人見其雜引佛經, 便謂亦是正道, 不知假正助邪, 誑嚇聾瞽, 凡我釋子, 宜力攘之.

보다도 폐해가 더 심하다고 하며, 『五部六冊』에 註釋을 한 蘭風을 「近代魔種」이라고까지 비난하였다.

第二節 『五部六冊』의 體裁

『五部六冊』이 처음 간행된 것은 明 武宗 正德 4年(1509)이다. 羅祖는 悟道를 이룬 이후, 전교를 하며 자신의 종교사상을 더욱 가다듬었고, 감옥에 갇혔을 때 徒弟에게 口授하여 기록하게 하였다. 그리고 고관들의 도움을 얻어 정식으로 간행하게 되었으니, 바로 成化 18年(1482)에 悟道한 지 27년 만의 일이다. 그러나 이 판본은 아직 分品이 되어 있지 않았고, 思想의 깊이에서도 성숙되지 못한 점이 있다. 『五部六冊』은 그 후에도 계속 간행이 이어져서 많은 판본이 있는데, 그중 逸失된 것도 있다. 『五部六冊』의 판본과 보존현황에 대해서는 『中國民間宗教史』에서 상세한 조사 결과를 내놓았다.37)

〈表 3〉 羅祖 『五部六冊』의 出版 現況

經名 所藏者 版本	苦功卷	歎世卷	鑰匙卷(上)	鑰匙卷(下)	正信卷	泰山卷	備注
1 武宗 正德4年本(1509年)				吉	付, 吉	付, 吉	原刊本
2 武宗 正德9年本(1514年)							『五部六册』卷後刊記에 근거.
3 世宗正德13年本(1518年)							御制龍牌本, 『三祖行脚因由寶卷』에 근거.

37) 韓秉方「羅祖與五部六冊」『中國民間宗教史』(上海 上海人民出版社 1992) pp.178-181

經名 / 所藏者 / 版本	苦功卷	歎世卷	鑰匙卷(上)	鑰匙卷(下)	正信卷	泰山卷	備注
4 世宗嘉靖28年本(1549年)	付, 吉						
5 神宗萬曆元年本(1573年)							大同府蔚州積善堂重刊, 江西南昌藏本卷後刊記에 근거.
6 神宗萬曆4年本(1586年)	付						
7 萬曆23年本卽乙未本(1595年)	付, 杜, 吉	付, 杜	付, 杜	付, 杜			
8 萬曆24年本(1596年)	付						
9 萬曆25年本(1597年)			普	普		普	天津圖書館소장.
10 萬曆29年本(1601年)							『五部六册』卷後刊記에근거.
11 萬曆40年本(1612年)			普	普		普	天津圖書館소장.
12 萬曆43年本卽乙卯本(1615年)		澤	澤			澤	羅文學校訂本.
13 萬曆46年本(1618年)							南京禮部査禁本.
14 萬曆本		付				吉	年月미상.
15 明刊本(1)	普	杜			付, 杜	鄭, 杜, 吳	
16 明刊本(2)		鄭			李		
17 覆正德本		普, 付, 酒			酒	吉	崇禎年間刊印추정.
18 萬曆24年補注本(1596年)							『開心法要』本.同治8年本刊記에 근거.
19 毅宗 崇禎2年 會解本(1629年)					澤	澤	
20 淸 世祖 順治9年本卽『開心法要』本(1652年)	窪	窪	窪	窪	窪	窪	萬曆24年本重刊에근거, 嘉慶7年, 道光27年, 同治8年3次再版重印, 日本窪德忠소장.
21 聖祖康熙9年本(1670年)							『五部六册』卷後刊記에 근거.
22 康熙11, 14年本(1672年, 1675年)			大淵	大淵		大淵	
23 康熙41年本(1702年)							蘇州經鋪陳松僞造護道榜文本, 以後多次印刷.据檔案
24 康熙本						吉	
25 仁宗嘉慶元年本(1796年)							江西南昌藏本, 爲普信据萬曆元年本重刊

* 所藏者의 이름은 付→付惜華, 普→普蔭堂, 杜→杜穎陶, 鄭→鄭振鐸, 吳→吳曉鈴, 李→李世瑜, 吉→吉岡義豐, 澤→澤田瑞穗, 酒→酒井忠夫, 大淵→大淵忍爾, 窪→窪德忠을 말한다.

이들 가운데 중요한 판본별로 그 상황을 살펴보면, 첫째 正德 4年 原刊本은 崇禎 2년(1629) 金陵의 華陽居士 王海潮가 지은『會解』에 「이 經은 正德 4年에 전국에 보급되어 지금에 이르기까지 7帝(武宗, 世宗, 穆宗, 神宗, 光宗, 熹宗, 毅宗) 백여 년이 되었다.」[38]고 하여, 백년 이상이나 보급되고 있었음을 알 수 있다.

둘째 正德 13年(1518)本은 正德 9年本에 이은 세 번째 板本으로, 책 앞에 「御製龍牌」라는 표시가 있기 시작하였다. 이때부터『五部六冊』은 황제의 聖旨를 받은 경전이라고 하여 일반 민중 사이에서 더욱 확산되기 시작하였다.

셋째 萬曆(1573-1620)時代에는『五部六冊』의 간행이 가장 성행하여 무려 11차례 이상이나 간행되었다. 이 시기는 민간종교사에서 중요한 시기로, 수많은 민간종교교파가 일어나고 종교보권이 간행된 때이다. 神宗의 生母인 李太后가 불교뿐만 아니라 민간신앙에 대해서도 깊은 관심을 기울였기 때문에 당시 각지에 寺廟가 대대적으로 정비되어「天下寺廟明朝修」라 할 정도였다.[39] 清代에 와서도「萬曆 이전에는 近世의 邪教가 없었다.」[40]고 하여 萬曆 이후 민간종교가 크게 성행하였음을 인정하고 있다. 이 시기에『五部六冊』은 산동뿐만 아니라 南京과 蘇州 등지에서도 간행되었으며, 심지어는 불교의 大藏經에 편입하려는 시도까지 있었다.

---

38)『會解』: 此經, 正德四年, 流通天下, 至此七帝, 百有餘年.

39) 寺廟에는 祠廟, 寺院, 宮觀이 모두 포함되는데, 中國民間信仰의 開放性과 非系統性이라는 특징 때문에 그 가운데 祠廟의 유형이 매우 풍부하였다. 祠廟란 民間信仰의 神祇 계통이 道教俗神과 결합한 형태로, 明清代의 地方志에 보이는 祠廟를 그 기능에 따라 세 가지 종류로 나누었다. 첫째 教化性祠廟로는 忠義祠, 孝悌祠, 名宦祠, 鄉賢祠, 仰高祠, 遺爱祠, 理學祠, 崇聖祠 등이 있고, 둘째 保障性祠廟로는 風神廟, 東岳廟, 龍王廟, 天後宮, 藥王廟, 財神廟, 雷神廟, 城隍廟 등이 있는데 이들의 대부분이 민간신앙의 숭배 대상이 되는 것이다. 셋째 記念性祠廟는 역사문화의 名人을 모신다. 段玉明『中國寺廟文化論』(長春 吉林教育出版社 1999) pp.78-81.

40) 黃育楩『破邪詳辯』: 萬曆以前, 並無近世之邪教.

넷째 『五部六冊』에 대한 注解와 評釋에서 뛰어난 것은 萬曆 24年(1596) 臨濟正宗26代蘭風老人이 評釋하고 臨濟正宗27代蘭風法嗣松庵道人王源靜이 補注한 『開心法要』本(『金剛般若經注解全集』)이다. 이 板本은 順治 9年(1652) 重刊, 嘉慶 7年(1802) 重刊, 道光 27年(1847) 重刊되었다. 이 板本에는 「補注開心法要日用家風敍」와 「祖經法要補注宗教會元序」라는 두 편의 序文이 있는데, 여기에서 「저 開心法要는 大道의 提綱이요, 虛空의 鎖鑰이며, 今古의 疑團이요, 人天의 眼目이요, 道의 途程이고, 聖凡의 階級이며, 1700의 消息이요, 3藏12部의 根源이요, 行人의 徑路요, 日用의 生涯며, 目前의 活計이다. ……. 이 法要는 이치를 깨닫는 門을 여는 것이다.」[41]라고 하여, 開心法要의 뜻을 풀이하고 있다. 『五部六冊』은 蘭風과 王源靜의 정리를 거쳐서 체계화가 이루어지고 내용이 더욱 충실해졌으며 규모가 더욱 방대해졌다. 따라서 단순한 보권의 수준이 아닌 經典의 체재를 갖추게 되었으며, 또한 그들이 임제종의 승려였기 때문에 불교적인 색채가 가미되었다.

이처럼 『五部六冊』은 단번에 완성되었다기보다는, 羅祖 이후 蘭風과 王源靜의 노력이 합해져서 비로소 체계를 갖추게 되었다. 비록 불교적 색채가 강하다고는 하나, 그 근본교리는 儒道佛을 융합한 새로운 차원의 종교를 지향했으며, 불교의 개혁파임을 자임하기도 하였다.

『開心法要』本에 의거하여, 『五部六冊』의 각 卷의 내용과 제목을 정리해 보면, 『五部六冊』의 제목은 『苦功悟道卷』, 『歎世無爲卷』, 『破邪顯証鑰匙卷』, 『正信除疑無修證自在寶卷』, 『巍巍不動太山深根結果寶卷』이다.

『苦功悟道卷』에서는 羅祖의 13년간의 悟道過程을 서술하고 있고, 2

---

41) 『開心法要』 「補注開心法要日用家風敍」: 夫開心法要者, 乃大道之提綱, 是虛空之鎖鑰, 今古之疑團, 人天之眼目, 道者之途程, 聖凡之階級, 一千七百之消息, 三藏十二部 之根源, 行人之徑路, 日用之生涯, 目前之活計. ……. 此法要者, 開示悟入之門.

卷 18品(18參)으로 구성되어 있다. 각 品의 명칭은 第一歎世無常品, 第二思慕家鄉品, 第三尋師訪道品, 第四看破頑空品, 第五撥草尋踪品, 第六破相拈情品, 第七達本尋源品, 第八無處安身品, 第九穿山透海品, 第十說破無心品, 第十一不執有無品, 第十二孤光獨耀品, 第十三里外透徹品, 第十四威音王以前品, 第十五道無修証品, 第十六混元一体品, 第十七樂道酬恩品, 第十八唱演眞乘品 등이다.

『歎世無爲卷』에서는 인생과 세상의 끝없는 고난을 탄식하고, 세상 사람들이 끝없는 고해와 생사에서 벗어나려면 明師에게 참배하고 無爲教에 가입해야 한다고 역설하고 있다. 『歎世無爲卷』은 2卷 12品으로 구성되어 있으며, 각 品의 명칭은 第一品은 品名이 없고, 第二破迷顯正品, 第三慈悲水懺品, 第四一句妙義品, 第五祖歎貧究品, 第六祖歎受富品, 第七祖歎宰官品, 第八祖歎出家品, 第九祖歎賊盜品, 第十破迷顯正品(第二品과 同名), 第十一破諸經偈品, 第十二厭世酬法品 등이다.

『破邪顯証鑰匙卷』에서 「破邪顯証」이란 불교에서 邪道를 쳐부수고 正法을 나타내는 것을 가리키는 용어인데, 이러한 불교적 용어를 사용하여 일체의 「有爲之法」은 邪法이므로 버리고 「無爲正法」을 깨달아야 할 것을 싣고 있다. 또 이러한 無爲正法을 신도들에게 널리 알릴 것을 강조하고 있다. 『破邪顯証鑰匙卷』은 上, 下 각 2卷씩 모두 4卷 24品으로 구성되어 있으며, 각 品의 명칭은 第一破不論在家出家辟支佛品, 第二破四生受苦品, 第三破悟道末後一着品, 第四破覽集方便修三十三天諸天品, 第五破三寶神通品, 第六破禪定, 威儀, 白蓮, 無想天品, 第七破十樣仙品, 第八破覽集, 金剛儀, 論布施, 咸悟菩提, 重辯重征豈識覺性品, 第九破受戒品, 第十破無修征傀儡, 金剛經, 四果羅漢, 人天往返, 輪王十善化道品, 第十一破釋迦輪王, 多寶, 三菩提品, 第十二破大顚無垢, 無佛, 無人, 無修證, 人法雙忘品, 第十三破念經念佛, 信邪燒紙品, 第十四破出陽有爲法, 定時刻廻品, 第十五破道德淸靜經品, 第

十六破六道四生品, 第十七破稱讚妙法品, 第十八破涅槃經十住菩薩墮地獄, 覽集持戒懺悔殺生, 不學大乘法, 無吐唾地品, 第十九破行雜法墮地獄品, 第二十破念經品, 第二十一破無上妙法, 血脈論行壇品, 第二十二破達磨血脈論品, 第二十三破大道本無一物好心二字品, 第二十四破乾坤世界連環無盡究子品 등이다.

『正信除疑無修證自在寶卷』은 비교적 늦게 편찬된 經卷으로, 내용이나 형식 면에서 훨씬 정비되었으며, 처음으로 보권이란 명칭을 사용하고 있다. 나교의 교의를 본격적으로 서술하여, 교도들로 하여금 無爲大道에 대한 信心을 가지고 일체의 相에 집착하는 邪法을 배척할 것을 주장하였으며, 당시의 白蓮教, 彌勒教, 玄鼓教에 대해 비판하는 내용을 담고 있다. 『正信除疑無修證自在寶卷』은 4卷 25品으로 구성되어 있으며, 각 品의 명칭은 第一諸惡趣受苦熬大却無量品, 第二歎人生不長遠品, 第三往生淨土品, 第四尙衆類得正法歸家品, 第五無極化現度衆生品, 第六化賢人勸衆生品, 第七飮酒退道殺生品, 第八蓋古人錯答一字品, 第九執相修行落頑空品, 第十虛空架住大千界品, 第十一捨身發願度人品, 第十二先天大道本性就是品, 第十三布施品, 第十四快樂西方人間難比品, 第十五報恩品, 第十六本無嬰兒見娘品, 第十七本無一物性在前品, 第十八拜日月邪法品, 第十九彌勒教邪氣品, 第二十西方淨土人人有迷人不知往西求品, 第二十一不執有無心空品, 第二十二不當重意品, 第二十三行雜法儀病品, 第李十四安心品, 第二十五明心了潔品 등이다.

『巍巍不動太山深根結果寶卷』은 가장 나중에 완성된 보권으로, 나교의 주요 교의 가운데 우주의 근본이 무엇이고 세계가 어떻게 생성되었는가 하는 우주관과 본래면목을 알아야 見性成佛할 수 있다는 이론, 그리고 신도들이 지켜야 할 戒律 등이 실려 있다. 『巍巍不動太山深根結果寶卷』은 4卷 24品으로 구성되어 있으며, 각 品의 명칭을 보면, 第一劫量退道苦不可說品, 第二君子人悔前小兒人悔後品, 第三這妙法不

著無量大福遇不著品, 第四一字流出萬物的母品, 第五那個有壞那個不壞品, 第六先有本來面目後有天地品, 第七自家眞身不認一包膿血肯認品, 第八未曾初分天地先是現成品, 第九萬物都有壞自有一個不壞品, 第十但有執著牽連不自在品, 第十一那是大道那是比法品, 第十二歸家人不知在何處細說便知品, 第十三自家人身無諸病苦品, 第十四自家人身愚癡不信品, 第十五踏不著實地自說大病品, 第十六行的巍巍不動深根品, 第十七未曾初分無極太極鷄子在先品, 第十八迷人不敢承當現成的品, 第十九習神通障道品, 第二十知家鄕無邊好事退道品, 第二十一旣無好事帝王將相歸家品, 第二十二迷人說未到古人田地自家就是品, 第二十三流浪家鄕受苦品, 第二十四受持神鬼耳報知人好來歹來品 등이다.

다음 『五部六冊』의 형식은 보권과 마찬가지로 韻文과 散文으로 구성되어 있는데, 비율로 볼 때 대부분이 韻文의 형식으로 되어 있다. 산문이 쓰이는 경우는, 운문 앞에서 교의의 주요 이론을 설명할 때나 기타 종교 經文을 인용하거나 經文을 해설할 때 조금 쓰이는 정도이다.

『五部六冊』의 대부분을 구성하고 있는 운문은 음악적 특성을 이용하여 중요한 語句를 반복하여 신도들이 쉽게 기억하도록 하는 효과가 있다. 운문의 형식은 四言, 五言, 六言, 七言과 十言의 다섯 가지인데, 七言과 十言이 주로 쓰였다. 그중 十言은 3, 3, 4의 형태로 이루어져서 읽기에도 편하고 쓰이는 용어도 口語와 俚語를 사용하여 일반 민중들이 쉽게 이해할 수 있도록 하였다. 十言韻文은 원래 민간 희곡의 說唱文學에서 유래된 것으로, 『五部六冊』은 이러한 민간의 통속적인 문학의 형식을 빌어서 민중의 수준에 맞춘 것이다. 『五部六冊』에서는 특히 排比, 重疊, 反復의 형식을 통해서 중요사실을 강조하는 특색이 강하다. 예를 들면, 「輪廻」「自在縱橫」「本來面目」 등의 개념이 경전 안에서 무수히 반복되고 있으며, 「這眞身」「本是眞空能變化」 등을 排比하여 그 개념을 반복 강조하고 있다. 이것은 추상적인 개념을 무수히 반복함을 통해서 강한 인상을 남겨서 점점 구체화시키고 통속화시키는 효과를 내도록 한 것이라고 할 수 있다. 즉 형이상학적인 宗教教義를 이해하기 어려운 일반 민중들로 하여금 어려운 개념을 친숙하게 받아들이도록 한 것이다. 사실 『五部六冊』에는 불합리한 이야기나 史實과는 모순되는 내용들이 있으나, 백성들은 이러한 사실과는 관계없이 경전의 내용을 통해서 종교의 진리를 이해하고 특히 無生老母의 보살핌을 받고 眞空家鄉에 갈 수 있다는 희망을 품음으로써 현세의 고난을 인내할 수 있는 힘을 제공받는다고 할 수 있다.

第三節 『五部六冊』의 底本

『五部六冊』은 내용이나 형식 면에서 불경의 영향을 받은 것이 사실이다. 袾宏은 「其雜引佛經」이라 하여 그 사실을 인정하였고, 明末淸初의 승려인 弘贊도 「解惑篇」에서 『五部六冊』은 불경과 諸語錄에서 훔쳐온 것이라고 비난하였다. 淸 중엽 『破邪詳辯』에서 「每卷의 名目은 佛說 2字를 앞에 붙이니, 어리석은 백성은 무지해서 이미 佛說을 이엇다라고 여겼다.」[42] 하여 『五部六冊』이 그릇되게 불경을 이용한 사실을 지적하고 있다. 『五部六冊』의 각 品名을 보면 불경과 관련된 용어가 많이 사용되고 있으며, 『開心法要』의 原名이 『金剛般若經注解全集』이라는 사실도 이러한 사실을 뒷받침하고 있다.

『五部六冊』에서 인용된 책에 대해서도 상세하게 조사 정리되어 있는데, 5-6가지로 그 종류를 구분하여 수록하고 있다. 『羅祖の無爲教』에서

42) 黄育楩 『破邪詳辯』: 每卷名目冠以佛說二字, 愚民無知, 以爲旣系佛說.

다섯 가지 종류로 구분하여 정리된 것을 아래에서 보면[43)]

(1) 佛教經典: 『金剛經』『圓覺經』『華嚴經』『涅槃經』『般若心經』『法華經』『楞嚴經』『報恩經』『譬喩經』
(2) 科儀懺法典籍 및 經論: 『金剛科儀』『金剛經論』『金剛儀論』『大藏一覽集』『經律異相』『慈悲水懺』『地藏科儀』『智度論』『大丈夫論』『地獄論』
(3) 寶卷: 『彌陀寶卷』『香山寶卷』『金剛寶卷』『圓覺卷』『圓通卷』『地藏卷』『目蓮卷』『心經卷』『法華卷』『無相卷』『正宗卷』『淨土卷』『無漏卷』『염子卷』『因行卷』『昭陽卷』『優曇卷』『大乘卷』『一藏經』『壽生經』
(4) 僧衆宣教作品: 『六祖壇經』『傳燈錄』『廬山寶鑑』『優曇語錄』『淨土指歸集』『龍舒淨土文』『慈心功德錄』『明心寶卷』『大顚註解心經』『無垢注解心經偈』『釋迦佛厭身文』
(5) 道教經典과 類書: 『清淨經』『道德經序』『悟眞篇』『羣書類要事林廣記太極圖』

로 하여, 불교경전 이외에 科儀書, 寶卷, 語錄과 같은 승려들의 作品, 그리고 도교경전 등으로 구분하고 있다.

『中國善書の研究』에는 여섯 가지 종류로 나누어 정리하였는데,[44)] 아래에서 소개하면

(1) 『金剛經』『金剛眞經』『圓覺經』『華嚴經』『大涅槃經』『涅槃經』『小涅槃經』『般若心經』『般若經』『金剛般若心經』『心經』『法華經』『楞嚴經』『報恩經』『譬喩經』『彌陀經』『大彌陀經』『一藏經』『壽生經』『佛因果經』『智度論』『大丈夫論』『地獄論』『金剛論』『姚秦三藏西天取清

43) 澤田瑞穗「羅祖の無爲教」『東方宗教』第1, 2號 (1951) p.325.
44) 酒井忠夫『中國善書の研究』(東京 國書刊行會 1972) pp.440-441.

淨解論』

(2)『金剛科儀』『金剛經科儀』『金剛儀論』『圓覺科儀』『慈悲水懺』『水懺』

(3)『彌勒寶卷』『彌陀卷』『大彌陀卷』『香山寶卷』『香山卷』『金剛寶卷』『大乘金剛寶卷』『圓覺卷』『圓通卷』『地藏卷』『目蓮卷』『心經卷』『法華卷』『無相卷』『淨宗卷』『淨土卷』『無漏卷』『염子卷』『因行卷』『昭陽卷』『優曇卷』『大乘卷』『科儀卷』『宗服語錄寶卷』

(4)『六祖壇經』『六祖經』『傳燈錄』『傳燈』『參禪傳燈』『盧山寶鑑』『優曇語錄』『優曇』『龐居士』『就舒淨土文』『淨土指歸集』『慈心功德錄』『明心寶鑑』『無上妙法血脈論』『大顚注解心經』『無垢注解心經』『釋迦佛厭身文』

(5)『大藏一覽集』『大藏覽集』『覽集』『經律異相』

(6)『道德清淨經』『清淨經』『太上老子道德經』『道德經』『悟眞篇』『大學書』『中庸書』『羣書類要』『事林廣記說太極圖』『事林廣記』

라 하여, 역시 佛教經典을 중심으로 科儀書, 寶卷, 禪師語錄, 類書, 道教經典 등으로 나누고 있다.

日人 학자들이 단순하게 목록만을 나열한 것과는 달리, 鄭志明의『無生老母信仰研究』에서는『五部六冊』에서 인용된 책들을 수치화하여 나타냄으로써 일목요연하게 그 영향 정도를 쉽게 알아볼 수 있도록 도표화하였는데,[45] 아래와 같다.

45) 鄭志明『無生老母信仰研究』(臺北 文史哲出版社 1985) pp.223-231.

〈表 4〉『苦功悟道卷』引用表

引用書名	回　數	引用品名	備　注
『涅槃經』	3	第18品	第30卷, 第28卷
『金剛經』	4	第18品	
『圓覺經』	1	第18品	下　卷
『龐居士語錄』	1	第18品	
『傳燈錄』	1	第18品	
『大藏一覽集』	2	第18品	流通品, 壽命童子經
『金剛科儀』	1	第18品	
『大乘金剛寶卷』	1	第18品	
『心經卷』	1	第18品	

〈表 5〉『破邪顯證鑰匙卷』引用表

引用書名	回數	引用品名	備　注
『大涅槃經』	12	第4, 6, 17, 18, 19, 20, 24品	第16, 30, 27, 32, 26, 19卷
『金剛經』	13	第1, 4, 8, 10, 19, 23品	
『圓覺經』	5	第1, 24品	
『小涅槃經』	1	第4品	
『法華經』	3	第5, 24品	第4卷
『楞嚴經』	2	第5, 7品	第9卷
『報恩經』	2	第6, 10品	第3, 20卷
『佛因果經』	1	第7品	
『華嚴經』	2	第16, 24品	
『金剛(儀)論』	3	第2, 4, 23品	
『智度論』	1	第8品	
『大丈夫論』	1	第8品	
『達摩血脈論』	1	第22品	
『龐居士語錄』	4	第4, 5, 9, 20品	
『優曇語錄』	1	第4品	
『傳大士』	1	第4品	
『宗鏡錄』	2	第5品	

引用書名	回數	引用品名	備 注
『廬山寶鑑』	1	第5品	
『法 苑』	1	第8品	
『淨土指歸集』	1	第10品	永明智覺禪師偈
『大顚注解心經』	4	第12, 16, 23品	
『無垢注解心經』	2	第12品	
『六祖壇經』	3	第6, 20品	
『燒 燈』	1	第6品	제10권
『傳燈錄』	3	第7, 10品	제8, 2권
『永嘉證道歌』	1	第18品	
『五燈會元』	1	第24品	黃龍祖心寶覺禪師
『宗眼語錄』	1	第6品	
『大藏一覽集』	16	第1, 4, 5, 6, 8, 18, 22品	流通品, 諸天品因本經, 三歸品華嚴經, 四不可得經, 臨終品, 梵志黑氏經, 究竟品, 布施品未曾有經, 布施品金剛品, 持戒品智度論, 懺悔品未曾有經, 四衆品, 般若品, 成壞品, 法身品
『金剛科儀』	22	第1, 2, 4, 6, 8, 10, 11, 12, 19, 20, 21, 24品	
『地藏科儀』	1	第13品	
『慈悲水懺』	1	第2品	
『圓通卷』	2	第1, 13品	
『心經卷』	1	第4品	
『大乘金剛寶卷』	2	第1, 14品	
『信邪燒紙寶卷』	2	第13, 14品	
『老君行壇記』	1	第22品	
『太上老子道德經』	5	第15品	

〈表 6〉『正信除疑無修證自在寶卷』引用表

引用書名	回數	引用品名	備　注
『涅槃經』	5	第1, 12, 13, 22品	第18, 28, 19, 30卷
『金剛經』	5	第8, 9, 13, 16, 22品	
『圓覺經』	3	第10, 11, 12品	
『報恩經』	3	第11, 19品	第7卷
『華嚴經』	1	第10品	第50卷
『心　經』	2	第9, 16品	
『大彌陀經』	1	第14品	
『龐居士語錄』	4	第10, 22, 23, 24品	
『優曇語錄』	2	第14, 20品	
『宗眼語錄』	1	第23品	
『龍舒淨土文』	1	第3品	
『大顚注解心經』	1	第1品	
『無垢注解心經』	1	第1品	
『六祖壇經』	2	第19, 23品	
『神僧傳』	1	第3品	第3卷
『大藏一覽集』	3	第1, 15品	十善品, 集劫量品, 流通品
『金剛科儀』	16	第1, 4, 5, 7, 8, 9, 10, 12, 13, 14, 16, 17, 25品	
『慈悲水懺』	1	第15品	
『圓覺科儀』	1	第23品	
『金剛寶卷』	2	第12, 21品	
『圓通卷』	1	第14品	
『(大)彌陀卷』	3	第1, 2, 12品	
『目連卷』		第2品	
『香山寶卷』	1	第12品	
『圓覺卷』	1	第14品	
『悟眞篇』	1	第6品	
『太上老子道德經』	3	第12品	

〈表 7〉『巍巍不動太山深根結果寶卷』引用表

引用書名	回數	引用品名	備　注
『涅槃經』	1	第24品	
『金剛經』	1	第17品	
『優曇語錄』	2	第1, 24品	
『大顚注解心經』	1	第24品	
『無垢注解心經』	1	第24品	
『大藏一覽集』	2	第1品	般若經
『金剛科儀』	12	第1, 7, 14, 19, 22, 23, 24品	
『圓覺卷』	1	第24品	
『金剛寶卷』	1	第19品	
『圓通卷』	1	第24品	
『群書類 要事林廣記』	2	第17品	
『太極圖說』	1	第17品	
『中　庸』	1	第17品	
『大　學』	2	第17品	

이상의 표에서 각 卷이 인용한 자료의 횟수는 『苦功悟道卷』은 15번, 『歎世無爲卷』은 15번, 『破邪顯証卷』은 126번, 『正信除疑卷』은 65번, 『深根結果卷』은 29번으로, 『破邪顯証卷』이 가장 많은 자료를 인용하였음을 알 수 있다. 인용서적 중에는 『金剛科儀』가 52번으로 가장 많은 횟수를 차지하고 있는데, 『金剛科儀』라고 명시하지 않고 인용한 것도 40여 차례나 되기 때문에 모두 90여 번이나 되는 셈이다. 『金剛科儀』는 羅祖가 13年의 悟道過程 중 3年 동안 연구한 경전으로, 羅의 사상(無爲法, 虛空觀, 地獄觀, 輪廻觀, 解脫論 등)에 가장 많은 영향을 끼친 것으로 파악된다. 그리고 그다음이 『大藏一覽集』으로 25번에 이른다. 이 책은 南宋 陳實이 편찬한 일종의 類書인데, 大藏經 5千卷의 내용을 분류, 정리해 놓아, 당시 일반 승려들이 상용하던 참고서였다. 지식수준

이 높지 않던 羅로서는 용이하게 이용할 수 있었던 常用百科事典이었던 셈이다.

위의 표에 의하면, 羅가 인용한 불경은 대략 네 종류로 분류할 수 있는데, 첫째 『佛教經論』系統, 둘째 『禪宗語錄』系統, 셋째 『淨土宗闡教』系統, 넷째 『佛教科儀寶卷』系統이다. 이들 불교 관련 經卷 외에 유교와 도교에 관련된 典籍은 『明心寶鑑』『老君行壇記』『太上老子道德經』『中庸』『大學』으로 그 종류도 얼마 되지 않고 인용 횟수도 작아서 羅의 사상에 끼친 영향은 그리 크지 않는 것으로 보인다.

羅가 正道經卷으로 인정한 것은 『大乘卷』『圓覺經』『金剛經』『心經』의 4종류뿐이며, 그 외의 經卷은 부분적으로 外道라고 하였다. 그 내용을 살필 수 있는 원문은 아래와 같은데

1) 科儀卷有外道七分言語, 地藏卷有外道七分邪宗.
2) 法華卷有外道七分言語, 心經卷有外道七分邪宗.
3) 無相卷有外道七分言語, 正宗卷有外道七分邪宗.
4) 彌陀卷有外道七分言語, 淨土卷有外道七分邪宗,
5) 無漏卷有外道七分言語, 睒子卷有外道七分邪宗.
6) 因行卷有外道七分言語, 香山卷有外道七分邪宗.
7) 昭陽卷有外道七分言語, 木蓮卷有外道七分邪宗.
8) 六祖卷有外道七分言語, 有外道添上的三分邪宗.
9) 一藏經有外道七分言語, 有外道添上的三分邪宗.
10) 優曇卷有外道七分言語, 壽生經是外道十分邪宗.
11) 還有他外道經不能細說, 出世人提防著識破邪宗.
12) 大乘卷是寶卷纔是正道, 圓覺經是正道都要明心.
13) 金剛經是正道能掃萬法, 說心經是一本都得明心.[46)]

---

46)『巍巍不動太山深根結果寶卷』第24「受持神鬼耳報知人好來歹來品」.

라 하여, 科儀卷이나 地藏卷, 六祖卷(六祖壇經)을 비롯한 대부분의 經卷은 어느 정도 邪宗思想이 섞였기 때문에 순수한 불경이라고 할 수 없고, 壽生經 같은 경우는 완전히 外道이며, 大乘卷, 圓覺經, 金剛經, 心經 등만이 正道의 경전이라고 하였다. 羅가 正道로 인정한 이들 네 경전의 내용을 살펴보면, 『大乘卷』은 민간 通俗佛教의 寶卷으로 불경이라고 할 수는 없으며, 이의 자세한 내용은 현재 알 수가 없다. 『圓覺經』은 『大方廣圓修多羅了義經』 혹은 『圓覺修多羅了義經』이라고 하며, 唐의 佛陀多羅가 번역하였다. 내용은 文殊와 普賢 등 12보살이 如來圓覺의 妙理와 觀行방법을 설교한 것으로 華嚴部에 속한다. 『金剛經』은 『金剛般若波羅密經』이라고 하며, 後秦의 鳩摩羅什이 번역하였다. 그 내용은 부처와 須菩提의 문답형식으로 「凡所有相, 皆是虛空.」의 萬法皆空의 사상과 「心無所住」의 해탈 수행방식을 싣고 있다. 大乘般若類의 경전 중 가장 중요한 경전으로, 중국에서 가장 널리 보급되었고, 禪宗의 주요 경전이다. 『心經』은 『般若心經』 혹은 『般若波羅密多心經』이라고 하며, 唐의 玄奬이 번역하였다. 全文이 260字로, 「心」을 핵심으로 하여 「諸法皆空」의 사상을 선양하고 있다.

이상의 사실에서 羅祖가 『五部六冊』을 저술하면서 불경의 도움을 가장 많이 받았음을 알 수 있다.

第三章 羅祖의 宗教思想

羅祖 종교사상의 연원과 내용을 이해하기 위해서는 우선 虛空으로 대변되는 그의 우주관에 대해서 살펴볼 필요가 있다. 그의 우주관은 儒道佛 3교의 영향은 물론, 당시 광범위하게 유포된 다른 종교교의와 형이상학적 사상 등이 포함되어 이루어졌다고 할 수 있다. 羅의 종교사상에 대해서 불교 선종의 성향이 짙다고 하는 사람도 있고, 도교적 영향이 더 농후하다고 하는 사람도 있지만, 그의 기본사상을 형성하는 우주관은 3교 창세관의 영향을 골고루 받아서 이루어진 것이다. 이들 가운데 전통적인 사상의 특성이라고 할 수 있는 天人合一的 우주관의 영향이 강하며, 무생노모신앙 역시 唯一創造神的 관념이라기보다는 천인합일에 가까운 사상이라고 볼 수 있다.

한 사상이 성립되려면 사상가 개인의 체험적인 사유도 중요하지만, 그에 못지않게 그 자신이 살고 있던 시대사조에 대한 고찰도 의의가 있다고 생각된다. 이런 의미에서 羅의 사상은 하층계급출신으로서의 그의 개인적인 문화의식도 경시할 수 없지만, 明代 당시의 삼교합일적인 시대배경도 상당히 중요한 작용을 하였다고 본다. 이러한 인식을 바탕으로, 무생노모신앙이 성립해 가는 과정을 그 용어의 변천을 중심으로 살펴보고자 한다.

第一節 虛空的 宇宙觀

羅祖는 13년의 悟道過程 중 마지막 2년 동안 자신의 사상을 정립하여 사상적 비약을 이루게 된다. 그는 자신의 최대의 종교적 관심사인 생사와 윤회의 번뇌에서 해탈하고자 정진하는 가운데, 인류와 우주의 근원을 탐구하여 허공의 개념을 도출해 내었다. 그의 허공 개념의 내용을 보면,

> 홀연히 허공에 스며 뚫고 들어가니, 아직까지 天이 없고 地가 없었는데, 먼저 不動의 허공이 있었다. 변화도 없고 한계도 없으며, 움직이지도 않고 흔들리지도 않으니, 이것이 諸佛의 法身이다. 하늘과 땅은 무너질지라도 허공은 무너지지 않으니, 이것이 諸佛의 法體이다.47)

고 하여, 우주가 있기 이전에 먼저 허공이 있었는데, 허공이란 無邊無際하고 不動不搖한 것으로 천지만물이 있기 이전부터 이미 존재해 온 우주의 근원이라 하였다. 그에 따르면 이 허공으로부터 우주와 천지만물이 생겨났고, 일단 천지만물이 생성되면 무궁한 변화를 겪게 된다고 하였다. 이러한 그의 虛空觀은 불교뿐만 아니라 도교와 宋儒의 영향을 받아 형성된 것으로 이해된다. 그는 宋儒의 말을 인용하여 「虛空은 無極이고, 無極이 虛空이다. 大道는 無極이고, 無極이 虛空이다.」48)라고 하였는가 하면, 도교의 개념49)으로도 「아직 천지가 있기 이전에 먼저 一이 있었으니, 一이란 것은 본래 無極身이다. ……, 아직 天地가 있기

---

47) 『苦功悟道卷』 第7 「達本尋源品」: 忽然參透虛空, 未曾有天有地, 先有不動虛空. 無變無際不動不搖, 是諸佛法身. 乾坤有壞, 虛空不壞, 是諸佛法體.(註 24와 同一.)

48) 『正信除疑無修證自在寶卷』 第11 「捨身發願度人品」: 虛空是無極, 無極是虛空. 大道是無極, 無極是虛空.

49) 『老子』42章: 道生一, 一生二, 二生三, 三生萬物.

이전에 먼저 道가 있었으니, 大道가 본래 無極身이다.」[50]라 하여, 虛空을 無極, 一, 道와 같은 뜻으로 파악하고 있다.

羅는 천지만물이 허공에서 어떻게 생성되는지에 대해서도 관심을 기울였다. 그는 허공이란 개념을 여러 가지 다른 용어로 표현하고 있는데, 이들 가운데 本來面目이란 표현은 허공을 실체화한 개념으로 만물이 형성되는 과정을 알 수 있는 자료이다. 그가 본래면목을 설명한 사료를 살펴보면

> 처음에 아직 천지가 나누어지기 전에 먼저 本來面目이 있었다. 廣大無量劫부터 먼저 本來面目이 있었으니 永劫이 오래 지속되고서야, 후에 諸佛三教가 있고, 후에 僧俗의 계율과 선악이 있으며, 후에 천당지옥이 있고, 후에 無當萬物이 있으며, 후에 古今이 있다.[51]

라고 하여, 천지가 나누어지기 전부터 본래면목이 있었으며 그 후에 천지만물이 생겼다고 하였다. 여기에서 그는 본래면목을 허공과 같은 개념으로 보고 있으며, 따라서 본래면목이란 우주만물의 本源이므로 허공을 실체화한 개념이라고 하였다. 『五部六冊』 안에서 본래면목은 여러 가지 용어로 바뀌며 중요한 개념으로 사용되고 있는데, 그 원문은 아래와 같으니

> 本來面目不虛妄, 本來面目眞西方. 本來面目不虛妄, 本來面目是家鄕.
> 本來面目不虛妄, 本來面目眞佛堂. 本來面目不虛妄, 本來面目是安養.
> 本來面目不虛妄, 本來面目古家鄕. 本來面目不虛妄, 本來面目古佛堂.[52]

---

50) 『巍巍不動太山深根結果寶卷』 第17 「未曾初分無極太極鷄子在先品: 有天地, 先有一, 一者本是, 無極身. ……, 未有天地, 先有道, 大道本是, 無極身.

51) 『上揭書』 第6 「先有本來面目後有天地品」: 未曾初分天地, 先有本來面目, 從廣大無量劫, 先有本來面目, 永劫長存, 後有諸佛三教, 後有僧俗戒律善惡, 後有天堂地獄, 後有無當萬物, 後有古今.

52) 『破邪顯証鑰匙卷』 第4 「破覽集方便修三十三天諸天品」

으로, 「眞西方, 家鄕, 眞佛堂, 安養, 古家鄕, 古佛堂」 등으로 표현되고 있다. 그는 형이상학적인 허공을 실재적인 본래면목이라는 용어를 빌려 계속 반복 강조함으로써 일반 민중들이 쉽게 그 개념에 접근하도록 하는 효과를 시도하였다.

이상의 사료를 근거로, 羅의 허공 개념을 크게 두 가지로 나누어 정리하면 첫째로 無極, 大道, 一이라 하여 우주의 本源으로 보고 있는데, 이러한 입장은 허공을 도가의 道, 불교의 眞如와 유사한 개념이라 한 것이다. 둘째로 諸佛法身, 諸佛法體, 無極身, 本來面目이라고 하였는데, 이것은 허공이 사람의 본성을 의미한다고 한 것이다. 이처럼 허공의 개념은 우주와 사람을 합일하는 天人合一의 경지를 표현한 것이라 할 수 있다.53)

羅祖의 宇宙觀은 虛空觀과 마찬가지로 도가의 『道德經』과 『太上淸靜經』, 周濂溪의 太極圖說, 불교의 四大관념 등 삼교사상을 모두 받아들여 형성되었다. 우주란 『淮南子』卷1 「原道」에서 「往來古今謂之宙, 四方上下謂之宇」라고 하였듯이, 무한한 시간과 공간을 포함한 개념이다. 羅의 우주관은 이러한 무한한 시공간의 개념 외에, 불교와 도교의 우주관까지 포함하고 있어 그 來源이 복잡하다. 그는 無에서 有를 만드는 創生理論을 성립하였는데, 太極圖說을 인용하여 우주의 생성을 설명하는 내용을 보면

> 아직 천지가 있지 않을 때에 混沌은 계란과도 같으니, 溟涬이 비로소 싹이 트고 鴻濛이 싹을 자라게 하였다. 太極은 氣를 근원으로 하여 만물을 감싸서 하나로 하였다. 太極은 兩儀를 낳고, 兩儀는 四象을 낳고, 四象은 八卦를 낳고, 八卦는 乾坤世界가 된다. ……, 理는 太極이고 太極은 理다. 太極은 善이고, 善은 太極이다. 아직 천지가 있기 전에 먼저 太極이 있었다.54)

---

53) 鄭志明 『無生老母信仰硏究』 (臺北 文史哲出版社 1985) p.71.

고 하여, 그는 아직 천지가 있지 않은데 混沌이 있으니 이 混沌이 道이며, 無極의 상태라 하였다. 또한 그는 無極이 움직여서 太極이 되고, 太極은 陰陽을 낳고, 陰陽은 四象(太陽, 少陽, 太陰, 少陰)을 낳고, 四象은 八卦를 낳아 天地가 이루어진다고 하였다.『道德經』에서도「天下萬物은 有에서 생겨나고, 有는 無에서 생겨난다.」[55]고 하였는데, 여기에서의「無」가 混沌이며, 道이며, 無極으로서, 이 無는 有의 반대되는 상대적인 개념이 아니라 절대적인 개념으로서의 無이다. 이와 같이 羅의 우주관은 절대적 無인 허공과 무극의 개념을 바탕으로 하여 이루어졌으며, 무생노모신앙도 이 허공적 우주관에 대한 이해를 기본으로 성립되었다.

第二節 無生老母信仰의 淵源

「眞空家鄕, 無生老母.」는 明淸代 민간종교에서 사용되던 八字眞言이다. 無生老母信仰의 기원을 羅祖의『五部六冊』에서 찾는 데에는 별다른 이견이 없으나,『五部六冊』에「眞空家鄕, 無生老母」가 직접 들어있는 것은 아니고, 그 기원이 될 만한 眞空, 家鄕, 無生父母, 無極聖祖 등이 보이고 있을 뿐이다. 이것이 후대로 오면서 어떻게「眞空家鄕, 無生老母」라는 형태로 귀착하여 일반 민중들에게 종교적으로 커다란

---

54)『巍巍不動太山深根結果寶卷』第17「未曾初分無極太極鷄子在先品」:未有天地之時, 混沌猶如鷄子, 溟涬始芽, 鴻濛滋萌. 太極源氣, 函萬物爲一, 太極是生兩儀, 兩儀生四象, 四 象生八卦. 八卦爲乾坤. ……, 理卽是太極, 太極卽是理. 太極卽是善, 善卽是太極. 未有 天地, 先有太極.

55)『老子』40章: 天下萬物生於有, 有生於無.

영향을 주게 되는지 그 연원을 살펴보기로 한다.

1. 眞空과 家鄕

『五部六冊』에 「眞空家鄕」은 보이지 않으나, 「眞空」과 「家鄕」으로 각기 쓰인 사례는 여러 차례 보이고 있는데, 그 예를 들면

> 老君과 夫子는 어디에서 나왔는가? 본래 진공은 변화할 수 있었다. 山河大地는 어디에서 나왔는가? 본래 진공은 변화할 수 있었다. ……, 일체의 만물은 어디에서 나왔는가? 본래 家鄕은 변화할 수 있었다. 일체의 남녀는 어디에서 나왔는가? 본래 家鄕은 변화할 수 있다. ……, 어떤 사람이나 眞空法을 깨달으면 十八地獄이 천당으로 변한다. 어떤 사람이나 眞空法을 깨달으면 本性은 곧 法中王이다.[56]

라 하여, 그는 眞空과 家鄕을 일체 만물이 생성된 근원으로 묘사하고 있다. 그러므로 진공과 가향은 허공과 같은 의미이다. 그 외 「眞空」이 쓰인 사례는 「這眞空, 是佛身, 一切虛空.」[57] 「這眞空, 無邊際, 怎麽安身」[58] 「不歸有, 不歸無, 我是眞空.」[59] 등인데, 이는 한마디로 허공에서 유래된 개념이라고 볼 수 있기 때문에, 眞空은 虛空이다라는 등식이 성립될 수 있다.[60]

---

56) 『苦功悟道卷』 第16 「混元一体品」: 老君夫子何處出, 本是眞空能變化. 山河大地何處出, 本是眞空能變化. ……, 一切萬物何處出, 本是家鄕能變化. 一切男女何處出, 本是家鄕能變化. ……, 有人曉得眞空法, 十八地獄化天堂, 有人曉得眞空法, 本性就是法中王.

57) 『上揭書』 第7 「達本尋源品」.

58) 『上揭書』 第8 「無處安身品」.

59) 『上揭書』 第11 「不執有無品」.

60) 徐小躍은 眞空의 의미를 여섯 가지로 정리하고 있는데, 첫째는 無邊無際하고 無窮無盡 한 존재로 보며, 둘째는 無體의 虛空存在라 하고, 셋째는 佛身이며, 虛空이고,

『五部六冊』에는 「家鄕」에 대해서도 여러 가지로 설명하고 있다. 그 예는 「本來面目是家鄕」,[61] 「家鄕就是本來人」,[62] 「這點光, 就便是古佛家鄕.」,[63] 「自己光, 是家鄕」[64] 등인데, 家鄕을 「本來面目, 本來人, 這點光, 自己光」 등이라 하여, 뜻은 같지만 표현을 바꾸어 쓰고 있다. 이들 가운데 「這點光」에 대한 사료를 보면

這點光就便是西方淨土, 這點光就便是極樂家鄕.
這點光就便是華嚴世界, 這點光就便是古佛家鄕.[65]

라 하여, 「這點光」이 「西方淨土, 極樂家鄕, 華嚴世界, 古佛家鄕」 등을 의미하는 것으로 보고 있다. 「這點光」은 가향과 같은 의미이므로, 가향이 허공이며 우주만물의 근원처인 것이다. 그리고 「本來面目」은 「眞西方, 家鄕, 眞佛堂, 安養, 古家鄕, 古佛堂」[66] 등을 의미하는데, 이것은 「本來面目」이 허공을 실체화하고 인격화하여 표현한 것으로 간주된다. 나머지 「本來人」과 「自己光」도 모두 虛空本性을 뜻하는데, 사실 허공은 실체가 없는 개념이지만 이렇게 많은 명칭으로 불리는 것은 소기의 목적을 달성하기 위해 하나의 방편으로 사용한 것이며, 형이상적인 허공의 개념을 가향이라는 친근하고도 실체화된 표현으로 바꾸어서 일반 민중들이 쉽게 접근할 수 있도록 한 표현이라고 이해된다. 『深根結果卷』 「第四品一字流出萬物的母品」에서는 무려 44개나 되는 용어를 바

넷째는 無二의 法性을 가진 것이며, 다섯째는 我의 本性이라 하고, 여섯째는 변화하는 一切의 存在라는 등으로 여기고 있다. 한마디로 眞空이란 虛空에서 유래된 개념이라고 할 수 있다. 徐小躍『羅教·佛教·禪學』(南京 江蘇人民出版社 1999) pp.131-132.

61) 『破邪顯証鑰匙卷』 第4 「破覽集方便修三十三天諸天品」.

62) 『正信除疑無修證自在寶卷』 第22 「不當重意品」.

63) 『苦功悟道卷』 第18 「唱演眞乘品」.

64) 『破邪顯証鑰匙卷』 第17 「破稱讚妙法品」.

65) 『苦功悟道卷』 第18 「唱演眞乘品」.

66) 註 52참조.

꾸어 사용하며 가향과 유사한 개념을 설정하고 있는데, 「有一個安養國誰人知道, 有一個佛國土那個知聞.」의 句形으로 安養國과 佛國土 外에 天堂路, 西方境, 淨土天, 古觀音, 古彌陀, 舊家鄕, 龍華會, 法中王, 長安國, 大藏經, 金剛經, 無字經, 諸佛祖, 諸佛母, 藏經母, 三教母, 諸佛體, 諸佛境, 諸字母, 無當母, 男女根, 天地根, 五穀根, 日月根, 陰陽根, 萬物根, 三界根, 大千根, 世界根, 通天眼, 不壞身, 安身命, 無價寶, 大摩訶, 摩尼寶, 波羅密, 眞實僧, 眞禪定, 活菩薩, 活神仙, 大羅仙, 長生路 등이 바로 그것들이다.

家鄕은 羅祖 교의의 중요한 부분으로, 家鄕이란 眞身의 歸宿處이며, 天地萬物의 根源이기 때문에 이것은 무궁한 신통력을 지니며 천변만화한다고 하였다. 그러므로 진공이나 가향이나 우주만물이 생성된 근원을 가리키고 있다. 우주만물은 일단 생성되면 무궁한 변화를 겪게 되는데 인간도 예외는 아니다. 그러면 이러한 변화를 피해서 인간이 최종적으로 돌아가야 할 곳은 어디인가? 당연히 원래의 출발점인 「眞空과 家鄕」이며, 그곳은 「영원히 八難(飢, 渴, 寒, 署, 水, 火, 刀, 兵)과 三災(水災, 火災, 風災)가 없는 곳」[67]으로 인류가 돌아가야 할 본원적인 極樂家鄕을 말한다. 이러한 가향의 개념은 불교의 「西方極樂淨土」와 도교의 「返本歸源」說에서 영향받은 것으로 이해된다. 인간이 그 근원처로 돌아가기 위해서는 「眞空法」인 「無爲大道」를 깨달아야 하며, 인간은 일단 이곳에 돌아가야 비로소 無生無死의 안락을 느끼게 되는 것이다.

그러면 東土의 중생들은 왜 가향에 돌아가지 않는가? 그에 따르면 가장 큰 이유는 바로 그들이 세상에 떨어진 후 본성을 잃었기 때문이라고 하였다. 중생들은 苦海에 빠져서 윤회의 고통 속을 헤어나지 못하면서도, 본성을 잃었기 때문에 본래의 고향으로 돌아가야 한다는 사실을 망각하고 있는 상태라고 하였다. 羅는 이렇게 塵世間을 떠도는

67) 『正信除疑無修證自在寶卷』 第14 「快樂西方人間難比品」: 永無八難及三災.

것을 「流浪家鄕」으로 보고 있으며, 그 塵世間의 실상은

> 娑婆世界가 流浪家鄕이다. 여기서 죽고 저기서 살고, 저기서 죽고 여기서 사는 것을 流浪家鄕이라 한다. ……, 流浪家鄕은 한낱 꿈이다.68)

고 보아, 지금의 이 세상이 바로 流浪家鄕이며, 이 세상은 한낱 꿈일 뿐이라고 하였다. 지금 대부분의 세상 사람들은 일시의 향락에 빠져서 眞空家鄕에 돌아갈 것을 잊어버렸으나, 그곳이야말로 無災無難한 극락정토라고 하였다.

그럼 이러한 極樂家鄕에는 어떻게 해야 돌아갈 수 있는가? 그는 가향에 돌아갈 수 있는 길은 信心의 문제에 있다고 하여 「上等人은 信心을 얻어서 급히 歸家하지만, 下等人은 신심이 없으니 영원히 輪廻에 빠진다.」69)고 가향에 돌아가는 이치를 제시하고 있다. 이 같은 이유로 신도들은 의심하지 말고 경건한 신앙을 가질 것을 강조하였다. 이 점이 선종과는 다른 점이라고 할 수 있다. 물론 불교에서도 三寶(佛寶, 法寶, 僧寶)에 歸依할 것을 역설하나, 선종에서는 신앙심을 중시하는 것이 아니고 해탈을 강조하고 있다. 그러나 羅는 신앙심을 중시하여 생사윤회에 빠지지 않고 이 四生六道의 고난에서 벗어나기 위해서는 나교에 귀의하여야 한다고 강조하였다. 이를 위해서 羅는 많은 역사인물은 물론 심지어 동물까지 사례를 제시하며 어떻게 해야 가향에 돌아갈 수 있는지를 곳곳에서 구체적으로 설명하면서, 梁武帝와 같은 사람은 최고의 권세와 향락을 누릴 수 있는데도 一心으로 大道를 닦았으니 一等人이라고 하였다.

이러한 점으로 볼 때, 羅는 일반 민중을 설득하는 방법을 잘 알고 있었다고 할 수 있다. 그는 자신이 지식수준이 높지 않았기 때문에, 어

---

68) 『巍巍不動太山深根結果寶卷』第23 「流浪家鄕受苦品」: 娑婆世界, 流浪家鄕. 這裏死, 那裏生, 那裏死, 這裏生, 叫做流浪家鄕. ……, 流浪家鄕夢一場.

69) 『正信除疑無修證自在寶卷』第1 「諸惡趣受苦熬大劫無量品: 上等人信得急歸家去了, 下 等人不信心永墮輪廻.

려운 교리라도 일반민이 쉽게 받아들일 수 있도록 사례들을 통해서 거듭 제시해 줌으로써, 나교의 핵심 교리를 잘 이해하지는 못하더라도 「信心」을 가지고 따라와 주기를 바랐던 것이다. 민간종교가 아무리 정부의 가혹한 탄압을 받으면서도, 꾸준히 세력을 확장할 수 있었던 이면에는 이같이 신앙심을 싹 트게 하는 작용이 있었기 때문이었다.

그런데 羅가 말한 가향은 후대의 가향 관념과는 차이가 있다. 羅는 가향을 사람의 심성 중에 있는 內在的인 것으로 본 데 반해서, 후대의 신도들은 가향을 천당 내지 天宮이라는 실재의 장소로 생각하였다.[70) 羅는 허공이라는 형이상학적 관념을 백성들이 쉽게 받아들이도록 비유법으로 설명한 것이었으나, 후대에 다른 민간종교로 전해지면서 가향의 관념이 실체화하여 彼岸의 장소가 되었고, 가향에 돌아가는 상태를 「長生」의 개념으로 바꾸어 받아들였다. 그래서 후대의 보권에는 長生과 관련된 金丹의 복용, 呼吸法, 瞑想 등 도교 全眞教와 관련된 용어가 많이 등장하고 있는데,[71) 이것은 원래 순수한 형이상학적인 무생노모신앙이 실제 생활에 도움을 주는 민간신앙으로서의 역할로 받아들여진 것을 알 수 있다. 이러한 점이 바로 무생노모신앙이 민간종교 차원에서 머무를 수밖에 없었던 한 이유라 하겠다.

2. 無生父母와 無極聖祖

「無生老母」는 明清代의 민간종교에서 가장 신봉하던 대상이지만, 『五

70) 清 順治12년(1655)에 간행된 대승원돈교의 보권인 『古佛天眞考證龍華寶卷』 등 후대의 보권에는 無生老母가 96億의 인류(皇胎兒女, 原人, 佛原子 등으로 불린다.)를 낳고, 외계의 어느 공간인 천상세계에 거주하는 것으로 묘사되어 있다.
71) 淺井 紀 「羅教の教義の千年王國的展開」 『明清時代民間宗教結社の研究』(동경 研文出版 1990) pp.74-75.

部六冊』에 「無生老母」는 보이지 않고 「無生父母」가 다섯 차례 수록되어 있다. 『苦功悟道卷』에 4번, 『正信除疑無修證自在寶卷』에서 1번 나오고 있다. 『苦功悟道卷』에 나오는 4번의 事例에서는 阿彌陀佛을 無生父母와 병칭하여, 아미타불을 염송한 공덕으로 彼國天上에서 만날 수 있는 것으로 묘사하고 있다.[72] 그러나 『正信除疑無修證自在寶卷』는 羅祖의 悟道 후 지어진 것으로, 무생부모에 대해서 부정적인 의미로 기술하고 있다. 그 내용은 「어리석은 사람들은 本性이 갓난아이라 하고, 阿彌陀佛이 無生父母라고 말한다. 阿彌陀佛은 어릴 때 이름을 無諍念王이라 했고, 부친은 轉輪王이다. 아미타불은 男子이지 女人이 아니다. 그가 어찌 일찍이 너를 낳았겠는가? 아미타불이 本性을 낳았다면, 本性은 누구인가?」[73]라고 하여, 아미타불을 무생부모라고 여기는 사람은 어리석은 것이며, 아미타불은 여자가 아니기 때문에 본성을 낳을 수도 없고 따라서 무생부모가 될 수도 없다고 하였다.

더 나아가 羅는 「本性是誰」에 대한 해답으로, 無生父母를 대신할 새로운 대상개념인 「無極聖祖」를 제시하였다. 「無極聖祖」는 羅가 儒道佛의 創世說과 관련시켜 만든 새로운 차원의 新神이라고 할 수 있다.[74] 이것은 『老子道德經』의 「天下萬物生于有, 有生于無」의 개념이나 불교의 「無生觀念」, 그리고 周敦頤의 「無極而太極」사상 등에 羅자신의 본성과 허공의 개념을 합하여 형성시킨 신앙관념이라고 이해된다. 羅는 『破邪顯証鑰匙卷』에서 「無極生下天和地, 治下天地養衆生.」

---

72) 王見天에 의하면 「無生父母」는 당시 彌陀를 신앙하는 종교결사에서 사용하던 眞言으로, 이미 민간에서 무생부모를 아미타불과 동일시하였다는 것을 알 수 있다. 王見天 「龍華教源流探索」 『臺灣的齋教與鸞堂』(대북 천남서국 1996) p.4.

73) 『正信除疑無修證自在寶卷』 第16「本無嬰兒見娘品」: 愚痴之人, 說本性就是嬰兒, 說阿彌陀佛是無生父母. 阿彌陀佛小名號曰無諍念王, 父親是轉輪王. 阿彌陀佛也是男人, 不是女人. 他幾曾生下你來? 阿彌陀佛生本性, 本性是誰?

74) 秦宝琦「羅教的教義與經卷」 『中國地下社會』(북경 학원출판사 2004) pp.127
淺井紀「羅教の教義の千年王國的展開」 『明清時代民間宗教結社の研究』(동경研文出版 1990) p.62.

이라 하여, 無極이란 천지를 낳고 다스리며, 중생을 키운다고 하였다. 그가 무극의 개념을 확대하여 무극을 인격화, 신격화한 것이 무극성조인 것이다. 羅는『五部六冊』에서는 有爲法을 배척하고 外在의 神明을 모실 필요가 없다고 계속해서 주장하고 있지만, 사실 羅가 悟道하게 된 직접적인 저력은「老眞空」이라는 外力의 도움으로 白光을 쏘였기 때문이라 하였고,『五部六冊』에는「無相眞人」,「無爲眞人」,「無極聖祖」라는 인격화한 칭호가 여러 번 나온다.

羅가 제시한 無極聖祖가 어떠한 존재인지 이해하기 위해서는 그가 맡은 역할을 알아보는 것이 필요하다. 羅는 무극성조가 맡은 역할에 대해 설명하기를

> 미혹한 사람이 종일토록 生死之路를 달려가며 安身立命함도 알지 못하고 淨土家鄕도 알지 못하니, 그가 어떻게 歸家할 수 있겠는가? 無極聖祖는 그가 道에 참여하지 않은 것을 보고, 목숨이 다할 때에 그를 무간지옥에 떨어뜨려서 영원히 윤회에 轉落하여 四生에서 고통을 받고 몸을 돌이키지 못하게 한다.[75]

고 하여, 道에 불참한 迷人에 대해서는 가혹한 처벌을 가하는 권위의 주재자 역할을 하는 것이 무극성조의 役事라고 하였다. 그러나 무극성조의 역할 중 가장 중요한 일은 역시 중생을 구제하는 것이었다.『五部六冊』에는 무극성조가 대자 대비하다는 표현이 여러 번 나오고 있는데, 이들 가운데 한 사료의 내용을 보면

> 無極聖祖는 大慈大悲하니, 衆生이 業障을 지을까 두려워하고 (衆生이) 四生六道에 굴러서 몸이 변하지 않을까 두려워하여, 그래서 昭陽寶蓮宮主로 化現하였다.[76]

75)『正信除疑無修證自在寶卷』 第1 「諸惡趣受苦熬大刦無量品」: 迷人終日走著生死之路, 又不知安身立命, 又不知淨土家鄉, 他怎麽便得歸家? 無極聖祖見他不參道, 臨命終時, 著他下無間地獄, 永轉輪廻, 四生受苦不得翻身.

라 하여, 羅는 무극성조의 대자 대비함을 강조하고 있으며, 무극성조가 각종 인물로 변신하여 중생을 구제한다고 하였다. 이때 무극성조가 변신한 인물로는 昭陽 이외에 寶蓮, 鹿王, 金牛, 木蓮, 青提 등 통속불교의 주요 인물뿐만 아니라, 역사적 인물이나 희곡 소설의 주인공으로도 化現하여 중생을 돕는 자비심을 보이고 있는 것으로 그려지고 있는데, 이는 역시 일반 민중들이 친숙하게 무극성조를 받아들이게 함으로써 그의 자비의 혜택을 입을 수 있는 가능성을 제시하고자 하는 것이었다. 무극성조는 권위의 주재자일 뿐만 아니라, 중생을 구제하는 대자 대비한 역할을 하는 존재인 것이다.

3. 無生老母의 成立

無極聖祖가 어떻게 無生老母로 轉化할 수 있었는지 이해하기 위해서는 「母」의 개념을 살펴보는 것이 필요하다. 羅는 무극성조를 男女相이 없는 眞身이라고 하였다. 그러므로 무생부모도 부모 2人이 아니고 眞身의 男女相을 의미하는 것이다. 그러나 羅는 眞身의 男女相에서 母의 창조력을 중시하여

> 諸佛母, 藏經母, 三教母, 無當母가 어떻게 母가 되는가? 諸佛의 명칭, 藏經의 명칭, 萬物의 명칭, 이들 명칭은 한 字에서 유래하며, 인식해야 할 것은 이 한 字가 母로 되니, 母는 祖이고, 祖는 母이다. ......, 일체 萬物의 명칭은 모두 本來面目이 변해서 이름이 되었는데, 모두 한 字에서 유래되어 나왔으니, 本來面目은 母로 되고 祖로 된다.[77]

76) 『上揭書』 第5 「無極化現度衆生品」: 無極聖祖大慈大悲, 恐怕衆生作下業障, 又轉四生六道不得翻身, 故化現昭陽寶蓮宮主.

77) 『巍巍不動太山深根結果寶卷』 第4 「一字流出萬物的母品」:諸佛母, 藏經母, 三教母, 無當母怎麽爲母? 諸佛名號, 藏經名號, 萬物名號, 這些名號從一字流出, 認的這一字爲做

라 하여, 모든 만물의 이름이 一字에서 나오는데, 그 一字가 바로 母이고, 母는 위대하고 신비한 창조력을 지녀서 우주만물과 삼라만상을 주재한다고 하였다. 그리고 「母卽是祖, 祖卽是母」라고 하여 祖와 母는 하나다라고 하였으니, 무극성조를 무극성모라고도 할 수 있게 된다. 또한 무극성조와 무극성모에다 불교의 無生觀念이 더해져서 無生母, 無生聖母, 無生老母의 명칭으로 轉化해 간 것이라고 파악할 수 있다.(無極聖祖 → 無極聖母 → 無生聖母 → 無生老母) 여기에서 羅는 「無極」과 「無生」의 개념을 서로 호환적으로 사용하였으며, 『老子道德經』의 「無名天地之始, 有名萬物之母」에서 母가 지닌 역할에 영향을 받았을 것으로 짐작된다.

한편 중국에서는 전통적으로 전설의 인물인 여와와 西王母(瑤池金母라고도 한다), 그리고 불교의 인물인 觀音, 도교의 여신인 泰山娘娘 등의 女神이 민간에서 친숙하게 믿어지고 있었기 때문에 무생노모라는 새로운 新神의 탄생에 좋은 소재를 제공하였다고 생각된다.[78] 무생노모라는 명칭이 정확하게 언제부터 사용되었는지에 대해서는 아직까지 단정할 수 없지만, 만력12년(1584)에 간행된 西大乘教의 보권인 『銷釋收圓行覺寶卷』에도 무생노모가 등장하고 있고, 또 만력27년(1599)에 간행된 黃天道의 보권인 『普明如來無爲了義寶卷』에도 無生老母, 無生母, 無生聖母, 無極聖祖라는 神名이 등장하고 있어서, 正德4년(1509)에 간행된 5부6책에 등장한 無生父母가 적어도 만력12년에는 無生老母로 전환된 것을 알 수 있다.

그럼 無生老母는 어떠한 특성을 지닌 존재인가? 무생노모의 神格에 대한 대표적인 견해를 중심으로, 무생노모의 특성을 세 가지로 정리하

母, 母卽是祖, 祖卽是母. ……, 一切萬物名號, 都是本來面目變起名字, 都是一字流出, 本來面 目爲做母爲做祖.

78) 洪美華「民間秘密宗教寶卷中的女神崇拜」『歷史月刊』第86期(대북 1995).

기로 한다.

첫째 無生老母(無極聖祖)는 우주조화의 인격신이며, 허공이 轉化된 개념으로 無邊한 허공의 주재자 역할을 하는 것으로 간주하였다. 「母」字는 실제상 허공을 가리키며, 宇宙萬化의 本源이니 일체의 千變萬化의 神通을 일으킬 수 있는 것이다. 「母」字는 또 본래면목을 가리키고, 본래면목이란 허공과 본성이 결합된 眞體이니, 무생노모신앙의 본질을 해석하려면 우선 본래면목의 뜻을 알아야 하는 것이다. 羅는 「本來面目은 無相眞人이며, 無量劫으로부터 無量劫의 永劫 동안 무너지지 않고 永劫 동안 오래 보존된다.」[79]고 하여, 本來面目과 無相眞人은 모두 허공의 본성을 지니고 있다고 보았다. 여기에서 「無相眞人」과 「無生老母」는 같은 의미를 지닌 단어로, 「無相」과 「無生」은 모두 本體의 허공성을 가리키며, 「眞人」과 「老母」는 모두 擬人化된 主宰者를 의미한다. 무생노모는 본래면목이 형상화된 神으로, 그 종교의 본질은 대중이 무생노모에게 귀의하여 생명의 自性을 향해서 본래면목을 탐구하는 것이지, 숭고한 권위를 가진 하나의 至上神을 세우는 것이 아닌 것이다. 바로 自性의 靈光을 탐구하는 것이 이 종교의 목적이기도 하다. 우주가 존재하는 것은 사람의 마음이 있기 때문이니, 말하자면 「天은 마음에서 나온다」는 것이다. 따라서 이러한 天人合一的 人性論이 무생노모신앙의 주요 정신인 것이다. 이것은 불교의 「一切唯心造.」의 정신이나, 心의 작용을 중시하는 유교심학의 정신에서 영향받은 것이다. 어쨌든 羅는 형이상학적인 인성론을 민간신앙에 주입시켜 博大精深한 哲理를 평이하게 풀이함으로써 사람들이 쉽게 받아들일 수 있도록 민간신앙화하여 널리 보급하는 데 성공한 것이다.[80]

---

79) 『正信除疑無修證自在寶卷』 第17 「本無一物性在前品」: 本來面目, 無相眞人, 從無量劫. 無量劫, 永劫不壞, 永劫長存.

80) 鄭志明 『無生老母信仰硏究』(臺北 文史哲出版社 1985) pp.108-114.

둘째는 無生老母(無極聖祖)는 천지를 化生하고 만물을 주재하며 生靈을 지배하는 인격화된 최고의 神을 의미하는 것이 아니고, 본래면목의 원래의 뜻처럼 분별이 없고 圓融無二한 것으로 禪學의 本義와 같다는 것이다. 이러한 견해는 無極聖祖의 生成하고 主宰하는 역할보다는, 圓融無二한 本心과 本性으로부터 본래면목을 구하는 작용을 더 중요하다고 보는 것이다. 또한 羅의 종교사상은 불교 선종에 가깝기 때문에 羅가 無極聖祖의 三佛(法身, 化身, 報身) 化現의 역할을 중시하였다고 보았다.[81)]

셋째는 無極聖祖에 대한 위의 두 견해와는 상반되게, 무극성조는 만물의 조물주로, 기독교의 唯一地上神과 같으며 上帝와 비교할 수 있다는 것이다. 羅祖는 일반 백성들이 쉽게 이해할 수 있는 개념으로 설명하기 위해 일종의 비유법을 써서 「眞空家鄕, 無生老母」라는 말을 만들어내었다. 羅는 원래 無爲法을 존중하여 일체의 객관세계를 부정하였다. 그러므로 인생의 번뇌와 고통, 經教像設, 심지어는 天堂, 地獄 및 心 이외의 神과 佛도 모두 부정하였다. 그러나 일반 민중들에게는 虛空, 太極, 心, 性과 같은 추상명사는 일시적 신비감과 정열을 환기시킬 수는 있지만 거대한 흡인력을 발휘하기에는 부족하다. 이에 하층민중의 수준에 맞는 비유법을 써서 「眞空家鄕」과 「無生老母」라는 실체를 만들어내었는데, 진공가향은 天宮이며, 무생노모는 最高女神을 의미하는 것이다. 이렇게 객관세계를 부정하면서도 실체를 만들어내는 모순이 있으나, 이것은 종교의 속성상 피할 수 없는 것이다. 그리고 「眞空家鄕, 無生老母」라는 명칭이 나오게 된 데에는 봉건사회의 종법관념도 작용하였다고 보았다. 혈연적인 유대를 중시하는 중국의 전통사회에서 「家鄕」과 「老母」는 백성들이 가장 친근하게 느낄 수 있는 단어이며, 더욱이 羅가 創教를 하게 된 동기 중의 하나가 간절하게 부모를 그리는 심

81) 徐小躍 『羅教·佛教·禪學』(南京 江蘇人民出版社 1999) pp.148-149.

정에서 발단하였다는 것을 감안하면, 이러한 견해도 합리성이 있다고 하겠다.82)

위의 세 가지 견해를 정리해 보면, 세 번째에서는 無極聖祖(無生老母)를 만물의 조물주라는 最高神의 개념으로 파악하였으나, 첫째와 둘째에서는 무극성조의 허공성을 강조하여 無邊한 허공의 주재자라고 의인화해서 표현하였고, 그 종교의 본질을 생명의 自性을 향해서 圓融不二한 본래면목을 탐구하는 것이라 하였다. 중국은 天人的 우주관 내지는 天人合一的 인성론의 전통이 지배적이다. 이러한 사상은 일찍이 『易經』에서부터 보이고 있으며, 儒道佛 3교의 우주론에서도 나타나는 사상요소이다. 明 중엽에는 서민들의 문화수준이 크게 향상되어 이러한 우주관을 일반적으로 받아들일 수 있게 되었으며, 특히 일반 문학작품의 대량보급으로 이러한 사상의 일반화가 가능하였다. 羅는 바로 이러한 시대사조를 타고 새로운 종교를 창립하여 많은 백성들의 호응을 끌어낼 수 있었던 것이다.

사실 『五部六冊』에서는 인간의 本體를 깨달아 그것에 돌아가는 것이 진정한 구원이라고 하여 전통적으로 백련교를 비롯한 민간종교에서 보이고 있던 미륵하생신앙이 보이지 않고 있다. 즉 無生老母信仰은 원래 미륵하생신앙과는 무관하였다. 그러나 羅祖의 轉世를 자처하던 殷繼南(1540-1582)이 三期三佛說을 미륵하생신앙과 결합하고 姚文宇(1578-1646)가 용화3회를 개최하는 등 羅教에 미륵하생신앙을 접목시켰고 후대의 보권들에서는 미륵하생신앙을 적극적으로 받아들였다. 결국 無生老母信仰에 정토신앙에서 유래된 미륵하생신앙과 용화삼회 외에 삼세설, 겁재사상, 종말론 등이 가미되면서 백련교의 특성과 혼융된 면이 있다. 그러나 원래의 무생노모신앙은 명 중기 이후의 변화하는 시

82) 韓秉方「羅祖與五部六冊」『中國民間宗教史』(上海 上海人民出版社 1992) p.213와 pp.205-206.

대상을 반영하여 새롭게 탄생한 新神이라 할 수 있고, 이후 수백 년간 이 무생노모신앙은 중국민중들의 마음을 사로잡는 데 성공하게 된다.

第三節 民間宗教에 대한 視覺

1. 三教觀

羅祖의 三教觀은 기본적으로 太祖 朱元璋의 三教論인 「天下無二道, 聖人無兩心.」[83]의 입장과 동일하다고 할 수 있다. 이것은 明代 삼교론을 주장하는 사람들의 공통적인 입장이며, 이는 太祖의 권위를 빌려 삼교론을 옹호하고자 하는 당시 풍조의 하나였다. 羅 역시 삼교의 사상은 그 근원이 동일하며, 진리란 서로 회통하는 것이라고 하였다. 그의 삼교관을 엿볼 수 있는 사료에서

> 一僧과 一道와 一儒가 인연이 되어 같이 心空 및 及第와 禪定으로 들어간다. 물이 큰 바다로 흐르고 日月星辰이 한 하늘을 같이하는 것과 비슷하다. 본래 大道는 원래 둘이 없으니, 어찌 편벽됨에 끌려 따로 玄을 말하겠는가. 明了한 마음이 어찌 推論하는 것을 다시 허락하겠는가. 三教는 원래 一般을 총괄한 것이다.[84]

---

83) 『明太祖文集』卷10「三教論」.

84) 『破邪顯証鑰匙卷』 第一破不論在家出家辟支佛品: 一僧一道一儒緣, 同入心空及第禪. 似水流源滄溟瀼, 日月星辰共一天. 本來大道原無二, 奈緣偏執別談玄. 了心更許何推論, 三教原來總一般.

라고 하여, 大道는 원래 둘이 아니며, 삼교는 일반적인 것을 합한 것이니 다시 논쟁할 필요가 없다고 하였다. 그러나 「未明人이 함부로 三教를 나누었다.」[85]고 비난하였다. 그의 삼교에 관한 사상을 파악할 수 있는 또 다른 자료를 보면, 「未有三教, 先有道」[86] 「未有三教, 先有性」[87] 「未有三教, 先現成」[88] 「未有三教, 德在前」[89] 「想當初無三教, 先有本體」[90] 등이 있는데, 삼교 이전에 이미 「道」「性」「現成」「德」「本體」 등의 大道가 존재한다고 하였다. 삼교는 바로 이 大道에서 나온 것이니 그 근원을 같이한다고 하여 三教同源論을 주장하였다. 따라서 羅는 삼교는 각기 진리의 한 면을 드러내는 것일 뿐 절대적인 道가 아니기 때문에 삼교의 經典에 집착할 필요가 없다고 하였다. 이것은 羅의 가장 대표적 教義인 「無爲大道」에 의한 것이라고도 볼 수 있으며, 「三教의 經書는 눈에 보이는 相에 의지하는 것인데, 모든 相이 있는 것은 다 虛妄하다.」[91]고도 하였다.

羅의 사상형성에서 불교가 큰 영향을 주었다고는 하지만, 그는 불교에 대해서도 비판을 가하며, 스스로 불교의 개혁파임을 자처하였다. 당시 明代의 불교는 法事儀式을 집행하는 瑜伽教僧이 가장 성행할 정도로 완전히 민중불교화하고 있었다. 明末에 불교는 잠시 부흥기를 맞기도 하였으나 성세의 기운을 회복할 수는 없었다.

羅는 우선 불교의 出家制度를 비판하였다. 그는 『歎世無爲卷』 第8品 「祖歎出家品」에서 출가인의 고통을 나열하며, 이것은 人道에도 부

---

85) 『上揭書』 第一破不論在家出家辟支佛品: 未明人妄分三教.
86) 『巍巍不動太山深根結果寶卷』 第十一那是大道那是比法品.
87) 『上揭書』 第六先有本來面目後有天地品.
88) 『上揭書』 第八未曾初分天地先是現成品.
89) 『破邪顯証鑰匙卷』 第十八 破涅槃經十住菩薩墮地獄, 覽集持戒懺悔殺生, 不學大乘法, 無吐唾地品.
90) 『上揭書』 第二十三破大道本無一物好心二字品.
91) 『上揭書』 第八破覽集, 金剛儀, 論布施, 咸悟菩提, 重辯重征豈識覺性品: 三教經書色相法, 凡所有相皆虛妄.

합하지 않고, 悟道에도 도움이 되지 않는다고 하였다. 특히 출가인들이 「不耕而食」하는 것은 일반인이 가장 비난하는 점이라고 하였다. 그리고 출가인들이 지켜야 하는 「坐禪受戒, 誦經食齋」[92]뿐만 아니라 修寺, 建塔, 塑佛像, 拜佛, 심지어는 印經造像 등을 有爲法이라 하여 이들을 모두 비난하였으며, 이렇게 수행해서는 四生六道에서의 윤회가 영원히 계속될 뿐이라고 하였다. 또한 그는 출가하지 않아도 在家 상태에서 얼마든지 수행할 수 있다고 하여

> 집에 있는 菩薩은 지혜가 비상하며, 시끄러운 시장의 빽빽한 속에도 道場이 있다. 西方淨土는 사람마다 가지고 있으니, 높은 산이나 평지가 모두 西方이다.[93]

라고 하여, 이 세상이 바로 道場이며 서방정토이니, 집에 있으면서 綱常을 지키고 부모에게 효도하며 生業을 지키면서도 더러움에 찌들지 않고 見性成佛할 수 있다고 하였다. 그는 布施의 개념에 대해서도 法施가 財施보다 중요하다고 하여, 布施도 일종의 心法이라 하였다. 그는 신도들로부터 財物布施를 받아서 교단조직의 기초를 마련하였고, 한편으로 신도들의 法施의 열성에 의지하여 傳道를 수행함으로써 교단조직을 확대하여 강력한 종교단체를 유지할 수 있었다.

羅祖는 3教를 모두 용인하는 입장에서 유교에 대해서도 관심을 보여, 『五部六冊』 중에서 天, 地, 君 親, 師 등의 恩德에 報恩할 것을 계속 강조하였는데, 이점은 世間을 중시하는 宋明理學의 영향을 받은 것이라고 볼 수 있다.

---

92) 『上揭書』 第10「破無修征傀儡, 金剛經, 四果羅漢, 人天往返, 輪王十善化道品」.

93) 『上揭書』 第1「破不論在家出家辟支佛品」: 在家菩薩智非常, 鬧市叢中有道場. 西方淨土人人有, 高山平地總西方.

2. 白蓮教에 대한 見解

기존의 학계에서는 明淸代의 민간종교를 대부분 백련교계통으로 보는 견해가 지배적이었다.[94] 이러한 견해가 나오게 된 이유는, 첫째 민간종교의 비밀성으로 인해서 사료를 구하기 쉽지 않고, 반란을 일으킨 종교 집단만이 기록에 남아 있으므로, 표면에 드러난 종교반란을 통해서 종교문제를 연구해 온 결과라 할 수 있다. 즉 취득하기 용이한 정부측의 문서에서는 대부분의 민간종교와 종교적 성격을 띤 반란의 경우에 이들을 모두 백련교로 간주하는 「皆諱白蓮之名, 實演白蓮之教」[95]의 입장을 보임으로 해서, 이러한 사료에 의하여 민간종교를 모두 백련교로 결론 내리는 경향이 있었다. 둘째는 元末 백련교의 난으로 정권이 교체되고 明王朝가 들어서면서 백련교가 역사의 무대에 등장하였고, 「明王出世」를 바라는 백련교 교의의 특성상 반란이 잦으면서 민간종교 중에서 백련교가 가장 두드러져 보인 것이 사실이기 때문이다. 국내에서도 중국의 근세 민간종교를 백련교의 전통을 중심으로 파악해 보고자 하는 시도가 있었다.[96]

그러나 근래에 들어와『五部六冊』等을 비롯한 寶卷의 내용이 발굴되어 종교사상과 관련된 연구가 진행되면서, 明 중기 이후의 민간종교는 백련교와는 계통을 달리하는 새로운 민간신앙이라는 주장이 제기되고 있다. 대만에서는『五部六冊』의 연구로 사상적인 접근을 하여 明代

---

94) 吉岡義豐『現代中國の諸宗教－民衆宗教の系譜』(東京 佼成出版社 1974) p.81. 그 외 백련교에 관한 硏究로는 野口鐵郎「明淸時代の白蓮教」『歷史教育』第12卷 第9號 (1964), 夫馬進 「明代白蓮教の一考察－經濟鬪爭との關聯と新しい共同體」『東洋史硏究』35-1 (1967), 鈴木中正「明代の白蓮教反亂」「天啓二年の白蓮教亂」『中國史における革命と宗教』(東京 東京大學出版會 1974) 等이 있다.

95)『明神宗實錄』卷533 萬曆43年 6月 庚子條.

96) 崔甲洵「中國 近世 民間宗教 硏究－'白蓮教 傳統'의 구성－」東國大大學院 博士學位論文(1994), 崔甲洵 「白蓮教와 淸代 民衆反亂－新時代 待望論을 중심으로」『震檀學報』81 (1996), 崔甲洵「白蓮教硏究序說」『外大史學』4호 (1992) 等이 있다.

의 민간종교는 羅教의 無生老母信仰을 공동신앙으로 하고 있고, 이것이 이후 5백 년간 중국의 민간신앙과 종교사상에 영향을 주게 되었다고 정리하였다.[97] 중국학계의 최근 연구동향도 羅教 이래의 민간종교는 無生老母信仰을 중심으로 하는 새로운 종교계통이라고 파악하는 학자들이 늘어나는 추세이다.[98]

羅祖는『正信除疑無修證自在寶卷』에서 玄鼓教, 彌勒教, 白蓮教 등 당시의 민간종교들에 대해서 비판을 가하였다. 우선 백련교에 대한 견해를 살펴보면, 羅는 白蓮教徒가 日月을 參拜하고 남녀가 같이 모이는 점 등을 비난하며「邪宗」이라고 하였다. 원래 백련교의 淵源은 南宋의 茅子元(1096-1166)이 설립한 淨業團體에서 찾을 수 있다. 이 단체는 정토신앙을 위해 五戒(不殺, 不盜, 不淫, 不妄言, 不飲酒)를 지키고 아미타불을 염송하기 위한 염불결사였다. 이 교도들은 처자를 거느린 半僧半俗으로, 葷菜를 금하고 白衣를 입으며 남녀가 섞여서 밤에 모였다가 새벽에 흩어졌다.(夜聚曉散) 이러한 그들의 활동 모습 때문에 조정의 탄압을 받아 茅子元이 유배를 당하고 정통 불교로부터도 이단시되어, 점차 민중 속에 들어가 지하화하였다. 元代에 들어 정토승려인 普度가 교설을 정비하여 다시 순수한 정토신앙으로 돌아가려 하였고, 조정으로부터도 탄압 중지의 효과를 얻어냈지만, 이미 민중의 생활 속에서 백련교는 민간종교화하고 있었다. 백련교가 완전히 민간종교의 형태로 성립된 것은 元末인 14C 初였다. 백련교는 이러한 과정에서 정토신앙 이외에도 彌勒下生信仰, 摩尼教(明教)의「二宗三際說」,[99] 그리고

97) 鄭志明『無生老母信仰研究』(臺北 文史哲出版社 1985) pp.1-5.

98) 馬西沙「佛教淨土信仰的演進與白蓮教」『中國民間宗教史』(上海上海人民出版社 1992) p.163, 徐小躍 『羅教·佛教·禪學』−羅教與 『五部六冊』揭秘−(南京 江蘇人民出版社 1999) p.211, 邵雍『中國會道門』(上海 上海人民出版社 1997) pp.1-4.

99) 二宗三際說에서 二宗이란 明과 暗 혹은 善과 惡을 의미하는 二元論的 사상이며, 三際란 初際, 中際, 後際로 과거, 현재, 미래를 의미한다. 이 三際說은 三陽說의 성립에 영향을 준 것으로 알려지고 있다. 摩尼教에 관한 자료로는 陳垣「摩尼教入中國考」『國學季刊』 第1期(1923), 許地山「摩尼之二宗三際論」『燕京學報』 第3卷 (1928), 吳晗「明

도교 및 민간의 통속신앙까지 아우르는 등 다양한 사상을 흡수하였다. 백련교는 그 명칭에 있어서도 白蓮菜, 白蓮宗, 白蓮會, 白蓮道, 白蓮教 등 다양하여, 역사상 가장 영향력을 준 민간종교이지만 그 교의나 조직체계를 뚜렷하게 규정짓기가 어려운 종교이다. 따라서 백련교에 대해서는 다양한 주장이 제기되고 있다.

羅祖는 백련교에 대해서 비판적인 입장을 취했음에도 불구하고, 기존의 연구에서는 羅教를 백련교와 연관시켜 보는 입장이 있었다. 이들의 주장을 정리해 보면, 첫째 백련교와 羅教, 黃天教, 弘陽教, 聞香教, 八卦教 및 여기에서 파생된 기타 교파는 그 教義나 經卷, 조직기초, 활동방식 등에 있어서 백련교와 대동소이하다고 하였고,[100] 둘째 無爲教(羅教)를 백련교의 최대지파로 인정하여, 無爲教가 「眞空」「無爲」「無極」 등 겉으로는 불교나 도교의 이론을 주장하는 것 같지만, 「三陽說」[101]과 「劫災思想」,[102] 그리고 「返本還源」 등은 백련교의 영향이라고 하였다. 더구나 羅祖의 출신지인 산동 지방은 백련교가 창궐한 곳이기 때문에 하층계급출신인 羅祖가 분명히 그 영향을 받았을 것이라고 하였다.[103] 셋째는 羅祖가 독자적인 秘密教門을 창립하고 그 사실을 숨기기 위해서, 일부러 불교의 정통으로 자임하고 백련교 등의 秘密教門과 경계를 그은 것이라고 하였다.[104] 넷째는 羅祖의 『五部六冊』

教與大明帝國」『清華學報』第13卷 第1期 (1941) 等이 있다.

100) 喩松青 『明清白蓮教硏究』(成都 四川人民出版社 1987) p.1.

101) 三陽說이란 인류의 역사 시기를 青陽, 紅陽, 白陽의 3시기로 나누어 青陽期는 과거로 燃燈佛이 주재하는 시기이며, 紅陽期는 현재로 釋迦佛이 주재하고, 白陽期는 미래로 彌勒佛이 주재한다는 것이다. 이 三陽說은 彌勒下生信仰의 龍華三會說과 일치하는 것으로 明清代 민간신앙에 커다란 영향을 주어 青陽教, 紅陽教, 白陽教 등 三期末劫思想을 중심으로 하는 교파를 탄생시켰다.

102) 명청시대의 민간비밀종교에서는 三世說이나 劫災思想이 널리 받아들여졌다. 이는 인류의 역사를 過去, 現在, 未來 혹은 青陽, 紅陽, 白陽, 또는 龍華초회, 2회, 3회 그리고 先天, 中天, 後天 등으로 나누어 보는 것이다. 唐代 유행했던 불교의 한 지파인 三階教에서는 末法思想을 받아들여 正法시대, 像法시대, 末法시대로 보았다.

103) 濮文起 『中國民間秘密宗教』(杭州 浙江人民出版社 1991) p.45.

중 처음 一部는 羅祖의 수행을 서술한 것이고, 나머지 4部는 백련교의 교의를 서술한 것이라고 하였다.[105]

이들의 견해는 모두 羅教를 백련교계통의 종교로 보고 있으나, 그들 가운데에는 당시의 민간종교를 세 그룹으로 나누어 백련교의 지파 및 그와 관련된 종교(聞香教 등), 스스로 계통을 이룬 종교(羅教), 그리고 연원을 알 수 없는 종교로 나누어, 羅教를 白蓮教와는 기원이 다른 민간종교로 파악하고 있기도 하다.[106]

그리고 정부 측에서도 모든 민간종교를 백련교계통으로 보는 견해가 지배적이었다. 神宗 萬曆 43年(1615)에 禮部가 邪教를 禁할 것을 청한 奏文에 「涅槃教, 紅封教, 老子教, 또 羅祖教, 南無教, 淨空教, 悟明教, 大成無爲教가 있는데, 모두 白蓮의 명칭을 피하였으나, 실은 白蓮教를 발전시켰다.」[107]고 하여, 대부분의 邪教가 다 백련교에서 나온 것으로 보고 있다. 그러나 이것은 민간종교의 실상이나 그 교의를 파악하고서 나온 결론이 아니고, 피상적인 모습으로만 판단한 결과라고 하겠다.

明末에 密藏이라는 불교 승려도 「이것은 그 名稱이 白蓮은 아닐지라도, 해를 끼침이 아마 白蓮보다 심함이 있지 않은가?」[108]라 하여, 당시 정통 불교에서는 羅教를 백련교보다 심하게 피해를 끼치는 邪教라고 비난하고 있었다. 또 청 중기 直隷의 관료인 黃育楩은 민간종교를 비판할 목적으로 총 68종의 그 지역의 민간종교경전을 수집하여 『破邪詳辯』을 지어서 「白蓮을 邪教로 보고 심하게 비난하고 욕하는 것은 良心이 있는 것이다. 白蓮을 이어서 邪教가 되면서도 白蓮을 욕하고

---

104) 秦寶琦 『中國地下社會』(學苑出版社 1993) pp.95-96.
105) 王兆祥 『白蓮教探奥』(陝西人民出版社 1993) p.110.
106) 喩松淸 「明淸時代民間的宗教信仰和秘密結社」 『淸史硏究集』 第1輯 (1980) p.117.
107) 『明神宗實錄』卷533 萬曆43年 6月 庚子條: 一名涅槃教, 一名紅封教, 一名老子教, 又有羅祖教, 南無教, 淨空教, 悟明教, 大成無爲教, 皆諱白蓮之名, 實演白蓮之教.
108) 密藏 『密逸經書標目』 「五部六冊條」: 此其號雖非白蓮, 而爲害殆有甚于白蓮者乎?

비난함으로써 자신이 邪教가 아님을 밝히려고 하는 것은 양심이 어두운 것이다.」[109]라 하여, 羅教가 백련교를 비난하고는 있지만 이것은 백련교를 비난함으로써 邪教로 몰리는 것을 피하려는 술책이라고 보았다.

그러나 羅教와 白蓮教를 구분할 수 있는 기준은 그들의 教義와 信仰對象이라고 할 때, 두 종교는 분명한 차이점을 보이고 있다. 그래서 최근에는 羅教가 백련교와는 분명히 사상계통을 달리하고 있다는 견해가 늘고 있다. 이러한 경향은 그동안 별다른 비판 없이 기존 학계의 입장을 수용하다가, 최근 이 분야의 연구 결과가 축적되면서 나타난 귀결이라고 하겠다.

그 가운데 몇 가지 주장을 살펴서 타당성을 조사해 보면, 첫째 백련교의 사상과 비교해 볼 때, 羅教와 白蓮教는 완전히 다른 민간종교사상체계를 가진 종교라는 결론이 있고,[110] 둘째는 중국의 會道門은 明代 중후기에 출현하여 이후 수백 년간 많은 지파로 갈라져 나가는데, 그중 최대의 영향을 준 것이 武宗 正德年間의 羅教라고 하였다. 이 견해는 단순히 민간종교나 백련교와의 구분 방식이 아닌 會道門의 성립이라는 개념으로 설명하고 있으며, 羅教를 會道門 성립의 시발로 보았다는 점에서, 백련교의 그림자를 말끔히 걷어내고 있다.[111] 셋째 明代 中末葉은 중국민간종교의 혁신적인 발전시기로, 새로운 教門과 支派가 대량으로 등장했는데, 그중 羅教는 시대를 획하는 의의를 지닌 종교로 독자적인 특색을 지닌 사상체계를 세웠다 하였다. 그래서 명청대의 백련교는 외형상의 이름만 유지되고 있을 뿐 내면에서는 백련교의 본래 참뜻을 상실

---

109) 黃育楩『破邪詳辯』: 以白蓮爲邪教而深爲毁罵, 是有良心也. 繼白蓮爲邪教, 而毁 罵白蓮, 以明已之非邪教, 是昧良心也.

110) 徐小躍『羅教·佛教·禪學』(南京 江蘇人民出版社 1999) p.211.

111) 邵雍『中國會道門』(上海 上海人民出版社 1997) pp.1-4. 道門이란 민간비밀종교의 별칭으로, 종교를 道로 표현하기도 한다.(黃天教→黃天道, 先天教→先天道) 會門이란 민간비밀결사를 의미하며, 무술연마를 위주로 한다.(大刀會, 小刀會, 紅槍會, 黃槍會 등)

하였다고 하여, 명말 이후의 백련교는 원래의 백련교라고 할 수 없다고 보았다.[112] 넷째는 『五部六冊』을 근거로 사상적인 면에서 무생노모신앙의 연원을 규명한 것으로, 宋吉發의 「四海之內皆兄弟－歷代的秘密社會」와 宋光宇의 「試論無生老母宗教信仰的一些特質」에 영향을 받은 것이다. 無生老母信仰은 彌勒下生信仰과는 다른 종교계통이며 眞空家鄕과 龍華三會는 각자의 종교 낙원과 교의체계를 지닌 것인데, 명말 이후 이 두 신앙이 점차 융합되어 無生老母信仰을 위주로 하고 彌勒下生信仰을 보조로 하며 龍華三會의 관념을 「天定三會」로 바꾸어서 무생노모신앙 下에 두게 되었다고 하였다. 따라서 명청대에 탄압을 받은 대부분의 민간종교는 백련교계통이 아니라 미륵하생신앙과 무생노모신앙이 결합된 새로운 형태의 민간종교라고 하였다. 그러므로 無生老母信仰은 明 중기 이후 등장하는 민간종교의 공통신앙사상이 되어 이후 5백 년간 중국의 민간신앙과 종교사상에 영향을 주게 되었다고 하였다.[113] 이 같은 주장은 무생노모신앙의 연원에 대해 『五部六冊』의 연구를 바탕으로 하고 있어서 매우 설득력이 있다고 하겠다.

『五部六冊』의 내용에 의하여 그 교의를 살펴서, 無生老母信仰이 明 중기의 시대상황을 반영하여 새로이 성립된 사상이라는 것을 인식하게 되었다. 무생노모신앙은 백련교와는 연원을 달리하며 明 중기의 시대적 배경하에서 탄생된 새로운 개념의 종교라고 할 수 있다. 그러나 시간이 지나면서 점차 백련교계통의 彌勒下生信仰까지 받아들임으로서 서로 간의 구별이 애매해졌으나, 명 중기 이후의 민간신앙에서 중심을 이루는 사상은 어디까지나 무생노모신앙이며 미륵하생신앙은 보조적인 역할에 그치고 있음을 살필 수 있다.

---

112) 馬西沙「佛教淨土信仰的演進與白蓮教」『中國民間宗教史』(上海上海人民出版社 1992) p163.

113) 鄭志明『無生老母信仰硏究』(臺北 文史哲出版社 1985) pp.1-5.

3. 玄鼓教와 彌勒教에 대한 批判

羅祖는 玄鼓教와 彌勒教 등 기타 민간종교에 대해서 비판하는 입장을 취하고 있었다. 玄鼓教에 대해서는 기록이 남아 있지 않으나 『五部六冊』에서의 비판 내용을 보면 「拜日月爲父母」[114]라고 하여 日月을 숭배하는 것을 특징으로 하는 종교였다.[115] 王源靜의 補注에 의하면, 玄鼓教는 佛教의 淨土阿彌陀佛을 신앙하는 계통이라고 하였다. 羅는 이 教徒들이 日月을 바라보며 수행하는 행위에 대해서, 日月을 바라보고 있으면 눈앞에 허상만 생길 뿐이며 이렇게 假像에 집착하는 행위는 올바른 수행이 될 수 없다고 비난하였다.

그리고 彌勒教에 대하여, 羅는 당시의 彌勒信仰이 「書佛呪彌勒教躲離邪法」[116]이라 하여 書符呪術을 위주로 하기 때문에 도교의 符籙祈禳法術과 흡사하여 邪法에 빠졌다고 하였다. 여기에서 羅가 말하는 彌勒教는 남북조시대에 형성된 불교의 이단교파를 지칭하는 것이 아니고, 바로 정통 불교의 미륵신앙을 말하고 있는 것이다. 이렇게 明代에 와서 불교가 이미 민간신앙화하였음을 알 수 있다.

彌勒信仰은 南北朝時代 중국 불교의 기틀을 마련한 道安(312-385)에 의해 도입되었다. 彌勒이란 梵語 Maitreya의 音譯이며, 彌勒信仰에는 上生信仰과 下生信仰이 있다. 上生信仰은 『彌勒上生經』을 근거로 하며, 일반 사람도 열심히 稱名念佛을 하면 死後에 미륵보살이 있는 兜率天[117]에 往生할 수 있다는 사상이다. 下生信仰은 『彌勒下生經』을

---

114) 『正信除疑無修證自在寶卷』 第18「拜日月邪法品」.

115) 日月, 그중에서도 태양을 숭배하는 민간종교는 長生教, 弘陽教, 八卦教, 天理教 등 매우 많은데, 이것은 밝음을 숭배하는 摩尼教에서 영향받은 것으로 추정된다. 喩松青 『民間秘密宗教經卷研究』(臺北, 聯經出版社, 1994) pp.314.

116) 『正信除疑無修證自在寶卷』 第19「彌勒教邪氣品」.

117) 佛教에서는 宇宙를 크게 欲界, 色界, 無色界의 三界로 나눈다. 兜率天이란 欲界六天(四天王天, 忉利天, 夜摩天, 兜率天, 化樂天, 他化自在天) 중의 제 四天인데, 欲界 가운데 淨土로 彌勒菩薩이 사는 곳을 말한다.

근거로 하며, 彌勒 滅度 후 56億 7千萬年이 지나면 다시 人間世에 下生하여 이 세상을 樂土로 만들고 龍華樹 아래에서 3次의 법회(龍華三會)를 열어 중생을 구제한다는 사상이다. 彌勒信仰은 저 세상이건 이 세상이건 구제를 받을 수 있다는 가능성을 제시함으로서, 당시 남북조시대의 전란으로 고통받던 민중들에게 대단한 흡인력을 발휘하였다. 초기에는 上生信仰이 우세하였으나, 隋唐時代 이후 阿彌陀信仰이 유행하면서 下生信仰이 중심이 되었다. 上生信仰의 경우에는 사후에 兜率天에 갈 것을 희망하는 것이기 때문에 현실의 상황과 관계가 없지만, 下生信仰의 경우에는 하루빨리 현세에 이상세계가 건설되기를 꿈꾸게 되면서 현실의 상황과 마찰이 생길 수밖에 없었다. 北魏시대의 大乘教亂(515) 이래, 隋·唐·宋에서 元·明에 이르기까지 「新佛出世, 除去舊魔」의 구호를 내세운 반란이 끊이지 않았던 이유가 바로 여기에서 유래된 것이다. 이와 같이 彌勒下生信仰은 커다란 영향력을 발휘하며 백련교를 비롯한 대부분의 민간종교에 영향을 주었으며, 羅教도 예외는 아니었다.

명말 사회의 혼란에다가 만주족의 입관으로 明의 멸망을 체험한 당시 민중들은 말세의 도래를 예감하며 彌勒佛의 하생을 염원하는 미륵하생신앙에 매달릴 수밖에 없었고, 이러한 분위기는 청대에 들어 異族치하에서 생존을 영위하면서 계속되었다. 그에 따라 당시 새롭게 등장한 무생노모라는 신앙에 전래의 미륵하생신앙이 결부될 수밖에 없는 상황이었고, 이는 무생노모신앙이 민간종교 차원에 머무를 수밖에 없는 한 요인이 되었다.

第四章 羅教의 發展과 分派

第一節 羅教의 展開

羅教는 羅祖 생전에 이미 상당한 규모로 발전하였다. 正德 4年(1509)『五部六冊』이 간행되면서 교세는 매우 신속하게 전파되었고, 正德 13年(1518)本부터 책 앞에「御製龍牌」라고 표기를 하여 황제의 聖旨를 받은 경전이라고 假託하면서 전국적으로 쉽게 유포될 수 있었다. 嘉靖 6年(1527)에 羅가 사망하니, 그 장례의식이 매우 융숭하였으며, 墳墓 옆에 13層石塔을 세웠던 사실만 보아도 그 교세가 상당하였음을 알 수 있다. 이 탑은 無爲塔이라고 하였으며, 淸 高宗 乾隆33年(1768) 당국에 의해 훼손될 때까지 남아 있었다.[118] 당시 장례에 참석한 사람들은 고위관료뿐만 아니라 道士와 僧侶에 이르기까지 각계각층의 다양한 인물이 참석하였다.[119] 羅教는 단순히 하층민만을 대상으로 한 종교가 아니라 상층지식인과 道佛의 인물까지 포함되어 있었다.

羅教는 明代 후기에 이르면 河北, 山東, 山西, 河南 등지로 전파되

118)『軍機處錄副奏折』乾隆33年(1768) 9月21日 直隸總督楊廷璋奏折.

119)『苦功悟道卷』卷末: 翰林院中書鹿成王秉忠, 僧錄寺左善士文奈, 武當山靈應觀道士抱一子首陽, 尙衣監單玉, 騰驤左衛所正千戶李敬祖, 府學生員何仲仁, 靈應觀道士冲虛子, 門下釋子大寧和尙 등이 열거되어 있다.

고, 大運河를 중심으로 江蘇, 浙江, 福建과 江西 등 동남연해까지 확대되었다. 발생지인 山東에서는 정통 불교와 도교의 세력을 앞서서 당시 憨山 德淸과 雲棲 祩宏 등이 매우 우려를 나타내기도 하였다. 羅教가 이와 같이 급속도로 세력을 확장할 수 있었던 요인은『五部六冊』과 같이 비교적 완비된 경전을 갖춘 데다, 그 교의가 당시 일반 백성들이 쉽게 받아들일 수 있도록 그들의 정서를 반영하고 있었고 전승관계와 조직체계가 잘 정비되어 있었던 점을 들 수 있다.

羅教는 羅祖 사후 親傳弟子들을 통해서 교의가 더욱 체계화되고 다양화되어, 점차 무생노모신앙의 형태가 갖추어지게 되었으며, 그 밖에도 여러 가지 외부요인을 흡수하면서 정비되어 갔다. 이들은 불교 선종의 衣鉢傳授를 모방하여 代代로 계승되었는데, 羅教의 8代 祖師인 明空이 지은『佛說三皇初分天地嘆世寶卷』에 의하면 羅祖 이후 8대까지 각 代의 祖師와 그들이 지은 보권이 명기되어 있다. 羅祖의 親傳弟子인 大寧和尙은 正德 13年(1518)에 羅祖를 뵙고 無爲教에 귀의하여,『明宗孝義達本寶卷』2卷,『心經了義寶卷』,『金剛了義寶卷』을 저술하였는데, 그 가운데『明宗孝義達本寶卷』2卷만 현존한다. 그는 宋明理學을 받아들여 孝義를 중시하는 유교윤리를 도입함으로써, 유교와 불교의 융화를 꾀하였다. 그리고「無生父母」가 諸佛의 本源이며, 萬物의 根基이고, 家鄕임을 정식으로 천명하였다. 羅教는 大寧和尙의 헌신으로 教義가 더욱 깊어지게 되었고 그의 시대에 이미 무생노모신앙이 주장되고 있었다.

3祖 秦洞山(秦祖)이 지은『佛說大方廣圓覺修多羅了義寶卷』2卷은 簡稱하여『無爲了義寶卷』이라 하는데, 이 보권에서는「無爲」字가 상당히 많이 보이고 있으며, 羅祖를「無爲居士」라고 칭하고 있다. 그 외에도「無生」이라는 표현이 여러 번 보이고 있으나 아직 無生과 老母가 직접 연계되고 있지는 않다. 이 보권이 嘉靖(1522-1566)末年경 편찬된 것으로 보아 이 시대에 無生老母信仰의 형태를 엿볼 수 있다. 이 보권

은 『五部六冊』에 비해 淨土宗과 禪淨合一을 더욱 강조하고 있으며, 無極과 太極 외에 皇極도 새로 도입하여 3極이라 칭하였다. 이 보권에는 「三極」「三世」「三陽」「末世」 등이 보이고 있어 羅教의 교의에 「三陽劫變說」이 도입되었으며, 그 외에도 內丹修煉과 長生修煉에 관한 내용이 증가하고 있다.

5祖 孫眞空(孫祖)은 『銷釋眞空掃心寶卷』 2卷을 남겼다. 그는 이 보권에서 無生老母信仰이 훨씬 정형화된 모습을 보여 주고 있다. 그는 無生父母가 安天立地하고 東土衆生을 生化하며 原人을 普度하여 返本歸源할 것을 주장하였다. 이것은 彌勒教의 龍華三會에서 중생을 普度하는 내용을 받아들인 것으로, 동토중생이 반본 회귀하기 위해서는 세속적 욕망을 버리고 明師로부터 「点開通天眼」을 받으며, 내단수련을 열심히 하도록 하였다. 『五部六冊』에는 「豁開透地通天眼」이라 하여 「通天眼」 「透玄關」에 관한 기록이 나온다. 이것은 일반 신도들이 明心見性할 수 있는 방법으로, 「明師指点」이라 하여 無爲教에 가입하여 스승으로부터 받는 신비의 종교의식이다. 이러한 儀式은 明代 후기 내단수련이 유행하던 時代思潮를 반영한 것이라고 할 수 있다.

8祖 明空은 羅教思想의 집대성자이며, 『佛說大藏顯性了義寶卷』 2卷, 『銷釋童子保命寶卷』 2卷, 『銷釋印空實際寶卷』 2卷, 『佛說三皇初分天地歎世寶卷』 2卷을 저술하였다. 그는 자신의 悟道過程이 無生老母의 계시에 의해서 이루어진 것이며, 보권도 無生老母의 감독하에 쓰인 것이라고 하였다. 그의 최대의 공헌은 無生老母信仰을 체계화시키고 구체화한 것이다. 그는 보권에서 자상한 老母의 모습을 구체적으로 묘사하여, 우주의 본원이라는 추상적 존재에서 구체적인 최고의 존재로 변화시켰다. 또 다른 공헌은 「三陽劫變說」을 정식으로 羅教의 교의에 도입한 것이다. 이것 역시 명말 격변의 혼란 속에서 미래의 희망을 찾고자 하는 당시 백성들의 여망을 반영한 것이라고 할 수 있다. 그 외에도 그는 入教儀式을 제정하고 羅教를 규범화하는 등 교단의 체계를

갖추었다.

중국은 넓은 영토에다 장구한 세월의 흐름을 거치면서 南方과 北方의 문화가 각기 그 특성을 달리하였다. 남방의 楚 문화권은 과거 殷문화의 유산[120)]을 간직한 곳으로 우주에 대한 총체적인 해석에 관심을 가지고 있었다. 이 지역에서 태어난 老子는 깊은 직관적 체험으로 宇宙와 社會와 인간의 기원과 본질을 해석하고자 하였다. 그것은 「보고자 해도 드러나지 않고, 듣고자 해도 들을 수 없으며, 잡고자 해도 잡을 수 없는」[121)] 것이며, 심지어는 無에서 有를 창조하는 것이었다. 그래서 「天下萬物生於有, 有生於無.」[122)]나 「道生一, 一生二, 二生三, 三生萬物.」[123)]과 같은 宇宙觀이 출현하였다. 이에 반해서 북방은 周문화의 토대[124)]하에서 경험과 귀납적인 사유방식을 선호하는 경향이 강하였다. 그래서 사회문제에 관심을 가진 사상가들에 의해 儒家學派가 등장하고, 자연현상에 치중한 사람들을 중심으로 陰陽說과 五行說이 생겨났다. 남방에서 시작된 老子와 莊子의 순수한 현학적 우주기원 이론은 북방의 직접적 경험에 근거한 陰陽五行 이론과 상호 융화되어 새로

---

120) 중국 최초의 실재했던 왕조로 알려진 夏나라의 철학적 중심 개념은 「天」이다. 이에 비해 殷나라의 중심 개념은 「帝」이다. 殷의 문화는 유목문화이기 때문에 늘 새로운 장소로 이동하는 생활을 통해서 空間意識이 발전하였다. 새로운 空間에서는 경험 지식의 정확성이 희박하여 초경험적인 계시를 요구하게 된다. 따라서 殷 문화는 卜筮를 중시하는 미신적인 종교문화를 이루어, 神鬼와 사후의 영혼이 지배하는 초월적인 세계를 설정하는 추상관념이 일찍 발전하였고, 인간의 운명은 이미 정해져 있다는 심각한 宿命觀을 지니게 되었다. 이러한 추상적이고 관념적인 사유형태는 이후 중국 문화의 예술, 문학, 종교의 발전에 모태가 되었다. 金忠烈 『中國哲學史』 -중국철학의 원류- (서울 예문서원 1994) pp.112-124.

121) 『老子』 14章: 視之不見, ……, 聽之不聞, ……, 搏之不得.

122) 『老子』 40章.

123) 『老子』 42章.

124) 殷周革命을 통해 등장한 周나라는 신앙의 대상을 「帝」에서 다시 「天」으로 옮겼다. 이때의 「天」은 보편적이고 인격적인 최고의 神으로, 周의 문화는 人本主義的이고 윤리 도덕을 기반으로 하는 특징을 지녔다. 이들 왕조 교체의 이념을 제공한 「天命」 사상은 이후 儒教의 정치 도덕에서의 윤리관념과 道教의 功過應報 정신과 결부되어 나타나게 된다. 金忠烈 『中國哲學史』-중국철학의 원류 (서울 예문서원1994) pp.142-147.

운 우주에 관한 도식을 이루었다.125) 이러한 문화적 특성으로 해서 북방은 素朴하고 거칠면서도 實行을 중시하는 데 비해서, 남방은 簡易하고 超脫함을 추구하며 靈異함에 치중하는 경향을 지녔다.

북방 산동지역에서 성립한 羅教는 불교 선종의 영향이 강하면서도 실제적인 것을 중시하는 그 지역적 특성을 반영하여 염불에 의해 정토에 왕생할 수 있다는 淨土教의 요소를 받아들였다. 이러한 현상은 북방지역이 정토교의 중심지역이었던 사실과도 무관하지 않다. 정토교는 北魏時代 曇鸞(476-542)에 의해 山西省 石壁山의 玄中寺를 중심으로 전파되어 唐代에는 道綽(562-645)과 善導(613-681)에 의해 長安을 비롯한 북방지역 전체에서 크게 확산되었기 때문에 이 지역에 정토교의 영향이 짙게 남아 있었다. 따라서 북방지역의 하층민들에게 念佛을 통한 종교행위는 매우 친숙한 것이어서 羅教에서도 이 점을 받아들이지 않을 수 없었다. 羅祖가 초기에 정토교의 明師를 스승으로 했던 것도 이러한 연유라고 할 수 있으며, 비록 羅祖가 염불의 문제점을 지적했다 하더라도 그 효용성을 완전히 무시하지는 않았다.

당시 남방에서는 羅祖(1442-1527)와 거의 동시대에 王陽明(1472-1528)이 활약을 하고 있었으며, 조금 뒤에 林兆恩(1517-1598)이 등장하였다. 왕양명이 유배가 있던 龍場에서의 頓悟를 통하여 良知를 깨달은 시기는 나조가 깨달음을 얻고 활동하던 시기와 일치하고 있다. 남방은 慧能(638-713)에 의해 禪宗이 탄생한 곳이며, 왕양명의 心學 역시 남방지역의 정서를 반영하여 성립된 것이다. 왕양명은 東晋 王羲之(307-365)의 33代孫이라고 알려졌는데,126) 왕희지는 대대로 天師道를 신봉한 도교신자로 알려진 인물이다. 왕양명이나 임조은은 상층지식인으로서 본디 유학을 공부하였으나 이러한 지역적 배경과 시대적 상황하에서 佛道를 아

125) 葛兆光 『道教與中國文化』(上海 上海人民出版社 1987) pp.28-30.

126) 方國根 『王陽明評傳』 -心學巨擘- (南寧 廣西教育出版社 1996) pp.2-3, 杜維明 지음 권미숙 옮김 『한 젊은 유학자의 초상-青年 王陽明-』(서울 통나무 1994) pp.59-60.

우르는 삼교합일을 강하게 주장하게 된 것이다. 임조은이 歸儒宗孔이라 하여 유교를 중심으로 하는 삼교합일사상을 수립하면서도, 그가 艮背法이라는 도교적 양생술을 근간으로 하는 九序修持心法을 창안하게 된 것은 이러한 지역적 배경의 영향이 작용하였을 것으로 이해된다. 당시 사회는 정치적 혼란 속에서도 경제적 성장과 근대 의식의 출현으로 새로운 사상의 각성이 요구되는 시점이었다. 왕양명이 정통유교에서 양명학이라는 새로운 사상을 수립한 것과 마찬가지로 민간종교에서는 나조가 무생노모신앙이라는 한 차원 높아진 종교사상을 주장하였기 때문에, 나조와 왕양명의 사상적 공통점이 지적되고 있기도 하다.[127] 나교는 이러한 상황 속에서 양명학의 탄생이나 삼일교의 성립 못지않은 역사적 의미를 지니며 탄생했기 때문에 교세를 확장해 나갈 수 있었다.

第二節 羅教의 分派

羅教는 羅祖 사후 여러 갈래로 나뉘면서 각기 발전해 나가게 된다. 衣鉢傳授를 통해서 代代로 제자들에게 전해진 것 외에도 크게 세 갈래로 나눌 수 있다.

첫째 혈통을 중심으로 家系傳承을 통해서 羅祖의 아들과 딸에게 전해졌다. 이것은 민간종교의 특성 가운데 하나인 教權世襲制의 형태이다. 나교는 초기에 無爲教라 하였으며, 아들 佛正에게 전해졌다. 이 無爲教가 나교의 正宗으로, 羅祖가 創教를 한 直隸 密雲衛 石甲鎮을

127) Shek, Richard(石漢椿) "Elite and popular reformism in late Ming: The Traditions of Wang Yang-ming and Lo Ching" 『歴史における民衆と文化－酒井忠夫先生古稀祝賀記念論集』(1982)

중심으로 전교를 하며 羅姓子孫에 의해 10代를 이어서 淸代까지 계속 되었다. 羅의 딸 佛廣과 사위 王善人은 따로 갈라져 나가 大乘教를 創教하였다. 이 教名은 『五部六冊』을 大乘經이라고 한 데서 유래하며, 大成教라고도 한다. 大乘教는 王氏姓에 의해 주도되는데, 聞香教를 창시한 灤縣 石佛口의 王森과 관계가 있는 것으로 알려졌다.[128] 大乘教는 明末淸初에 直隷와 山東 일대에서 유행했으며 청 중기에는 江西, 浙江, 福建, 廣東省 등지까지 전파되었다.

둘째 나교는 漕運 선원들을 중심으로 大運河 주변의 남북지방에 전파되었는데, 이것이 후일 靑幇의 前身이다.[129] 나교의 중심지인 直隷 密雲衛는 대운하의 북쪽 기점으로 運糧軍人이나 조운 선원이 많은 곳으로,[130] 羅祖는 일찍부터 그들을 상대로 전도하였다. 明末에 이르면 남방 운하의 종점인 杭州에도 나교가 번성하였다. 당시 杭州에서는 錢庵, 翁庵, 潘庵 등 3개 庵堂이 나교의 중심이 되었는데, 이것은 密雲衛 출신의 錢氏와 翁氏, 그리고 松江 출신의 潘氏에 의해서 세워진 것이다. 조운 선원들이 나교에 귀의하게 된 이유는, 첫째 그들이 오랜 기간 동안 가족과 떨어져서 험난한 항해 생활을 계속하면서 종교에 의지하고자 하는 심성이 강하였고, 둘째 山東, 河南, 直隷의 「無業之民」[131]

---

128) 馬西沙「從聞香教到淸茶門教」『中國民間宗教史』(上海 上海人民出版社 1992) pp.552-555, 喩松靑「淸茶門教考析」『明淸史國際學術討論會論文集』(天津 天津人民 出版社 1982) p.1087.

129) 靑幇이 정식 수립된 것은 淸 咸豊 3年(1853)에 運河漕幇이 해산된 후이다. 靑幇에 대한 평가는 연구자에 따라 淸朝의 爪牙라는 說과 反淸秘密結社라는 說로 大別된다. 靑幇에 관한 연구로는 周育民·邵雍 著 『中國幇會史』(上海 上海人民出版社 1993), 生可 編 『靑紅幇之黑幕』(河北人民出版社 1990) 등이 있다.

130) 明代 漕運의 運糧은 運糧軍士에 의해 이루어졌으며, 英宗 天順(1457-1464) 이후 漕船은 1770여 척, 運糧軍人은 12만에 달했다. 軍籍을 가진 羅祖는 이들 運糧軍士에게 전도하기 쉬운 입장에 있었다. 星斌夫「明初の漕運について」『明代漕運の研究』日本學術振興會 (1963) p.178-186. 이외 漕運에 대한 연구로는 吳緝華「明代海運及運河的研究」『中央硏究院歷史語言硏究所集刊』43 (1961) 등이 있다.

131) 명청대의 사회를 無賴나 流民을 통해서 파악하고자 하는 시도가 최근에 두드러지고 있다. 그들의 존재형태가 다양하여 명확한 개념 정리가 어려우나 無賴로 간주되는

이 대다수인 조운 선원들은 항해하지 않는 기간에 머물 곳이 마땅하지 않았는데, 杭州의 庵堂에 기거하며 숙식을 해결할 수 있었기 때문에 현실적으로나 경제적으로 나교는 그들에게 매우 필요한 존재였다. 초기에는 庵堂에 다양한 계층의 신도들이 가입하였으나, 庵堂이 선원들에게 필요한 역할을 하면서 선원 위주의 조직이 되었고, 차츰 종교적 기능보다는 자신들의 경제적 이득을 위한 기관으로 발전하였다. 그래서 庵堂의 종교적 성격이 점차 변질되어 신앙의 대상도 祖師崇拜로 바뀌면서, 羅祖를 비롯한 錢, 翁, 潘을 모셨다. 이러한 祖師崇拜의 풍조는 명청대 行帮組織에서 공통적으로 보이고 있으며, 다만 行帮마다 그 숭배 대상을 달리하고 있다.[132] 無爲教를 비롯한 대부분의 민간종교가 혈연을 중심으로 가부장적 조직체계를 유지한 데 비해서, 이들은 이동생활로 인해서 師徒관계를 통해 異姓 간에 전해졌다. 그러나 당시 사회구조하에서 庵堂도 철저한 위계질서에 의한 등급제가 이루어졌다. 庵堂은 많을 때는 72개소까지 있었으며, 淸 世宗 雍正 5年(1727)에 선원간의 싸움이 있기 전까지는 당국에 의해서 그 존재가 알려지지도 않았다. 雍正년간에 羅教教案이 발생하면서 庵堂을 公所로 바꾸게 하였는데, 淸 조정에서는 계속해서 압박하여 乾隆33년(1768)에 재차 소주와 항주의 羅教, 無爲教, 大乘教의 庵堂을 철저히 훼멸하였다. 이후 나교

부류는, 사료용어로 無賴, 棍徒, 市棍, 光棍(積棍), 奸人, 無籍不逞之徒, 桀黠者, 惡少 등이다. 吳金成「明淸時代의 無賴:研究의 現況과 課題」『東洋史學研究』50 (1995)p.61. 이외 無賴에 대한 연구로는 陳寶良「明代無賴階層的社會活動及其影響」『齊魯學刊』1992-2(『復印報刊 明淸史』1993-8), 上田信「明末淸初江南都市の無賴をめぐつて社會關係－打行と脚夫」『史學雜誌』90-11 (1981), 安野省三「中國の異端と無賴」『中世史講座 7, 中世の民衆運動』(學生社 1984), 岸和行「廣東地方社會にお ける無賴像－明末期の珠池盜をめぐつて」『元明淸期における國家支配と民衆像の再檢討－支配の中國的特質』九州大學東洋史研究室 (1983) 등이 있다.

132) 行帮組織에서 모시는 行神은 그 직업의 종류에 따라서 세 가지로 나누었으니, 工業行神, 商業行神, 職業行神이다. 그리고 來源에 따라서는 두 종류로 나누었는데, 첫째는 傳說 혹은 實在의 발명자인 경우, 둘째는 天神을 祖師로 숭배하는 경우이다. 葉郭立誠『行神研究』(臺北 臺灣書店 1967) pp.5-6.

는 육지를 떠나 糧船 위로 옮겨져 傳教의 역할을 하였으며, 점차 糧船 水手의 行幇이 되었다. 이때 이미 漕運 선원을 중심으로 하는 이들 羅教 조직은 行帮會社의 성격이 두드러졌음이 밝혀지고 있다.[133)]

셋째 浙江 등에서 殷繼南과 姚文宇에 의해 창립된 江南齋教[134)]도 나교의 分派이다. 나교는 明 萬曆年間에 강남에까지 전파되어 杭州뿐만 아니라 浙江의 處州를 중심으로 교세를 확장하였다. 處州는 이미 嘉靖年間부터 나교가 전파된 곳으로, 그곳 출신의 殷繼南(1540-1582)이 羅祖의 轉世로 인정을 받으면서 교세가 크게 확장되었다. 그는 제자들을 28化師와 72引進으로 봉하고, 道號에 「普」字를 붙이는 등 초보적인 教階制度를 도입하였다. 그러나 殷繼南이 萬曆 10年(1582)에 정부의 탄압을 받아 死刑을 당하면서, 강남의 나교세력은 잠시 주춤하였다. 殷繼南 사후에, 역시 處州 출신인 姚文宇(1578-1646)가 등장하여 浙江지역 나교의 각 교파를 통일하면서 교세를 다시 회복하였다. 그는 熹宗 天啓 2년(1622)부터 毅宗 崇禎 4년(1631)까지 세 차례의 龍華會를 열고 조직을 정비하는 등 교세정비에 주력하여, 나교는 浙江뿐만 아니라 강남 일대에서 크게 번성하게 되었다. 殷繼南과 姚文宇는 羅祖의 2代와 3代 轉世임을 내세워 나교의 정통성을 자처하였는데, 이러한 점들이 신도들을 끌어들이는 흡인력을 발휘하여 교세 확장에 일조를 하였다고 할 수 있다. 江南齋教는 清 雍正(1723-1735)年間에 老官齋教로 명칭을 바꾸었고, 乾隆 13년(1748)에 福建 북부 建安과 甌寧에서 老官齋教徒가 반란을 일으켜 清朝를 뒤흔들어 놓을 정도로 지

---

133) 清初 運糧軍人의 조직은 명대의 衛所制度를 따랐다. 糧船은 모두 各省의 衛所分幇에 나뉘어 소속되었고, 각 幇마다 2, 30-5, 60척의 배가 있었다. 후에 軍運이 民運으로 바뀌어 民籍의 水手를 고용하면서 수공업행방의 조직으로 바뀌었다. 秦宝琦 「漕運水手中的羅教」『中國地下社會』(북경 학원출판사 2004) pp.133.

134) 江南齋教가 老官齋教이며, 老官齋教에 관한 연구로는 馬西沙「江南齋教的傳播與演變」『中國民間宗教史』(上海 上海人民出版社 1992), 戴玄之「老官齋教」『大陸雜誌』第54卷 第6期 (1977) 등이 있다.

속적으로 교세가 유지되었다.

이들 외에도 羅教는 전파 과정에서 여러 교파로 分派되었는데, 그들의 명칭은 圓頓教, 長生教, 黃天教, 三乘教, 龍華教, 饔巴教, 金童教, 觀音教, 一字教 등으로, 이들은 모두 羅教를 뿌리로 하는 教派라고 할 수 있다.

結 論

明代 中期인 16C경, 儒道佛의 正統宗教가 그 기능을 잃으면서 많은 民間宗教가 출현하였다. 이들 대부분의 민간종교는 三教合一思想과 無生老母信仰을 특성으로 하고 있으며, 그 외에도 현실생활에서 얻을 수 있는 각종 사회적 기능[135]을 중시한다는 공통점이 있다. 三一教와 羅教가 당시 민간종교의 이러한 특성을 대표하고 있다는 인식하에, 이 두 종교를 중심으로 兩教 教主의 修行過程과 教義, 그리고 教團의 발전과 儀式 等에 대해서 정리하였다.

三一教의 창시자인 林兆恩은 복건지방의 望族 출신으로, 儒道佛의 경전을 두루 섭렵하고 『林子三教正宗統論』을 저술한 지식인이며, 왜구 침입 시에 백성과 고난을 함께한 社會活動家이자 慈善家이기도 하다. 그는 30세인 世宗 嘉靖 25年(1546)에 세 차례 鄉試에 낙제한 뒤, 心身性命之學에 관한 수행을 시작하였다. 그의 三教合一思想은 「道一教三論」과 「中一道統論」을 사상기반으로 삼고 있다. 「道一教三」이란 三教의 근원은 하나이고 그 道도 하나이며, 다만 가르침이 각기 다르다는 것이다. 「中一道統論」은 삼교합일사상의 핵심 요체로, 「中」과 「一」은 道의 다른 표현이라고 하였다. 林은 삼교는 본래 하나의 道를 근원으로 하고 있기 때문에, 世間法과 出世間法의 차이는 인정하면서도 양자 간에 우열을 두지는 않았다. 그러나 그는 「歸儒宗孔」에 귀착하여 유교 중심의 삼교합일을 주장하였다. 이 같은 결과는 그가 실천을 중시하는 현실적인 사상을 가졌기 때문이라고 할 수 있다. 그러나 林의 최종 이념은 삼교의 근본으로 돌아가서 원래의 모습을 되찾은 새로운 차

135) 민간비밀종교의 사회적 기능은 첫째 경전을 읽고 주문을 외워 복을 비는 祈福의 기능, 둘째 坐功運氣, 針灸按摩, 茶葉을 이용한 민속의료 등의 질병 치료효과, 셋째 養生送死儀式의 진행과 같은 종교 福利증진 등으로 정리하고 있다. 莊吉發「眞空家鄉無生父母－民間秘密宗教的社會功能」『歷史月刊』 第86期, 1995. pp.50-55. 莊吉發 「清代民間宗教的源流及其社會功能」『大陸雜誌』第82卷 第2기 pp.49-64.

원의 종교를 만들고자 하여 三一教를 夏教라고도 하였다. 三一教의 교세 확장이 가능하였던 이유는 艮背法이라는 수련법 때문이다. 艮背法은 「三教先生」을 念誦함으로써 병을 고치고 재난에서 벗어나는 효력이 있어서, 삼일교가 지식인뿐만 아니라 하층민중에게까지 전파되어 민간종교의 기능을 발휘할 수 있었다. 삼일교는 복건을 중심으로 동남연안 지방에 전파되고 오늘날도 동남아와 대만 등에 존속하고 있어서, 이 지역에 관한 자료를 통해서 그들의 의식을 살필 수 있었다.

羅教의 창시자인 羅祖는 하층 출신으로 어린 나이에 부모를 여의고 숙부의 양육을 받고 성장하였다. 그는 인생의 생사와 윤회문제에 대해서 고뇌하던 중, 28세 때 친구의 조언으로 스승과 접하여 구도의 길로 들어가게 되었다. 그의 悟道修煉 기간은 모두 13년인데, 그 가운데 8년은 阿彌陀佛의 염불에, 3년은 『金剛科儀』연구에, 2년은 자신의 이론 정립에 정진하여, 우주와 인류의 근원은 虛空이다라는 것을 깨닫게 되었다. 이후 그는 羅教를 창립하여 전도에 나서고, 옥중에서 태감 등의 도움으로 宗教寶卷인 『五部六冊』을 저술하였다. 이 책은 무생노모신앙을 살펴볼 수 있는 좋은 자료로 평가받는다. 무생노모신앙이 형성되어 가는 과정을 추적해 보면, 우선 형이상학적인 허공의 개념을 家鄕이라는 친근하고도 실체화된 표현으로 바꾸어 일반 민중이 쉽게 접근할 수 있도록 하였다. 여기서 家鄕이나 眞空은 허공과 같은 의미로 역시 우주만물이 생성된 근원을 가리키고 있다. 다음 『五部六冊』에서 보이고 있는 「無極聖祖」는 羅祖가 儒道佛의 創世說과 관련시켜 만든 새로운 차원의 新神이라고 할 수 있다. 무극성조는 권위의 주재자일 뿐만 아니라, 중생을 구제하는 대자 대비한 역할을 하는 존재이다. 羅祖가 이해하는 母의 개념은 위대하고 신비한 창조력을 지녀서 우주만물과 삼라만상을 주재한다고 하였다. 그래서 「母即是祖, 祖即是母」이니 祖와 母는 하나라고 하여 無極聖祖가 無極聖母가 되고, 여기에 불교의 無生관념이 더해져서 드디어 無生老母가 탄생하였다. 이러한 과정을 거쳐서 「眞空家鄕, 無生老母」라는 8字진언으로 대표되는 무생노모신앙이 형성된 것이다. 무생노모신앙과 『五部六冊』은 이후 등장하는 대부분의 민간종교에 큰 영향을 끼쳤다. 羅教는 羅의 사후에 세 갈래로 분파되는데, 그 첫째는 가족을 통해서 전해진 無爲教와 大乘教이다. 둘째는 大運河 주변의 漕運 水夫를 중심으로 전파되었는데, 이것은 후일 行帮會社組織인 青帮으로 발전하게 된다. 셋째는 羅의 轉世인 殷繼南과 姚文宇가 江南齋教를 창립하였다. 이것이 淸代에 老官齋教가 되었고, 그 教徒들이 高宗 乾隆 13년(1748)에 난을 일으킬 만큼 교세가 지속되었다.

민간종교는 주로 하층계급에서 신앙하는 것으로 알려져 왔으나, 三一教의 경우에는 신도 중에 고위관료와 왕족들까지 있어 상층계급의 신도들이 많았다. 羅教를 계승한 大乘教에도 神宗 萬曆帝의 생모인 李貴妃가 귀의하는 등 황족과 귀족들이 교도로 참여하였고 경전의 출판시 태감들의 후원을 받았으며 귀족들이 序文을 쓸 정도였다. 明代 중기인 16C는 明末淸初에 해당하는 역사적 전환기로, 정치적 혼란 속에서도 경제가 발달하고 시민의식이 성장하고 있는 때였다. 삼일교와 나교는 16C 당시의 이러한 시대 변화를 가장 잘 반영하여 성립된 민간종교라고 할 수 있다. 林兆恩이나 羅祖가 스스로 저술을 낼 정도로 체계화된 사상을 가질 수 있었던 것은 明 중기에 시민의식의 성장으로 가능하였다. 임조은과 나조의 우주관인 太虛나 虛空을 근대적 의미의 절대정신으로 해석하는 입장이 있는 것처럼, 이 시기는 정치 경제적 측면에서뿐만 아니라 사상적 측면에서도 새로운 변화의 양상이 두드러지게 나타나고 있는 시기인 것이다. 임조은이나 나조는 당시의 心學思想을 기본으로 三教合一을 주장하였고, 三一教나 羅教와 같은 민간종교는 이러한 심학사상을 배경으로 하여 탄생된 것이었다. 따라서 이 시대의 민간종교는 전 시대와는 다른 새로운 이념을 갖추게 되었으며, 이 시기는 종교이념적인 면에서도 변화를 보이고 있다는 점에서 그 宗教史的

의미를 찾아볼 수 있었다.

羅祖의 무생노모신앙은 이후 5백 년이 지난 오늘날까지도 민간종교에서 폭넓게 받아들여지고 있다. 다만 무생노모에 의한 인류의 還鄕과 아미타불에 의한 중생의 서방정토에의 구제가 같은 패턴으로 받아들여지면서 백련교와의 유사성이 지적되기도 하나, 무생노모신앙은 모자원의 염불결사에서 유래된 백련교와는 그 계통을 달리하여 明 중기라는 새롭게 변화하는 시대배경하에서 탄생된 종교라고 할 수 있다. 三一教 역시 오늘날까지 교단이 지속되고 있는데, 이는 三教合一精神이 시대를 초월하여 받아들일 수 있는 사상임을 입증하는 것이며, 오늘날에도 부각시킬 필요성이 더욱 제기되고 있는 사상이라고 할 수 있다. 中國民間宗教는 多元性과 調和性 그리고 實用性의 특색을 지니고 있으며, 다원성과 조화성을 가장 잘 나타내고 있는 것이 바로 三一教이다. 淸代에 유행한 一貫道의 경우는 儒道佛 3교에다 이슬람교와 기독교를 포함하는 五教合一을 주장하는데, 이것은 三教合一精神이 확대된 것이라고 하겠다.

〈附錄 I〉

民間敎派淵流表一

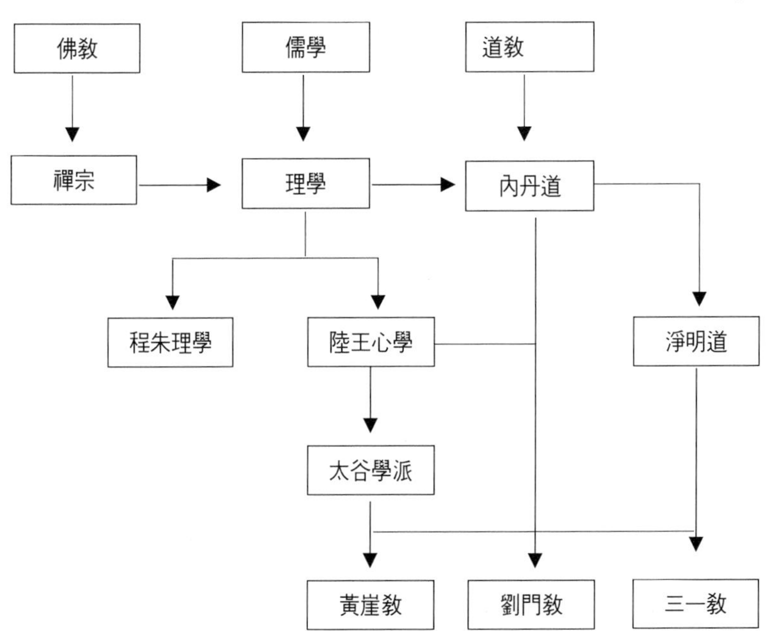

〈附錄 II〉

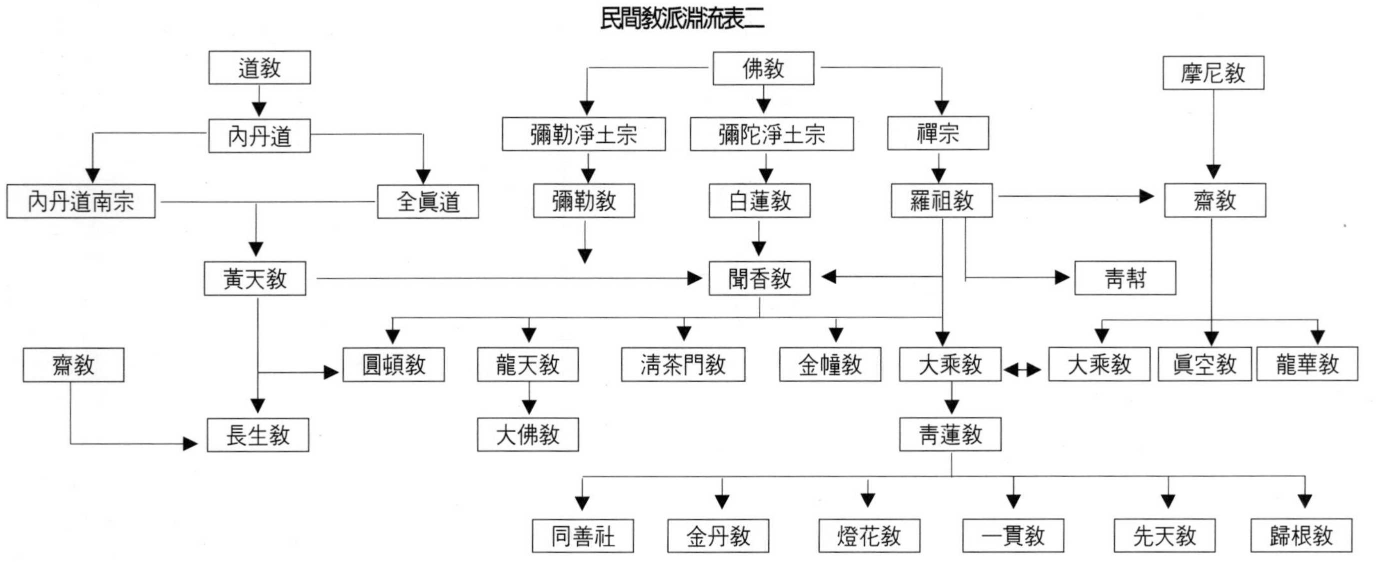
民間教派淵流表二
道教
內丹道
內丹道南宗
全眞道
黃天教
齋教
長生教
圓頓教
佛教
彌勒淨土宗
彌陀淨土宗
禪宗
彌勒教
白蓮教
羅祖教
聞香教
龍天教
大佛教
淸茶門教
金幢教
大乘教
青蓮教
青幇
摩尼教
齋教
大乘教
眞空教
龍華教
同善社
金丹教
燈花教
一貫教
先天教
歸根教

參考文獻

I. 基本史料

林兆恩(明)『林子三教正宗統論』臺北 養興堂翻印 1970.

陳衷瑜(明)『林子本行實錄』臺北 養興堂翻印 1964.

羅祖(明) 原著 王源靜補註『五部六冊補註開心法要』臺中 民德堂影印 1980.

羅祖(明)『羅祖五部經』『寶卷』初集 山西人民出版社 1994.

濮文起 編『中國會黨史料集成』全3卷 北京 北京圖書館出版社 1999.

楊家駱 主編『明史』臺北 鼎文書局 1982.

『明實錄』臺北 中央研究院 歷史語言研究所影印 1965.

谷應泰(淸)『明史紀事本末』臺北 華世出版社影印 1976.

李東陽(明)等 奉勅修撰『大明會典』新文豊出版社影印 臺北 1976.

龍文彬(淸)『明會要』世界書局影印 1972.

王鴻緖『明史稿』臺北 文海出版社影印 1962.

『莆田縣志』臺北 成文出版社影印 1973.

『重纂福建通志』臺北 華文書局影印 1969.

『嘉靖重修一統志』臺北 臺灣商務印書館影印 1966.

王弼 注『老子道德經』『諸子集成』上海 上海書店 1986.

葛洪 著『抱朴子』『諸子集成』上海 上海書店 1986.

謝肇淛(明)『五雜俎』臺北 新興書局影印 1971.

黃宗羲『南雷文案』臺北 臺灣商務印書館 1970.

王陽明(明) 撰『王陽明全集』上海 上海古籍出版社 1992.

何良俊(明) 撰『四友齊叢說』北京 中華書局 1997.

沈德符(明) 撰『萬曆野獲編』北京 文化藝術出版社 1998.

朱國禎(明) 撰『涌幢小品』北京 文化藝術出版社 1998.

馮夢龍(明) 編『醒世恒言』上海 上海古籍出版社 1992.
雲棲袾宏(明)『蓮池大師全集』臺北 中華佛教文化館 1973.
通炯編輯(明)『憨山老人夢遊集』臺北 新文豊出版社 1973.
顧起元 撰『客座贅語』北京 中華書局 1997.
張瀚(明) 撰『松窓夢語』北京 中華書局 1997.
孫承澤(淸)『春明夢餘錄』北京 古籍出版社 1992.
中國社會科學院歷史硏究所淸史硏究室 編『破邪詳辯』中華書局 北京 1982.
慧能(唐) 著 郭朋 校釋『壇經校釋』北京 中華書局 1983.

Ⅱ. 單行本

1. 國 文

吳金成·曹永祿 等『明末·淸初社會의 照明』서울 한울아카데미 1990.
兪長根『近代 中國의 秘密結社』서울 고려원 1996.
窪德忠·西順藏 엮음 조성을 옮김『中國宗敎史』서울 한울아카데미 1996.
葛兆光 著 심규호 譯『道敎와 中國文化』서울 東文選 1993.
葛兆光 著 鄭相弘·任炳權 譯『禪宗과 中國文化』서울 東文選 1991.
杜維明 지음 권미숙 옮김『한 젊은 유학자의 초상-青年 王陽明-』서울 통나무 1994.
久保田量遠 지음 최준식 옮김『中國儒佛道三敎의 만남』서울 民族社 1990.
宋正洙『中國近世鄕村社會史硏究』서울 혜안 1997.
谷川道雄·森正夫 著 송정수 譯『중국민중반란사』서울 혜안 1996.
寺田隆信·增井經夫 著 송정수 옮김『中華帝國의 完成』서울 문덕사 1992.
酒井忠夫 外지음 崔俊植 옮김『道敎란 무엇인가』서울 民族社 1990.
조셉 니덤『中國의 科學과 文明:사상적 배경』서울 까치 1998.
島田虔次 著 김석근·이근우 譯『朱子學과 陽明學』서울 까치 1986.
수잔 나퀸·이블린 로스키 지음 정철웅 옮김『18세기 중국사회』서울 신서원 1998.
아서 라이트 지음 梁必承 옮김『中國史와 佛敎』서울 신서원 1994.
余英時 著 鄭仁在 譯『中國近世宗敎倫理와 商人精神』서울 大韓敎科書株式會社 1993.

Marx Weber 著 이상률 譯『儒教와 道教』서울 文藝出版社 1990.
張仲禮 著 金漢植 外 譯『中國의 紳士』서울 신서원 1993.
任繼愈 主編 권덕주 譯『中國의 儒家와 道家』서울 동아출판사 1993.
레이 황 지음 박상이 옮김『1587年 동양, 아무 일도 없었던 해-명나라 말기의 어두운 사회상-』서울 가지 않은 길 1997.
三石善吉 지음 최진규 옮김『중국의 천년왕국』서울 고려원 1993.
김충열『중국철학사』-중국철학의 원류- 서울 예문서원 1994.
藤堂恭俊·塩入良道 지음 車次錫 옮김『中國佛教史』서울 대원정사 1992.
조너선 D. 스펜스 주원준 옮김『마테오 리치, 기억의 궁전』서울 이산 1999.
野上俊靜·小川貫弌 等 共著 權奇悰 譯『中國佛教史』서울 東國大學校 佛典刊行委員會 1993.
木村清孝(키무라 키요타카) 章輝玉 옮김『中國佛教思想史』서울 民族社 1991.
야마다 케이지 지음 김석근 옮김『朱子의 自然學』서울 통나무 1992.
이은자『중국 민간종교 결사, 전통과 현대의 만남』서울 책세상 2005.

2. 中 文

孟 森『明代史』臺北 國立編譯館中華叢書編審委員會 1979.
李光璧『明朝史略』帛書出版社 1986.
傅衣凌主編 楊國楨 陳支平著『明史新編』北京 人民出版社 1993.
傅衣凌『明清時代商人及商業資本』中和 谷風出版社 1986.
傅衣凌『明代江南市民經濟試探』中和 谷風出版社 1986.
吳智和 編『明史研究論叢第』第一輯 第二輯 臺北 大立出版社 1982.
李文治『晚明民變』上海 中華書局 1989.
王春瑜 主編『明史論叢』北京 中國社會科學出版社 1997.
馬西沙·韓秉方『中國民間宗教史』上海 上海人民出版社 1992.
徐小躍『羅教·佛教·禪學』-羅教與『五部六冊』揭秘- 南京 江蘇人民出版社 1999.
鄭志明『明代三一教主研究』臺北 學生書局 1988.
鄭志明『無生老母信仰研究』臺北 文史哲出版社 1985.
鄭志明『中國善書與宗教』臺北 學生書局 1988.

鄭志明『臺灣民間宗教結社』臺北 南華管理學院 1998.
葛兆光『道教與中國文化』上海 上海人民出版社 1987.
葛兆光『禪宗與中國文化』上海 上海人民出版社 1986.
周　晉『道學與佛教』北京 北京大學出版社 1999.
南懷瑾『禪宗與道家』上海 複旦大學出版社 1991.
金正耀 著 任繼愈 主編『中國的道教』北京 商務印書館 1996.
潘桂明 著 任繼愈 主編『中國的佛教』北京 商務印書館 1997.
陳　霞『道教勸善書研究』-儒道釋博士論文叢書- 成都 巴蜀書社 1999.
張澤洪『道教齋醮科儀研究』 -儒道釋博士論文叢書- 成都 巴蜀書社 1999.
黃小石『淨明道研究』 -儒道釋博士論文叢書- 成都 巴蜀書社 1999.
余喆 主編『儒道釋與傳統文化』北京 中華書局 1990.
陳仲奇 等 編輯『佛教與中國文化』北京 中華書局 1988.
周群『儒釋道與晚明文學思潮』上海 上海書店出版社 2000.
黃卓越『佛教與晚明文學思潮』北京 東方出版社 1997.
張榮明 主編『道佛儒思想與中國傳統文化』上海 上海人民出版社 1994.
包筠雅 著 杜正貞 張林 譯『功過格』-明清社會的道德秩序- 杭州 浙江人民出版社 1999.
陳支平 主編『福建宗教史』福州 福建教育出版社 1996.
湯一介 主編『中國宗教』北京 北京大學出版社 1992.
邵雍『中國會道門』上海 上海人民出版社 1997.
周育民·邵雍 著『中國幇會史』上海 上海人民出版社 1993.
李尚英 編著『民間宗教常識答問』江蘇古籍出版社 1990.
段玉明『中國寺廟文化論』長春 吉林教育出版社 1999.
黃仁宇『萬曆十五年』臺北 食貨出版社 1985.
方國根『王陽明評傳』 -心學巨擘- 南寧 廣西教育出版社 1996.
稽文甫『晚明思想史論』北京 東方出版社 1996.
吳應南 主編『心學與中國社會』北京 中央民族學院出版社 1994.
楊存田『中國風俗概觀』北京 北京大學出版社 1994.
余英時『中國近世宗教倫理與商人精神』臺北 聯經出版公司 1987.
李世瑜『寶卷綜錄』上海 中華書局 1961.
李世瑜『現在華北秘密宗教』臺北 古亭書屋 1975.
鄭振鐸『中國俗文學史』北京 商務印書館 1998.

曾子良『寶卷之硏究』台北 政大碩士論文 1975.
臺灣省民政廳『民間信仰與社會硏討會論文集』南投 1982.
傅衣凌·楊國楨 主編『明淸福建社會與鄕村經濟』厦門大學出版社 1987.
連昌立『福建秘密社會』福州 福建人民出版社 1989.
林仁川『明末淸初私人海上貿易』華東師範大學出版社 1987.
鄭振滿『明淸福建家族組織與社會變遷』湖南敎育出版社 1992.
鄭土有·王賢淼『中國城隍信仰』上海 三聯書店 1994.
蔡少卿『中國近代會黨史硏究』北京 中華書局 1987.
喩松靑『明淸白蓮敎硏究』成都 四川人民出版社 1987.
濮文起『中國民間秘密宗敎』杭州 浙江人民出版社 1991.
濮文起『民間宗敎與結社』北京 國際文化出版公司 1994.
秦寶琦『中國地下社會』學苑出版社 1993.
戴玄之 遺著『中國秘密宗敎與秘密會社』上下 臺北 商務印書館 1990.
馬西沙『中國民間宗敎簡史』상해 상해인민출판사 2005
尹韻公『中國明代新聞傳播史』重慶 重慶出版社 1990.
陶希聖 外著『明代宗敎』臺北 學生書局 1967.
連立昌『福建秘密社會』福州 福建人民出版社 1989.
王兆祥『白蓮敎探奧』陜西人民出版社 1993.
牟宗三『心體與性體』臺北 正中書局 1968.
葉郭立誠『行神硏究』臺北 臺灣書店 1967.
明淸史國際學術討論會秘書處論文組『明淸史國際學術討論會論文集』天津 天津人民出版社 1982.

3. 日　文

間野潛龍『明代文化史硏究』東京 同朋會 1979.
酒井忠夫『中國善書の硏究』東京 國書刊行會 1972.
酒井忠夫『道敎の綜合硏究』東京 國書刊行會 1977.
澤田瑞穗『校注破邪詳辯』東京 道敎刊行會 1972.
澤田瑞穗『寶卷の硏究』增補 東京 國書刊行會 1975.

濱島敦俊『明代江南農村社會の硏究』東京大學出判會 1982.
淺井紀『明淸時代民間宗教結社の硏究』東京 硏文出版 1990.
靑年中國硏究者會議編『續中國民衆反亂の世界』東京 汲古書院 1983.
靑年中國硏究者會議編『中國民衆反亂の世界』東京 汲古書院 1974.
橫山英『中國近代化の經濟構造』東京 亞紀書房 1972.
星斌夫『明代漕運の硏究』東京 學振刊 1963.
鈴木中正『中國史における革命と宗教』東京 東京大學出版社 1974.
鈴木中正『千年王國的民衆運動の硏究－中國·東南アジアにおける』東京大學出版會 1982.
谷川道雄·森正夫 編『中國民衆反亂史』3 東京 平凡社 1978-1983.
佐藤文俊『明末農民反亂の硏究』東京 1985.
加治敏之「羅教の信仰の形成過程と「光」について」『中哲文學會報』第10호 1985

4. 英 文

Judith A. Berling, "The Syncretic Religion of Lin Chao-en", New York:Columbia University 1980.

Brokaw C. J., "The Ledgers of Merit and Demerit: Social Change and Moral Order in Late Imperial China", Princeton University Press 1991.

Chang, Pin-tsun, "Chinese Maritime Trade: The Case of Sixteen Century FuChien(Fukien)", Ph. D. Dissertation, Princeton University 1983.

Chang Chung-li(張仲禮), "The Chinese Gentry: Studies on their Role in Nineteenth. Century Chinese Society", Seattle 1995(張仲禮 著 金漢植 外 譯『中國의 紳士』서울 신서원 1993)

Daniel L Overmyer, "Fork Buddhist Religion: Dissenting Sects in Late Traditional China", Harvard Univ Press, 1976(劉心勇 等譯『中國民間宗教教派硏究』上海 古籍出版社 1993)

Huang, Ray, "Taxation and Governmental Fiance in Sixteen-Century Ming China" Cambridge Univ Press 1974.

Huang, Ray, "Military Expenditures in Sixteenth-Century Ming China." Oriens Extremus 17, 1970.

Hucker, Charles O, “The Censorial System of Ming China”, Stanford Univ Press 1966.

Hucker, Charles O, “The Traditional Chinese State in Ming Times: 1368-1644”, Tucson, 1961.

Perkins, Dwight, “Agricultural Development in China(1368-1968)”, Chicago 1969.

Parsons, James B, “The Peasant Rebellions of the Late Ming Dynasty”, Univ of Arisona Press 1970.

Perdue, Peter C, “Exhausting the Earth: State and Peasant in Hunan 1500-1850”, Harvard Univ Press 1987.

Susan Naquin and Evelyn S. Rawski, “Chinese Society in the Eighteenth Century”, Yale University 1987(수잔 나퀸·이블린 로스키 지음 정철웅 옮김 『18세기 중국사회』 서울 신서원 1998)

Susan Naquin, “Millenarian Rebellion in China: The Eight Trigrams uprising of 1813,” Yale University Press 1976.

Ⅲ. 硏究論文

1. 國 文

金漢植 「朱元璋의 政治的 姿勢論」 『大邱史學』3, 1971.

金漢植 「明代里老人制의 硏究」 『大邱史學』1, 1969.

全淳東 「明王朝 成立史 硏究」 漢陽大大學院 博士學位論文 1992.

全淳東 「元末의 農村社會와 叛亂－華北地方을 중심으로－」 『人文學志』6(忠北大) 1991.

宋正洙 「明 中期 鄕村社會 動搖와 明朝의 對應」 『全北史學』15, 1992.

宋正洙 「明末淸初의 鄕村統治制度의 變遷」 『學林』5, 1983.

曺永祿 「陽明學과 明末의 佛敎: 三敎合一說을 중심으로」 『東洋史學硏究』44, 1993.

曺永祿 「陽明思想에 있어서의 ‘分’의 문제」 『東洋史學硏究』6, 1973.

申龍澈 「李卓吾와 마테오리치의 交友에 관하여－16세기 東·西文化 接觸의 한 架橋」 『明淸史硏究會』3, 1994.

吳金成 「明淸時代의 無賴:硏究의 現況과 課題」 『東洋史學硏究』50, 1995.

吳金成「明 中期의 人口移動과 그 影響:湖廣地方의 人口流入을 中心으로」『歷史學報』137, 1993.

李載貞「16-17世紀 福建의 寇變에 관한 硏究－地域支配構造와 關聯하여」高麗大學校 大學院 博士學位論文 1996.

崔震奎「'上帝敎'의 救世觀에 관한 硏究」高麗大學校 博士學位論文 1992.

元廷植「明淸時代 福建의 人口移動과 社會變化」『서울대 東洋史學科論集』17, 1993.

崔甲洵「中國 近世 民間宗敎 硏究－'白蓮敎 傳統'의 구성－」東國大大學院 博士學位論文 1994.

崔甲洵「白蓮敎와 淸代 民衆反亂－新時代 待望論을 중심으로」『震檀學報』81, 1996.

崔甲洵「明淸代 宗敎結社의 '三陽'說」『歷史學報』94·95合輯 1982.

崔甲洵「明淸代 民間信仰의 無生老母」『金哲埈博士回甲記念論文集』1984.

崔甲洵「明淸代 民間信仰의 救濟觀」『淸州師大論文集』19호 1987.

崔甲洵「白蓮敎硏究序說」『外大史學』4호 1992.

兪長根「中國 近現代 秘密結社 硏究의 現況과 課題」『滄海朴秉國敎授停年記念 史學論叢』1994.

프레데릭 웨이크만(吳金成 譯)「中國 民衆運動史 硏究動向」『東아시아 硏究動向調査叢刊』1979.

李光律「朱子의 禪佛敎 영향에 관한 연구」『慶山大論文集』10, 1992.

김남진「張載의 道佛비판과 性論」『연세철학』5, 1993.

정해왕「邵雍의 先天易學에 관한 연구」『釜山大 人文論叢』42, 1993.

2. 中 文

鄭志明「林兆恩與晩明王學」『晩明思潮與社會運動』1987.

鄭志明「淺論中國民間宗敎硏究的態度與方法」『臺北文獻』第69期 1984.

李世瑜「寶卷新硏」『文學遺産增刊』第4輯 1957.

向 達「明淸之際之寶卷文學與白蓮敎」『文學』第2卷 第6期 1934.

吳 晗「明敎與大明帝國」『淸華學報』第13卷 第1期 1941.

陶希聖「明代彌勒白蓮敎及其他'妖賊'」『食貨』半月刊 第1卷 第9期 1935.

戴玄之「白蓮社與白蓮敎無關考」『幼獅學誌』第9卷 第3期 1970.

李守孔「明代白蓮敎考略」『台大文史哲學報』第4期 1952.

戴玄之「老官齋教」『大陸雜誌』第54卷 第6期 1977.

戴玄之「白蓮教的本質」『師大學報』12 1967.

葉文心「人神之間－淺論18世紀的羅教」『史學評論』第2期 1980.

周作人「無生老母的信息」『雜志』第15卷 第4期 北平 1945.

喻松清「明清時代民間的宗教信仰和秘密結社」『清史研究集』第1輯 1980.

宋光宇 「試論無生老母宗教信仰的一些特質」『中研院史語所集刊』 第50本 第3分 1981.

莊吉發「從院藏檔案談清代秘密宗教盛行的原因」『故宮學術季刊』第1卷 第1期 台北 1983.

李守孔「明代白蓮教考略」『台大文史哲學報』第4期 台北 1952.

柳存仁「明儒與道教」『新亞學報』第8卷 第1期 香港 1967.

傅衣淩 「明嘉萬以後福建泉州地區的地租量與佃農抗租鬪爭－以泉州陳氏族譜文書爲其據的 一個考察」『鄭天挺紀念論文集』中華書局 1990.

沈定平「明中葉以後生產力和生產關係矛盾的尖銳化與明末農民起義」『中國農民戰爭史論叢』1 山西人民出版社 1979.

劉志錦「試論萬曆民變」『明清史國際學術討論論文集』天津 1982.

李洵「試論明代的流民問題」『社會科學輯刊』1980-3.

陳文石「明嘉靖年間浙福沿海寇亂與私販貿易的關係」『中央研究院歷史語言研究所集刊』36－上 1965.

陳寶良「明代無賴階層的社會活動及其影響」『齊魯學刊』1992-2 (『復印報刊 明清史』1993-8).

陳寶良「明代的義學與鄉學」『史學月刊』1993-3(『復印報刊 明清史』1993-8).

陳寶良「明代的社與會」『歷史研究』1991-5.

陳衍德「明中葉浙閩鑛工農民起義與資本主義萌芽」『中國社會經濟史研究』1993-3.

陳學文「明代一次市民意識的新覺醒－萬曆十年杭州兵變和民變研究」『浙江社會科學』1992-2 (『復印報刊 明清史』1992-6).

陳學文「論嘉靖時期的倭寇問題」『文史哲』1983-5.

郝毓楠「明代倭變端委考」『中國史研究』1981-4.

喻松青「關于明清時期民間秘密宗教研究中的機個問題」『明清白蓮教研究』成都 四川人民出版社 1987.

姜守鵬 「15-16世紀中國封建社會小商品經濟的發展」『(復印報刊)經濟史』 中國人民大學書報資料中心 1993-8.

吳緝華「明代海運及運河的研究」『中央研究院歷史語言研究所集刊』43 臺北 1961.
陳寶良「明代的社與會」『歷史研究』1991-5.
黃 挺「明代海禁政策對明代潮州社會的影響」鳳陽 第6屆中國明史國際學術討論會 發表論文 1995.
邱麗娟 「近二十年海峽兩岸明清民間秘密宗教研究之回顧與展望(1979-1999)」『史耘』 第6期 대북 2000.9
莊吉發「眞空家鄕無生父母－民間秘密宗教的社會功能」『歷史月刊』第86期, 1995.
莊吉發「淸代民間宗教的源流及其社會功能」『大陸雜誌』第82卷 第2기
王見天「龍華敎源流探索」『臺灣的齋敎與鸞堂』대북 천남서국 1996
洪美華「民間秘密宗教寶卷中的女神崇拜」『歷史月刊』第86期 대북 1995

3. 日 文

間野潛龍「明代におげゐ三敎思想－特に林兆恩を中心として」『東洋史硏究』第12卷 第1號 1957.
間野潛龍「林兆恩とその著作について」『淸水泰次博士追悼明代史論叢』1962.
間野潛龍「林兆恩續考」『東方宗敎』第56號 1980.
酒井忠夫「明末の儒敎與善書」『東方宗敎』第7號 1955.
酒井忠夫「明末の新文化と讀書人層」『宗敎社會史硏究』1977.
酒井忠夫「中國史上の庶民敎育と善書運動」『中世アジア敎育史硏究』1980.
荒木見悟「明代におげる二人の三敎一致論者－管東溟與林兆恩」『東洋學術硏究』第17卷 第5號 1978.
根本誠「中國における革命と宗敎の關係」『季刊東亞』第16號 1972.
吉岡義豊「近代中國における寶卷流宗敎の展開」『宗敎文化』第3號 1950.
淸水泰次「明代における宗敎融合と功過格」『史潮』第6卷 第3號 1936.
酒井忠夫「功過格の硏究」『東方宗敎』第2, 3號 1953.
酒井忠夫「袁了凡の思想與善書」『東洋史學論集』第2號 1954.
相田洋「白蓮敎の成立とその展開」『中國民衆反亂の世界』汲古書院 1974.
相田洋「羅敎の成立とその展開」『續中國民衆叛亂世界』汲古書店 1983.
淺井紀「明末における奢安の亂と白蓮敎」『史學』第47卷 第3號 1976.

矢野仁一「白蓮教の亂に就して」『內藤博士還曆祝賀支那學論叢』1930.
鈴木中正「羅教について」『東洋文化研究所紀要』第1號 1943.
塚本善隆「羅教の成立と流傳について」『東方學報』京都版 第17號 1949.
吉岡義豊「羅祖の宗教」『大正大學學報』第37號 1950.
澤田瑞穗「羅祖の無爲教」『東方宗教』第1, 2號 1951.
酒井忠夫「明末の無爲教について」『東洋史學論集』第3號 1954.
野口鐵郎「明清時代の宗教結社と三教」『歷史教育』第17卷 第3號 1969.
野口鐵郎「明代宗教結社の教徒の問題」『東方宗教』第13號 1958.
野口鐵郎「明代宗教結社の經濟活動」『横濱國立大學人文紀要』第1類 第14號 1968.
野口鐵郎「明初の宗教結社と支配體制」『歷史人類』第1號 1976.
野口鐵郎「眞空教と無爲教－または廖祖經と羅祖經」『歷史人類』第9號 1980.
野口鐵郎「明清時代の白蓮教」『歷史教育』第12卷 第9號 1964.
野口鐵郎「明清時代の邪教結社と民衆」『史潮』新18 1967.
野口鐵郎「天啓徐鴻儒の亂」『東方宗教』20, 21 1962, 63.
野口鐵郎「明代北邊の白蓮教とその活動」『清水博士追悼記念明代史論叢』1967.
野口鐵郎「白蓮教社の變容をめぐつて」『山崎先生追官記念東洋史論集』1962.
野口鐵郎「中國宗教結社史研究序章－とくに白蓮教史を中心とした研究史的動向」『近代 中國』4, 1978.
酒正忠夫「明末における新興の民衆信仰集團について」『東方宗教』第48號 1976.
宮崎市定「明末蘇松地方の士大夫と民衆」『史林』37-3 1954.
今湊良信「明代中期の土賊について－南贛地帶の葉氏を中心に」野口鐵郎 編『中國史に おける亂の構圖』雄山閣 1986.
吉尾寬「中國における明末農民戰爭史研究の最近動向」『名古屋大學東洋史研究報告』13 1987.
大澤顯浩「明末宗教的反亂の一考察－鑛徒と宗教結社の綜合形態」『東洋史研究』44-1 1986.
夫馬進「明代白蓮教の一考察－經濟鬪爭との關聯と新しい共同體」『東洋史研究』35-1 1967.
山根幸夫「16世紀中國における戶口統計について一福建惠安縣の場合」『東洋大學紀要』6, 1954.
上田信「明末清初江南都市の無頼をめぐつて社會關係－打行と脚夫」『史學雜誌』90-11

1981.

安野省三「中國の異端と無賴」『中世史講座 7, 中世の民衆運動』學生社 1984.

岸和行 「廣東地方社會における無賴像－明末期の珠池盜をめぐつて」『元明清期における 國家支配と民衆像の再檢討－支配の中國的特質』九州大學東洋史研究室 1983.

全仲一成 「15-16世紀を中心における江南地方劇の變質について」1 『東洋文化研究所紀要』59, 1973.

佐藤文俊「土賊 李青山の亂」『明末 農民反亂の研究』研文出版社 1985.

酒井忠夫「明代前中期の保甲制について」『清水博士追悼記念 明代史論叢』大安 1962.

吉岡義豊「民衆社會における寶卷類宗教の展開」『道教の研究』京都 法莊館 1952.

酒井忠夫「明末における寶卷と無爲教」『中國善書の研究』弘文堂 1960.

酒井忠夫「明末における新興の民衆信仰集團について」『東方宗教』48 1976.

鈴木中正「明代の白蓮教反亂」「天啓二年の白蓮教亂」『中國史における革命と宗教』東京大學出版會 1974.

中谷剛 「萬曆二二年福州府の食糧暴動について－都市下層民の心性」『山根幸夫教授退休 記念明代史論叢』上 汲古書院 1990.

川勝守「明末清初における打行と訪行－舊中國社會における無賴の諸史料」『史淵』119 1982.

川勝守 「明末清初の訟師について－舊中國社會における無賴知識人の一形態」『九州大學東洋史論集』9, 1981

片山誠二郎「嘉靖海寇反亂の一考察－王直一黨の反抗を中心に」『東洋史學論集』4, 1955.

片山誠二郎「明代海上密貿易と沿海地方鄕紳層」『歷史學研究』164, 1953.

濱島敦俊「明淸江南城隍考」『中國都市歷史的研究』(唐代史研究會 編) 刀水書房 1988.

濱島敦俊「明初城隍考」『榎博士頌壽記念東洋史論叢』汲古書院 1988.

佐佐木衛「中國民間宗教集團－構造的特性について」『民族學研究』53卷 3號 1988 (『中國民衆の社會と秩序』東方書店 東京 1993).

程嘯「中國の民間信仰にみられる信仰儀式」『中國の家·村·神神』東方書店 東京 1990.

夫馬進 譯注「明末白蓮教の亂」『中國民衆反亂史』3 明末－淸Ⅰ 平凡社 1982.

星斌夫「明初の漕運について」『明代漕運の研究』日本學術振興會 1963.

淸水泰次「明代の流民と流賊」1, 2『史學雜誌』46-2, 3 1935.

鈴木中正「明代山人考」『淸水博士追悼記念明代史論叢』大安 1962.

西村元照「明代中期の二代反亂」谷川道雄·森正夫『中國民衆反亂史』2 東京 1979.

奈良修一「明末福建省の高寀に對する民變について」『山根教授退休記念明代史論叢』

汲古書院 東京 1990.

伊藤公夫「嘉靖海寇反亂の再檢討－王直と嘉靖三十年代前半の海寇反亂をめぐつて」『明代史研究』8 1980.

4. 英 文

Atwell, Willam S, "International Bullion Flows and The Chinese Economy Circa 1530-1650", Past and Present 95, 1982.

Dreyer, Edward L, "Military Origins of Ming China" in Mite Twitchett eds. The Ming Dynasty, 1368-1644 Part Ⅰ, The Cambridge History of China, Vol.7, Cambridge Univ Press 1988.

Frederic Wakeman Jr., "The Shun Interregnum of 1644", From Ming to Ch'ing: Conquest, Region and Continuity in Seventeenth-Century China, ed. by Spence, Jonathan D. and Wills Jr., John E, Yale U. P., 1979.

Huang Ray, "The Lung-ching and Wan-li Reigns, 1567-1620", in Mote & Twitche-tteds., The Cambridge History of China, vol. 7, The Ming History, 1368-1644, Part Ⅰ, Cambridge U. P., 1988.

Richard Von Glahn, "Munichipal Reform and Urban Social Conflict in Late Ming Jiangnan", The Journal of Asian Studies, Vol.50, No2, May, 1991.

Shek, Richard(石漢椿) "Elite and popular reformism in late Ming: The Traditions of Wang Yang-ming and Lo Ching"『歷史における民衆と文化－酒井忠夫先生古稀祝賀記念論集』(1982)

• 저자 •

이영선
李英仙

• 약력 •

충남대학교 문과대학 사학과 졸업
충남대학교 대학원 동양사 전공(박사)
충남대학교, 대전대학교 출강

• 연구논문 •

明代 棉紡織業에 關한 硏究(호서사학 제16집)
明代 中期 民間宗敎에 關한 硏究(호서사학 제29집)
明代 羅敎의 無生老母信仰(호서사학 제40집)

명대 민간종교 연구

• 초판 인쇄 2008년 10월 30일
• 초판 발행 2008년 10월 30일

• 지 은 이 이영선
• 펴 낸 이 채종준
• 펴 낸 곳 한국학술정보㈜
경기도 파주시 교하읍 문발리 526-2
파주출판문화정보산업단지
전화 031) 908-3181(대표) · 팩스 031) 908-3189
홈페이지 http://www.kstudy.com
e-mail(출판사업팀사업부) publish@kstudy.com
• 등 록 제일산-115호(2000. 6. 19)
• 가 격 13,000원

ISBN 978-89-534-0449-6 93200 (Paper Book)
978-89-534-0450-2 98200 (e-Book)